郭小聪 著
Guo Xiaocong

守夜人与夜莺

国际关系领域的文化思考

Night Watcher and Nightingale

Cultural Reflections on International Relations

北京大学出版社
PEKING UNIVERSITY PRESS

图书在版编目(CIP)数据

守夜人与夜莺:国际关系领域的文化思考/郭小聪著.—北京:北京大学出版社,2014.5
ISBN 978-7-301-24167-7

Ⅰ.①守… Ⅱ.①郭… Ⅲ.①国际关系-研究 Ⅳ.①D81

中国版本图书馆 CIP 数据核字(2014)第 078207 号

书　　　名：守夜人与夜莺——国际关系领域的文化思考
著作责任者：郭小聪　著
责 任 编 辑：谢佳丽(xiejiali.com@hotmail.com)
标 准 书 号：ISBN 978-7-301-24167-7/D·3563
出 版 发 行：北京大学出版社
地　　　址：北京市海淀区成府路 205 号　100871
网　　　址：http://www.pup.cn　新浪官方微博:@北京大学出版社
电 子 信 箱：ss@pup.pku.edu.cn
电　　　话：邮购部 62752015　　　　发行部 62750672
　　　　　　编辑部 62765016/62753121　出版部 62754962
印　刷　者：北京大学印刷厂
经　销　者：新华书店
　　　　　　890 毫米×1240 毫米　A5　9.625 印张　215 千字
　　　　　　2014 年 5 月第 1 版　2014 年 5 月第 1 次印刷
定　　　价：29.00 元

未经许可,不得以任何方式复制或抄袭本书之部分或全部内容。
版权所有,侵权必究
举报电话:010-62752024　电子信箱:fd@pup.pku.edu.cn

目　录

1　**序**　刘方炜

5　**著者的话**

11　**第一章　守夜人与夜莺**

　　守夜人与夜莺象征了国际关系学科与人文学科的两种知识分子类型与两种视角,也标志着现实与理想两极张力的存在。弱肉强食的国际社会现实让前者不抱幻想,让后者感到无奈。但国家的真正使命从来都不是仅把自己变成一架战斗机器,如何维护丰富多彩的生活世界,是所有社会成员的责任。

61　**第二章　国家与个人**

　　一个人生无意识,死有角色,成长过程中逐渐产生国家观念。个体的渺小易逝,使其具有灵魂升华的渴望,国家长存,其乌托邦却只在尘世,个体的无私因而往往限制在国家层面。民族主义的凝聚力通常来自于恨而不是爱,所以需要克服我们—他们的思维模式,人类的未来才可能有希望。

103　第三章　政治的短与文化的长

　　从时间维度上看,政治权力总是体现于短期目标,讲求权谋,慑服人心而又稍纵即逝。文化影响虽则时间漫长,无法预料,可一旦深入人心,便会铸入永恒。政治权力应当推动社会进步,辅助文化创造。国际关系领域同样处于一张文化之网上,应当使利益博弈与道义精神有所结合。

147　第四章　软实力说核心概念辨析

　　将文化与实力相连是一个创造。它给人以企望,即国际社会各方在维护本国利益之时,也应考虑他国福祉。约瑟夫·奈显然更关心事半功倍地增进本国实力,其对于文化的阐释也较为肤浅。但作为开放性思想框架,软实力概念促进了多学科交流,不断加进新的理解,有可能上升为思想智慧。

166　第五章　"吸引"与"追随"

　　倾心吸引而意在追随,是软实力说的最主要目的。但吸引毕竟不是操纵,难的是叫人服膺而不是服软,需要寻找双方利益的契合点。更重要的是,别人的自愿追随,究竟是由于精神力量的感召,还是"巧实力"的成功运用,对这一问题的回答,将决定美国版软实力说的生和死。

187　第六章　美国大众文化的历史渊源

唯独美国文化更倾向于用"新不新"而非"美不美"来衡量。因为美国文化差不多就等于美国大众文化，甚至涵盖了社会生活方式本身。其独特点在于美国的建国历史。一是不具有雅俗相对的传统构架。二是从一开始即参与市场竞争。三是创新事物既是生活现象，通常也被视为文化现象。

203　第七章　美国大众文化的当代影响

20 世纪美国大众文化越来越被意识形态化。一是当初由全民参与创造的大众文化被作为民主的标识。二是当初基于市场竞争的大众文化被视为自由的标识。三是广泛渗透于美国社会生活的大众文化，被奉为美国价值观的象征，然而消费文化本质使其很难成为人类精神的山巅之城。

225　第八章　美国梦与最大公约数

美国梦的本质始终是淘金梦。追求更好生活是各国民众之间容易相互比较的最大公约数。军事对抗令界线分明，同仇敌忾，经济竞争的长期滞后则会令人心涣散，不攻自溃。国家间的精神抗衡，最终取决于生活水平的较量，投奔自由就是投奔繁荣。美国梦的真正隐忧在于它作为淘金梦的褪色。

265　第九章　软实力说在中国的影响流变

　　软实力说在中国嬗变三阶段。一是冷战后中国压力骤增,表面上反应寥寥,暗含前所未有的忧虑。二是随着中国经济高速发展,亚洲金融危机成功应对,软实力说开始引起探讨的兴趣。三是软实力一词进入主流话语,呈现出通俗化与变革性趋向。中国学者的研究因而应具有自己的特定立场。

281　附　录　我们与他

序

刘方炜

当一位带有忧郁的诗人气质并且以美为恒定价值的人文学者身不由己地游入波涛汹涌、鲨鱼出没的国际关系领域，会产生什么样的结果？结果就像海德格尔所说——"亮光开启"。这位长期在国际关系学院任教的人文学者用他温暖的情怀和犀利的思维指挥他的千军万马——那些由普通文字所组合成的严谨而优美的词、句、段落、文章——穿透国际关系领域"软实力"理论体系，清晰地厘定超越历史与国界的文化力量及与国际政治和国内政治的真实关系，并由此构造出属于自己的国际关系文化思想体系。

我为此书作序，是要借此机会表达我对这位学者由衷的敬意。我第一次读到此书的章节是在三年前的温哥华，读毕后忍不住地给著者打了长时间的越洋电话，因为著者的立论像剃刀一样在我颇为混沌的认知中划开了一道锐利的维度："有意误读正是文化间交流的普遍现象……一种文化对于另一种文化的巨大兴趣，往往起始于内部的需要……容易将对方理想化，欲借助外在文化力量来推动本社会的变革……在国际关系领域中，一种文化若要具有吸引力,并不完全取决于自己是否有意推动,而在于别人的社会到底缺什么,要什么,怎么看"(引自第七章《美国大众文化的当代影响》)。

这次回国小住半年,得以与著者一起从容漫步、思考、交流,每周一次的颐和园西堤之行成为著者与我两人之间的思想之宴,而这段时间也正是著者在授课之余辛勤笔耕、在漫漫长夜里将本书长期思考的前三章内容最后撰写成篇的过程。我有幸成为这本书鲜活的思想奇迹生长之旅的第一个见证人和第一个聆听者,而所聆听的也正是本书的精华所在。守夜人与夜莺这两个极具张力的象征物的建立,准确并优美地标识出了操持国际关系的官员或官方学者与人文学科知识分子的微妙分野。而在《国家与个人》一章中,著者不仅精确地定位了国家与个人的各自角色与相互关系,更令我受益的是著者对个人"向死而生"恒定悲剧命运的超越性思考——"人的一生修炼实际上就是学习如何平静地面对死亡","生而为人的意义又在哪里?人在死亡面前抱头哀嚎是否等于杀死自己两次?一次是肉体,一次是精神,而有尊严的死去又有什么不同?美感为什么对人至关重要?不管是悲是喜,是得意还是失意,死神的阴影就静静地投射在每个人的脚下,令人张皇失措或陷入沉思,谁也无法回避"。而国家作为主体却不需要像个人主体一样去孤独无助地面对死亡的问题,所以个人需要精神的升华才能达到生命存在过程的基本平衡,而国家因为不死所以也不追求精神的升华,只会永远关注尘世的利益。

在本书中,著者最有创见的表述,令人久久沉思,就像最美的风光只向登上峰顶之人展露销魂的容颜一样。例如,著者概括说,政治与文化根本性的区别在于当世之用与万世之用。的确,清朝乾隆皇帝的"十全武功"在今天说起来很有搞笑的味道,并且没有几个人能数得出"十全"都全在哪里。但是,著者动情地说:"如今整个民族都要感谢曹雪芹,正因为有了他当年的不同流俗,呕心沥血,我们才能说,中国也有可以与英国的莎士比亚、法国的巴尔扎克、俄国的托尔斯泰相比肩的经典大作家"(引自第三章《政治的短与文化的长》)。

"学问应以问题为主,而问题之所以成为我们的问题而不是别人的问题,就因为我们的处境和别人不同,所站立场、观察视角,以及应对的方法也因而不同"(引自第九章《软实力说在中国的影响流变》)。正是基于这一治学原则,著者在详细剖析了美国学者的"软实力"概念之后,做出了一个中国学者从自己脚下的立场出发、并兼具国际视野及历史洞见的文化思考和学术回应,初步建立了一个崭新的基于国际关系领域之上的文化思想体系。在一直以来由西方学者掌握领先话语权的国际关系研究领域,著者以其独特的中国视角和人文情怀,发出了一声不同凡响的清啸。其音是否能够绕梁三日,且让时间来检验吧。

2013年8月2日凌晨于北京圆明园花园居所

著者的话

　　国际关系学者与人文学者各自以怎样的眼光看待世界？当人们试图将文化思考引入国际关系领域时，文化软实力研究又应当如何兼顾国家间的现实生存竞争与人的精神升华渴望的双重需求？这的确是一个令人感兴趣而又很少被论及的问题。特别是在学术门类越分越细的今天，各行各业的专家、学者们都在自己的研究领域里忙碌，似乎只有偶然的机缘才能让人抬起头来关注一下别人的工作，尝试从学科交叉点上进行观照、思考，而我这本书可以说正是这一机缘的产物。

　　我在北京大学读本科、研究生时学的是文学专业，到国际关系学院任教的头20年中，即使中文系被取消，我的教学和科研也未曾超出自己熟悉的学科领域。直到2004年，我所在的文化与传播系开始招收硕士研究生，由于是挂在国际关系专业方向之下，所开课程也须与此相关。时任系主任的我带头开设了一门"文化影响研究"，主要是探讨刚刚在国内热起来的文化软实力问题，这对我来说也算是勉为其难能够承担的一门课了。

　　刚开始的时候，读不一样的书，接触不一样的思想，从新的角度思考不一样的问题，如同打开了知识的又一扇窗，也还感到新鲜和有所启发。我本打算用三年时间写出一本相关的书来,但没想到,五年过去了,我才发表了第一篇论文,又过了四年,才终于完成了这本书。

不过,与时间的耗费相比,更令人意外的是心绪上的纷乱。学文学容易让人感动,却不会让人操心,但读国际关系学方面的著作,却仿佛来到一个冷冰冰的没有诗的世界,文学领域很少有国界意识和对抗观念,但国际关系学领域却充满了现实的对峙和内在的紧张感。国际关系学者就像是各自国家永不休眠的守夜人,殚精竭虑、锱铢必较是他们特有的精神状态。对于他们来说,国家利益是重中之重,"实力造就权力"是普遍的法则,安全困境是永久的焦虑,地缘政治因素是各国的宿命。相形之下,我们学文学的倒真有些像是无忧无虑的夜莺了。

正是处在这一学科交叉点上,守夜人与夜莺这两种不同的象征形象逐渐清晰起来,浮现眼前,令人越来越意识到其间的重大差别。但我并没有感到什么精神超脱感或优越感,相反,一个人文学者越是了解国际关系学者时刻萦绕于心的问题,就越会染上同样的焦虑症。毕竟,大家同在一个国家、一个社会,受惠于共同的国家利益,也面临同样的难题。而在无政府的国际社会中,每个国家既是博弈的棋手,又要当自己的法官,决策稍有不慎就可能满盘皆输。所以,不管什么人涉足这一现实领域,都不得不为自己的国家分忧、担责,谁也不敢浪漫多情,更不敢把夜莺的鸣唱当做现实的写照。

然而,久而久之,我内心里也会产生另一重焦虑和疑虑,因为既要适应国际关系领域的诡谲多变,又不能忘却原有的人文情怀,于是越来越感受到理想与现实这两个维度间的巨大矛盾张力,也激起对文化软实力说的相应质疑:文化究竟是什么?一国文化究竟能够在多大程度上为本国利益服务?那些伟大的人文经典,能否像硬实力资源一样老老实实听从调遣,派上用场,如同某个国家手中的精神催眠术?这是始终萦绕于心的疑问,当然也是一个能够催生新意的思想命题。

正是如此,本书的写作始终笼罩在守夜人与夜莺这两种不同学术气场与内涵的交汇之中。头三章虽然是在最后十个月里匆匆成篇,但作为国际关系与文化两种思路反复交集、碰撞的内心产物,其酝酿的时间最长,主要论题和观点在最初的提纲里均已呈现,也许不那么容易自圆其说、顺理成章,但也自有其内在活力,所以想抛砖引玉就教于大家。

如果说本书头三章主要是横向式地展开学术思索、比较与辩驳,那么以后各章则是纵向式地集中于对文化软实力的专题探讨。其中第四章辨析约瑟夫·奈对"文化"与"意识形态"两个核心概念的实际理解与运用。第五章专门探讨"吸引"与"追随"两个关键词,因为"倾心吸引而意在追随"是美国人最感兴趣的,又是中国人最不热心的。第六、第七章深入到美国软实力的历史文化土壤,探讨美国大众文化的独特性,譬如为什么唯独美国文化通常不用"美不美"而用"新不新"来衡量。第八章则认为,拂去意识形态的浮云,美国梦的实质依然是淘金梦,因为这是由国际社会民众普遍生活追求的最大公约数决定的。最后一章则梳理约瑟夫·奈软实力说在中国的影响与流变。

附录中的《我们与他》一文原是2004年写的一篇书评,也可以说是第一篇自觉从国与国之间关系的角度来思考文化问题的文字。它关注在西方现代文明的精神视界中,中国人究竟占据什么位置？是处于人类平等地位，还是主要在生存竞争的关系上构成西方世界生活的远景和必须关注的对象？如果是后者，我们当然应该有所警醒。

在对于文化软实力的研讨中，我越来越感到应当自觉从中国视角来进行把握，这是由国际关系学领域研究的性质决定的。研究者必须具有特定的立场、视角和目的，才能见出问题，有的放矢，研究工作也才有意义。特别是对于处在战略防守方的中国来说，我们既然希望利用文化软实力来营造和维护有利于我们社会长期生存与发展的国际和平环境，那就应当拿起自己手中的盾，而不是举起别人的矛。如果仅仅满足于把别人的理论术语、概念拿过来复述一遍，邯郸学步，进退失据，忽视中国人的历史传统、文化本性与现实需要，那显然是不智的，那不是在论证自己的软实力，而是在印证别人的软实力；而且不仅是可笑的，也是危险的。

本书尽管谈及国际关系学方面的内容，但我仍然觉得这像是一部诗一样的东西，因为本书的一些探讨既不是为了解决实际问题而出谋划策，也不是要总结什么实用性的规律，它更像是一个圈外人、一个人文学者内心的无羁思考，而不仅仅是对国际关系问题的审慎反应。不过，本书既然从文化角度论及了这个重大而现实的领域，也相应提出了一些见解，那么与班门弄斧的担忧相比，我更怕自己是在谈玄，不务实，误大事。

但不管怎样，尽管人们可以说至今也没有找到理想与现实之间两全其美的平衡办法，我仍然坚持在第一轮课开场白中对学生所讲的基本观点："有没有理想这个维度是不一样的。如果你认为，人生不满百，何怀千岁忧，现实利益最为重要，最值得追求，那你就精心谋略为自己争得更多的东西就是了，国际政治与国际关系学因而也可以变成马基亚弗利式的权谋学说。但这样走下去，人类的前途何在？这里不只是指生存和毁灭意义上，更是指文明与野蛮意义上的进化前途。"当然，人类社会生活也可能就是这个样子，本事越来越大，争斗却永远继续下去，直到面临毁灭危险的那一天。如果现实如此，本书就算是人类内心理想的一声叹息吧。

  在此，我要感谢我的挚友刘方炜兄，他对本书自始至终的关注和鼓励，是促使我勉力完成写作的重要动力，我怀念那些一起散步、探讨的美好时日。我还要感谢我多年的挚友郭米克兄，正是我们长年无碍的精神交流，帮助我保持了思想的热情。我由衷感谢我的母校北京大学出版社能够为我出版这本微薄之作。我特别庆幸社科编辑部主任、学者型出版人耿协峰博士慧眼独识，首肯此书，作为富于洞见的国际关系学者，他在运用新地区主义研究亚太问题的专著中早已提出中国视角问题，令我钦敬。我还要感谢热情、聪慧的本书责编谢佳丽老师，她为本书问世做了大量建设性工作，令我难忘。最后，我还想感谢我的妻子和家人，他们多年的默默操持与相伴，使我能有一个较为安宁的写作环境和心境。这些友情、亲情的温暖如果能够化为本书中一些有益的思考回馈社会，让读者认可，我也就心满意足了。

第一章　守夜人与夜莺

20世纪50年代，英国学者C.P.斯诺在其《两种文化》一书中提出了一个著名观点。他敏锐地察觉到，"科学家和文学家这两个集团之间很少交往，非但没有相互同情，还颇有一些敌意"。因为随着现代社会的飞速发展，科技与人文正被分裂成两种完全不同的文化，他们虽然同在知识分子行列，却已经很难找到共同语言来相互交流和理解了。作者提醒人们注意，理科与文科之间的鸿沟日益扩大将给人类未来发展带来重大问题。①

这个观点在今天不但没有过时，反而更有启发性。因为就极少沟通和互不了解而言，这种文化割裂现象不仅出现在文科与理科之间，在文科内部也照样存在。社会科学与人文科学，这两个划分虽然不够精确但也大致恰当的学科领域，在学科研究的目的、观察对象的角度、分析问题的方法以及内在思考的情怀等方面实际差别之大，远远超出人们意料。一般认为，社会科学基本上属于经世致用的学问，与自然科学距离较近，讲求知识的客观性，而人文科学则具有鲜明的人道主义倾向和情怀，坚持人的高贵性，追求完

---

① 〔英〕C.P.斯诺：《两种文化》，三联书店1994年版，第58页。

美、崇高等等,在探寻事物规律的同时,也更重视心灵的满足。学者刘易斯·科塞在其社会学名著《理念人》一书中论及19世纪末的英国费边主义者时正是这样划分的,他认为"他们无疑是社会科学方面的专家,不是虚幻的梦想家,而是冷静的经验主义者",因为他们像早年的边沁和穆勒一样通过"向国家决策者提供事实与理性证据"来帮助设计和改进英国政体,以实践其社会渐进改良的信条。①

这样的不同取向,显然容易将人类的知识领域割裂开来。而今天的现代学科专业越分越细,如同一个个自我封闭的小天地,学者们又给自己划定了更小的研究范围,毕生忙着各自的一亩三分地,既没有兴趣,也没有必要关注别人的研究领域,因而缺少开阔的知识视野和相应的学科对照意识。

特别是像国际关系学与文学艺术这样的学科专业,它们虽然同属文科领域,实际上却遥置两端,恍如参商,基本不会产生什么学术交集。假如两位热爱文科的中学好友同时考入一所大学,分别攻读国际关系学与文学艺术类专业,那么完全可能,他们数年间尽管使用同一座图书馆,在同一个食堂里就餐,还经常在全校性文体活动中碰面,却不会有一位共同的授业恩师,因为没有一门专业课需要在一起上。当两位好友毕业离开校园时,可以想象,他们身上的研究潜质已经非常不同,他们在学术追求上更是形同陌路,这是由不同的学科研究对象、目的和着眼点决定的,具体来说正是由一系列不同的课程设置、专业书本、学术讨论和研究理路逐渐塑造而成的。

---

① 〔美〕刘易斯·科塞:《理念人》,中央编译出版社2001年版,第196页。

但近些年来,有关软实力问题的探讨,无意间提供了一个适于多学科交流、对话的平台,让国际关系学者与人文学者有机会凑到一起,既各说各话、各持己见、又相互倾听、有所启发。正如一位国际关系学者意识到的:"文化具有广泛的包容性,国际关系学研究如果要超越时事描述和阐释的层次,必定要通过文化研究而上升到历史哲学的理论思辨。另一方面,传统的文化研究也必须突破国界的限制,回答当今已连成一体的世界产生的问题,才能进入新的境界。"①

同样,对于人文学者来说,他们虽然对国际关系领域感到很陌生,但也是带着信念来的,坚信文化因素以其特有的无限开放性和理想主义本质,必将在广泛的思想成果基础上,创造有关人类文明未来构建的新共识,也使得这一对话不可能被任何一个研究领域及其学术话语所垄断和限制。正是直面现实与永不放弃理想憧憬这两方面构成的巨大张力,促使不同学科的学者怀着宝贵的好奇心,探寻别人的领地。

一、两种象征

多年前,有一则国外新闻特写的开篇一直令人印象深刻:戴着夜光镜、挎着自动步枪的士兵站在寂静的山坡上,借着寒冷的月光目不转睛地注视着前面的国境线……②这样的场景,相信世界上大多数人一辈子都不曾见过,但在国际社会生活中却是每天的现实,

---

① 俞新天:《强大的无形力量——文化对当代国际关系的作用》,上海人民出版社2007年版,第7页。
② 《奥地利采取措施阻止东欧移民入境》,《参考消息》1991年1月10日。

也可以说是国与国之间时刻都要警惕相对的国家间的关系本质与象征。

这个象征提醒我们,尽管同样是潜心治学,但国际关系学领域的专家、学者们不可能像书房里的一介书生那样自行其是,自得其乐,而是要像边界哨兵一样时刻睁大警惕的眼睛注视对方,搜索敌情,还要像高明的棋手一样,为了各自国家的利益最大化而殚精竭虑,锱铢必较,甚至毫不犹豫地随时准备变换敌友关系,"兵行诡道",出奇制胜。国际关系学领域内部尽管也有保守派、自由派或温和派、激进派之分,但谁也不敢好高骛远,更不敢浪漫多情,他们就像是各自国家的永不休眠的守夜人。

但对于作家、艺术家以及人文知识分子而言,浪漫无疑是一种褒扬,它不仅是指想象力丰富,更被视为一种天才的品质,是对世俗生活的精神超脱以及对美的痴迷与创造。特别是那些杰出的文化人物,往往给人以一种圣洁至美的形象,用诗人徐志摩的话来说,他们就像"啼血的夜莺",用"柔软的心窝紧抵着蔷薇花刺"。① 俄国女诗人阿赫玛托娃也曾回忆说:当第一次世界大战爆发时,人们看到连俄国著名抒情诗人勃洛克也披上军装时都感到震惊:"难道把他也派到前线上去?这等于把夜莺放到油锅里炸。"②

夜莺,恰似另一种象征。在艺术园地里,作家、艺术家以及人文学者沉浸于自己的内心创造中,追求美的真谛,看重人文价值,因而他们一向国界意识淡漠,也最缺少对抗观念。尽管在大学课堂上,"世界文学史"也按国别文学来讲授,但各国文学间从来不曾形成任何一种对抗关系。即使国家间处于全面战争状态,政治、军

---

① 徐志摩:《猛虎集》,新月书店1931年版,序。
② 王守仁编选:《复活的圣火》,广州出版社1996年版,第39页。

第一章　守夜人与夜莺

事、经济等领域可以迅速转入战时轨道，但各国文学间却无法如此针锋相对，势均力敌。如果说，在国际关系学课堂上，国家利益向来是重中之重；那么在文学课堂上，无论哪个国家的伟大作家、作品，老师讲起来都会如数家珍，眉飞色舞，不会有什么功利的考虑，更不会因为国家间现实关系的亲疏而有所厚薄。

所以，守夜人与夜莺，正是这两种象征形象，划开了国际关系学科与人文学科两种知识分子类型，也昭示着文科领域中现实与理想这两极的存在。特别是从人文学者的角度来看，如果初次涉猎国际关系学者的学术领地，读读他们的经典著作，看看他们时刻萦绕于心的问题，听听他们严肃争论的方略、对策，就不免感到有些像是从文学伊甸园来到了一个冷冰冰的没有诗的世界。这里只有现实的对峙和内在的持续紧张，国家利益和权力是至高无上的追求，地缘政治是制定策略的重要依据，国际社会的无政府状态是无情的现实，安全困境是永久的焦虑。因此可以理解，国际关系学者为什么须臾也不会像诗人那样闭上眼睛陶醉、歌唱，他们恐怕也弄不清楚夜莺的鸣唱究竟有多大意义，能够为增加国家实力派上什么用场。实际上，国际关系学者即使谈到艺术，也往往是从另一种角度，有另一种考虑。譬如有一本谈论中国海权的著作把保持艺术中的原始野性力量与国家的兴衰如此联系在一起，令人错愕："人在文明的进程中不能得鱼忘筌，不能失去本来具有的人的原始性。失去原始性的民族或文明，必然衰亡。大家看艺术作品，具有原始性的艺术生命力强……艺术细到极致，也就死亡了。所以艺术一定要有它粗犷的一面，要有原始的力量在里头，这样艺术才有生命力。人类也是这样，民族也是这样。我们不能失去那些本原的东西。"①

在这方面,表现最为典型的也许是军人。因为战争是政治的继续,又是往往最惨烈、最具有决斗性质的政治较量,因而在整部战争机器中,军人职业更强调"士兵"本色。看看美国将军麦克阿瑟 1962 年在西点军校的告别辞《老兵不死,只是渐凋零》吧,他的演说充满了诗意的激情,但那只是献给他的国家的,通篇一再强调的关键词是"职责—国家—荣誉",甚至认为这就是个人道德的最高标准,斩钉截铁,界线分明。

一方是谨慎的守夜人,一方是失落的夜莺,这样的分裂状态即使符合现实的需要,也无法被视作永恒的宿命,特别对于后者来说,他们是需要靠美好的希望来滋养的。美国诗人惠特曼曾经指出过这样的裂痕,他说人类生活似乎存在两种平行的目的,一种是"一个民族的生存和立身之道",为此充斥着竞赛、贪婪;另一种则仿佛是从深渊里冒出来,但又不可抗拒,这就是诗人用火热的语言,"迫使人类去追求最崇高的理想"。他期望这两种目的能够结合起来,以形成"一种友爱的、愉快的、有信仰的民族性"。②

嫉妒是人的天性,如果一个国家在经济、军事、科技实力等方面高速发展,自然会引起别的国家的猜疑、不安和恐慌,甚至导致轮番竞赛和安全困境的恶性循环,这正是国际关系学者经常要面对的局面。但唯有文化方面的影响例外,它看似虚幻,却是真正能够令人心悦诚服的东西。事实上,一个民族的文化成就如果足以令全世界尊重,那么别的民族的反应就只能是心向往之,甚至自叹

---

① 张文木:《论中国海权》,海洋出版社 2010 年版,第 179 页。
② 潞潞主编:《准则与尺度——外国著名诗人文论》,北京出版社 2003 年版,第 141 页。

不如,正如人们不会嫉妒英国出现了莎士比亚,人们也不会怨恨法国产生了巴尔扎克,俄国贡献了普希金。奇妙的是,即使爱国主义题材作品,如果它真的具有震撼人心的艺术力量,最终也会超越国界,成为全人类的精神瑰宝。都德的短篇小说《最后一课》即是一例,它所表达的深沉爱国情感,既是法国的,又是世界的,早已穿越了当年普法战争的时空局限,成为各国文学鉴赏课上的名篇。

也许是因为,民族虽然是独特的,但人性是共同的,谁的理想翅膀飞得更高,更能触碰到美的心弦,谁就会让人怦然心动,引起精神共鸣。歌德早就认为:"诗人的祖国"就是"不限于某个特殊地区或国度的那种善、高尚和美",他们"毕生和有害的偏见进行斗争,排斥狭隘观点,启发人民的心智,使他们有纯洁的鉴赏力和高尚的思想情感"。[①] 夜莺的鸣唱更容易超越国界而深抵灵魂,启迪人类摆脱野蛮走向文明,这样的歌唱自然是属于全世界的。

不过,我们今天处在一个科学技术日新月异、思想却相对贫乏的时代,最大的挑战是,我们生活的变化如今更多是被技术车轮所驱使,而不是由精神的温床所孕育。一位东欧政治学者在阅尽沧桑后指出:"在当今时代,社会思想运动远远落后于历史运动。历史上,这种情况正好相反。启蒙思想造就了法国大革命,马克思主义准备了伟大的十月革命。现在,领先的则是某些学科和技术,出现了技术革命、环保革命和人口学革命。"[②]那么在这样的时代,如何将解决困境的现实技巧与追求完美的人文精神融合一起,正是不同学科学者应当共同探讨的课题。

[①] 〔德〕爱克曼辑录:《歌德谈话录》,人民文学出版社1978年版,第259页。
[②] 〔保〕亚历山大·利洛夫:《文明的对话——世界地缘政治大趋势》,社会科学文献出版社2007年版,第293页。

二、两种视角

守夜人与夜莺这两种不同的象征,也意味着两种不同的观察视角。人们在各自的学术领域中,常常以为自己能够秉持客观态度来进行科学研究,但其实往往是"不识庐山真面目,只缘身在此山中"。因为人能够看到什么,最终还是与自己所处的位置、选择的角度、预设的立场、要达到的目的以及学术训练、思考方式等等密切相关的,并不存在一种万能的视角,国际关系学者与人文学者的区别更是如此。

对于文化软实力的研究,因为是将不同学科的学者汇聚到一个论题上,因而更能看出彼此不同的研究视角与治学情怀,其差别之大,出人意料。

譬如"文化"这一概念,因其本身包罗万象的性质,人文学者内部向来众说纷纭,但不管怎样,在根本一点上大家的态度还是相当一致的,即都认为文化具有普适性、普惠性,也都怀有敬畏之心,所以像这样的观点和表述是比较典型的:

> 文化没有围墙,文化没有国界。它是人类创造的共同财富。文化有一个特点,即文化一旦产生,立即向外扩散,进行交流。文化绝不会独占山头,称王称霸,把自己孤立起来。文化是"天下为公"的,不管肤色、不择远近传播扩散。文化是流动的,从高处流到低处,应当看作是先进国家的责任,而不可看作恩惠;接受异国的文化,应当看作是一种权利,而不应讳为缺点。人类到了今天,之所以能随时进步,对大自然、对社会、对人类思维的认识

越来越深入细致,为自己谋的福利越来越大,重要的原因就是文化交流。①

这样的见解在人文学者的著作中是不言而喻的,因为人文科学在思考文化问题时习惯于以整个人类社会为单元,把文明、文化成果看成是像太阳光一样普照大地、哺育人间的东西,它是无偿的、普惠的,根本不可能被刻意分割和私自占有,因而也不会想到会成为任何一个国家精明算计、为我所用的筹码,这可以说是所有人文学者的内在情怀。

相比较而言,国际关系学者的研究过去很少涉足文化,因为一方面是国际关系学理论自成系统,相当务实;另一方面也是由于文化因素过于庞杂,很难被条分缕析地整合起来。事实上,社会科学学者一般更倾向于认为,"文化争论往往是糟糕的思想家们的避难所,他们发现自己难以解释看起来很明显的社会特征",搞不清具体问题的解决究竟要"在何种程度上依赖于文化"。② 但是近年来随着软实力说的影响扩大以及国际交往形式的新变化,文化的成分也日益吃重,所以一些国际关系学者也开始在论述中拿出一定篇幅来论及文化,与人文学科有所融通。但从人文学者的角度看,国际关系学者虽然难得地把文化外交与政治外交、经济外交、军事外交相提并论,但论述中仍然带着国际关系学特有的冷峻视角和现实感,特别是缺少对文化的敬畏感,这很鲜明地表现在其论述的口吻中:

---

① 王介南:《中外文化交流史》,书海出版社2004年版,第16页。
② 〔英〕巴里·布赞、杰拉德·西盖尔:《时间笔记》,山东画报出版社2002年版,第199页。

文化的实质是"人化"、是"化"人,而且是"内化"人,即通过社会制度(规范)塑造、改造、造化人。那么,一国的文化(包括其宗教信仰、价值观念、意识形态及其规范和制度等),对外而言,其目的是"化国家",即转化别的国家。一国文化,凭借其独特的扩散力、渗透力、穿透力与震撼力,深入他国民众,感染、感动、感化其民心,改变其信仰(belief)和价值偏好,使其"归化"(converted),从而对他国政府针对本国的外交决策施加影响,最终采取有利于本国(利益)的态度、政策和行动。文化力作为一种软权力,就在于文化的这种影响力,这也是文化的魅力之所在。①

这种论述风格和口吻在国际关系学著作中屡见不鲜,但对文化学者来说却很少见,从中可以品味出守夜人与夜莺看待文化问题的本质不同。实际上,即使考虑到国际关系学的特殊语境,这位作者所言之凿凿的观点,也仍然让人文学者疑虑重重。因为作者仅仅是把文化看做一种新的力量杠杆,只不过它更巧妙,更能够四两拨千斤,通过"内化"对方使其自觉"归化",这对于国际政治博弈来说是好事,所以作者断言:"文化力作为一种软权力,就在于文化的这种影响力,这也是文化的魅力之所在。"但这样干巴巴地论及文化,说实话,让人文学者甚至感到有某种亵渎感,因为"文化的魅力"这几个字本身就像是诗意的隐喻,让人联想到神秘的夜莺、美妙的诗行、打动人心的天籁之音等等,而在这段论述中,这些美妙、

---

① 李智:《文化外交——一种传播学的解读》,北京大学出版社 2005 年版,第 53 页。

微妙的情绪波动全都被满不在乎地删掉了,剩下的只是那种因巧妙算计而自得的冷静。从研究方法上来看,这位学者显然也是像研究政治外交、经济外交、军事外交那样来研究文化外交的,用的是同一套理论模式,服务于同一个既定目的,只不过是变换了一下研究对象,却并没有考虑到文化自身的特殊性、复杂性,特别是其打动人心的诗意性,所以,他才会不假思索地把文化看成是服务于国家战略利益的新工具。

这样的差别并非是个别偶然的,不同的立场、目的和视角,往往决定了不同的研究模式、学术话语及结论。中国传播学学者关世杰在详细比较了"国际传播研究"与"跨文化研究"的区别之后也发现,这两个学科分支的真正不同在于它们的来源不同:"国际传播"源于国际政治学,属于社会科学,而"跨文化交流"则来源于文化人类学,属于人文科学,因而在研究目的、角度、方法、口吻等方面都表现出鲜明的差别。"国际传播"基本上是国际政治与传播学结合的产物,主要研究通过大众传播媒介来对别国产生文化影响,这一概念显然主要是为国家利益服务的,因而与人际传播无缘。而"跨文化交流"则是文化人类学与传播学结合的产物,在其发展过程中又融合了社会心理学、语言学、传播学的知识,主要研究的是人际交流,与大众传播媒介无缘。一个明显的证明是,它们使用的概念术语也各自不同,"国际传播"研究中主要使用的是国际政治与国际关系概念,如:意识形态斗争、文化帝国主义、第三世界、权力中心、权力边缘、战争与和平、宣传、国际条约、国际组织、国际法等等。而"跨文化交流"研究则显然使用另一套术语,致力于理解跨国人际交流中的文化差异,充分尊重对方,以减少误解和表达善意等。所以,这位学者令人信服地总结道:"国际传播"主要体现的是争权夺利,是现实主义者。"跨文化交流"主旨在倡导不同文化背景的人应当和睦相处,具有理想主义色彩。①

现实与理想这两个极端,也正是守夜人与夜莺这两种象征的真正意蕴所在,它们的存在都有其真理性,但也有其局限性,各学科之间理应有所融合,取长补短。道理很简单,对于现实主义者来说,在国际交往中如果只想让自己有利可图,那么手中无论握有多少好牌,也只是一种引诱,最终换不来别人的真诚合作。同样,对于理想主义者来说,再善意的跨文化交流也不可能发生在真空当中,需要真诚,友善,但也需要尊重历史,正视现实,如同惠特曼所期望的,既"牢牢地立足于大地",又"巍然高入云霄",才能让国际生存环境在文明进化的共识中逐渐得到改善。

三、谋士情怀

所谓"谋士情怀",只有在不带丝毫贬义的前提下,并且在与人文学者相比较的具体情境之下,才能有限制地使用这个词,这是为了有助于更好地理解国际关系学者的特殊身份及其相应的治学特点。

当然,作为知识学人,国际关系学者也是多年寒窗苦读出来的,同样思考、写作,温文尔雅,书卷气很浓,甚至个人具有很高的文化艺术修养。但国家守夜人的身份使他们不可能像人文学者那样保持鲜明的个人气质和立场,更不可能像诗人、艺术家那样孤芳自赏,特立独行。任何时候,国际关系学者的学问都必须以某个国

---

① 郭镇之主编:《全球化与文化间传播》,北京广播学院出版社2000年版,第330页。

家——通常是以心系自己祖国的荣辱兴衰为基本立场,以最大限度地谋取本国国家利益和权力为旨归,以充分动员起来的国家综合实力为后盾,在此基础上才能展开他们的学术思考。换言之,他们的思想成果不是有关个人对善与美的感悟,而是关系到国家间的生死博弈,他们不怕以恶抗恶,就怕意志薄弱,因而不可能像作家、艺术家那样长久地生活在自己的内心,他们注定要在这个世界上坚守一块阵地,既表现出战士般的忠诚,又要有哲人般的睿智,这可以说是"谋士情怀"的真正含义。正像约瑟夫·奈与罗伯特·基欧汉合著的《权利与相互依赖》一书中铿锵所言:在国际关系这一行里,"细致研究并非仅仅是学术游戏,它对正确应对这个时代的纷乱世界至为关键。征战沙场,剑强于笔;长远观之,却是笔指导剑"。①

　　这段话非常重要,它不仅指出了国际关系学者与普通哨兵的异同,更是点明了"谋士情怀"的两个重要素质——忠诚与睿智,二者缺一不可。在这一点上,中外国际关系学界有着普遍共识,正如人文学者对于文化的普适性、普惠性也有一致看法一样。中国学者张文木就曾直截了当地说:"兵不厌诈,国际政治本身是博弈学说,博弈就是一门艺术。"并豪迈地申明:"学问尤其是国际政治这门学问是要扎根于祖国这片土地的。"②

　　既然国际关系学研究如同"征战沙场""兵不厌诈",那么其工作形态也必然是趋于组织化的,要在某个领导机构那里听令、献策,不可能像吟诗作画那样天马行空、独往独来,这可以说是"谋士

---

① 〔美〕罗伯特·基欧汉、约瑟夫·奈:《权力与相互依赖(第三版)》,北京大学出版社2002年版,第253页。

② 张文木:《论中国海权》,海洋出版社2010年版,第239页。

情怀"的另一层含意。社会学家刘易斯·科塞认为,当学者接受决策机关的指令,"只能按形势要求解决政策制订者提出的问题时,他的角色就逐渐与一个具备专门技能但必须执行政策制订者任何指示的公务员没有多大区别了"①,也就是说成了技术专家队伍中的一员。国际关系学者自己也认可这一工作特点:"对于研究国家对外政策的专业人员来讲,研究方法不仅关系到他们个人的研究水平,而且间接地关系到国家利益。"所以,他们的研究成果形式,一般都要经过专家提出政策建议,提交主管部门进行可行性论证,再由领导层讨论、拍板。总之,无论各国对外关系智囊决策形式如何,都需要某种团队精神及组织化协作,因为他们是在和对手下棋,而不是自己绣花,其研究成果的科学性"将对决策结果能否有效维护国家利益有着重要影响"②。因而甚至不得不举全国之力,反复研讨,慎之又慎,不可能像搞文学创作那样,期待着灵感不期而至,却又没有什么明确的目的。

"谋士情怀"还反映在国际关系学者有关伦理学方面的矛盾态度上。在一个崇尚以权力界定利益的无政府国际社会中,面对变幻莫测的国际局势、后患无穷的历史教训,国际关系学者们对于人性的看法从来不敢浪漫,他们处理现实问题,有些像中国古典戏曲中的白脸曹操一样,宁教我负天下人,不教天下人负我;宁愿反应过度,也不敢大意失算。

实际上,一个经常被思考的问题是,在处理对外关系上,到底是一个老谋深算、翻云覆雨的国家领导人好呢,还是一个善良、诚实、理想化的政治家更称职呢?前者可能不受人喜欢,但不容易上

---

① 〔美〕刘易斯·科塞:《理念人》,中央编译出版社 2001 年版,第 152 页。
② 阎学通、孙学峰:《国际关系研究实用方法》,人民出版社 2001 年版,第 34 页。

当,更有可能可靠地捍卫国家利益,后者的品行虽然受人尊敬,但也可能因其行事天真而败于老奸巨猾的对手。也就是说,一个怀着夜莺般美好愿望的政治家,适合于做本国利益的守夜人吗?他会在残酷无情的生死关头力挽狂澜,把国家引向正确方向吗?所以,有学者感叹,正是"这个问题导致了国家领导权和公共舆论的问题。就国家的安全利益而言,难道说具有宽容和理解精神的领导者就必然是最好的领导者吗?"①而汉斯·摩根索则明确断言,把个人道德与国家道德混为一谈,就是制造民族灾难,因为国家领导人的首要职责是保证民族国家的生存。② 他强调说:"一个单个的政治家在处理外交政策时可能会受自己良心的支配。如果他这样做了,那他所遵守的道德信念,是来自于他个人而不是来自于他所隶属甚至他实际上所代言的国家的。"③一个极端的例子是,希特勒1933年之所以如愿登上总理宝座,不错,他是个恶魔,善于欺骗,但他也是通过合法选举上台的,是利用了一个被战败和苛刻和约所激怒的国家国民的愤懑情绪上台的。对于这一点,丘吉尔比张伯伦看得更清楚,阐释也更透彻:"希特勒终于来了,但他并非孤家寡人,他从战败的深渊里唤起了欧洲人数最多、最好操纵、残酷而又不幸的民族所潜在的阴暗而野蛮的怒火。他一手炮制了一个恐怖的、要吞食一切的摩洛神偶像,而他则是该神的祭司和化身……在

---

① 〔英〕肯·布思:《战略与民族优越感》,中央编译出版社2009年版,第182页。
② 〔美〕詹姆斯·多尔蒂、小罗伯特·普法尔茨格拉夫:《争论中的国际关系理论(第五版)》,世界知识出版社2003年版,第82页。
③ 〔美〕汉斯·摩根索:《国家间政治:权力斗争与和平》,北京大学出版社2006年版,第283页。

这个世界仍然懵懵懂懂之时,希特勒控制了德国,德国武装起来了。"①

这实际上是强调了守夜人与夜莺并非处于一个生存空间,而是有着不同的活动领域、不同的道德准则,无视这一点,就会给国家酿成灾难。约瑟夫·奈即不无道理地向人们指出:"世界主义者认为,国家边界并没有道义上的地位;如果我们从公平分配的角度考虑问题,它们只是在维护理当废除的不平等状况。现实主义者(他们当中包括道义怀疑论者与某些国家道义主义者)反驳说,世界主义者看问题的方法很可能导致极大的混乱,因而是很危险的。"②

但如果一味坚持本国利益的至高无上性,约瑟夫·奈的"软实力说"又可能面对这样一个悖论:既然被一国人民所推举的政府领导人凭什么要为世界各国的福祉负责?那么反过来也可以问:为维系一国生存、发展而起支撑、凝聚作用的精神价值体系又凭什么要让世界其他国家心向往之呢?这的确是一个两难的问题,即使康德那么高贵的心灵,以他超前的眼光倡导永久和平论,也仍然时刻关心祖国的强大与安全,懂得只要每个国家是自己的法官,那么实力政治就必然有其存在的道理。

也许正是如此,政治家和国际关系学者有时容易简化眼前的世界图景,倾向于对所有问题都先从是否涉及国家生死存亡的角度来考虑,因而往往忽略日常生活与文化多样性给世界带来的光

---

① 〔英〕温斯顿·丘吉尔:《二战回忆录》(上),江苏人民出版社2000年版,第42页。
② 〔美〕约瑟夫·奈:《理解国际冲突:理想与历史(第五版)》,上海人民出版社2005年版,第33页。

明前景。英国学者肯·布思也注意到这一现象:"每个国家的决策者们都将整个世界看作是一个车轮,把自己看做这个车轮的车轴,他们认为世界是用多米诺骨牌堆砌而成的,认为所有的骨牌都有可能从自己这一方开始倒塌。"①

另一方面,因为凡事都从本国利益角度权衡利弊,他们有时又容易把事情弄复杂了。譬如19世纪蒸汽机发明后,英国政治家并不像一般人那样为人类社会的技术进步欢欣鼓舞,而是首先担惊受怕,害怕英吉利海峡会变成"一条蒸汽桥可通行的河",从而令英国安全岌岌可危。同样,对于麦金德的"欧亚世界岛"理论,有学者也指出,对于那著名的三段论的最后一行"谁统治了世界岛,谁就主宰了全世界",不同的政治家和国际关系学者基于不同的国家利益就可以有截然不同的看法,因而可以"同时被看做是一个决定性的预言和不惜一切代价也要避免的最糟境况的全部描述"②。

也许,正是由于事关国家利益、压力巨大,国际关系学者的研究气质一般比人文学者显得更沉郁多虑。而以世界之大、生活之丰富,其关注点又显得有些过于专一,知识视野也相对比较狭窄,因而与其他学科的思想交流似乎有些格格不入。

四、狡黠的智慧

国际关系学者正是由于其独特的谋士地位,能够通过介入各国外交决策圈而影响国际事务,堪称是能够直接推动和影响世界

---

① 〔英〕肯·布思:《战略与民族优越感》,中央编译出版社2009年版,第26页。
② 〔英〕杰弗里·帕克:《地缘政治学:过去、现在和未来》,新华出版社2003年版,第198页。

历史发展的一个重要知识分子群体。可以想象,为了更好地服务于各自的国家利益,他们的研究成果不仅是一般的学术贡献,也如同国家间博弈的锦囊妙计,表现出其"狡黠的智慧"的一面。

譬如约瑟夫·奈,人们通常把他看做是学术权威。不错,他的著作颇丰,多有建树,还提出了有创新性的"软实力说"这一思想命题。但即便如此,人们也应该记住他的另一重身份,他是美国对外政策高级智囊,当过国防部高官,他在做研究的时候并不是以世外隐士,而是以政府谋士身份来运筹帷幄的,必然会施展狡黠的智慧。所以,国际关系学显然是一门比较"主观性"的学问。对于这一领域的专家、学者所说的话,人们要特别学会倾听,看他是站在谁的立场上思考、发言的,他有时候也许会闪烁其词,但那并不是言之无物,而是暗藏玄机。有时候他义正词严,但那不一定是真正的愤怒,而是在转移人们的注意力。那么他真正的底牌是什么?要达到的目的是什么?这才是最值得琢磨的。总之,只要人们别把他们的话完全等同于自然科学家或人文学者说的话照单全收就行了。政治家最懂得这个奥秘,甚至是了然于心。美国前总统尼克松在其《真正的战争》一书中,就苏联在如何回报美国削减军备计划问题上可能动的心眼有过生动的揣测:"你们误解了我们。我们不是和平主义者,也不是慈善家。"尼克松随后补充道:"我深信,休金先生还想到了第三点,但是因为他太文雅而没有说出口,这就是:'我们也不是傻瓜'。"①

国际无政府社会是一个充满了政治谋略的领域,各国的博弈心态是常态,闪烁其词,诡辩,言不由衷,把语言当做武器,这在国

---

① 〔美〕理查德·尼克松:《真正的战争》,新华出版社1980年版,第210页。

际关系领域出现的频率远远高于其他领域。约瑟夫·奈对于语言对外传播、影响舆论的建构力量就有深刻的认识,他在谈及有关国内决策或国内问题的报道时曾明确指出,如果用语不当,忽略了潜在的国外听众,很有可能造成负面国际形象,而且覆水难收。所以,约瑟夫·奈坚决反对沿用"美帝国"这一提法,因为这是一个具有"贬低意义的用语",它使今天的美国与历史上的帝国混为一谈,如果"坦然接受'帝国'一词的用法将成为对美国外交方向的灾难性的指引"。① 他还举例说,英国在发生了一系列铁路事故后,英国媒体讽刺英国是"第三世界国家",殊不知这一提法经由外国媒体反复引用后,加深了英国作为一个衰败国家的糟糕印象,这简直是自贬形象。② 中国学者俞新天在其《强大的无形力量——文化对当代国际关系的作用》一书中也肯定了由日本学者率先提出的"辞令政治"这一新概念,认为"将崭新的观念表达为奇妙的语言,能够思人之未思,发人之未发,引领潮流,启蒙众生",特别是"同样一句话,如果出自于大国强国之口,人们可能会更加注意倾听……智慧可解开难题,文化的作用也可表现为'四两拨千斤'的巧妙"。③

这种狡黠的智慧,从某种意义上说正是国际关系学者应有的素质,因为他们不像自然科学家那样相信自然规律就待在某处等待揭示,不会故布疑阵愚弄人;也不像人文学者那样被艺术杰作所熏陶,在复杂世事中有时像个天真的孩子。国际关系学者必须时

---

① 〔美〕约瑟夫·奈:《软力量——世界政坛成功之道》,东方出版社2005年版,第148页。
② 同上书,第118页。
③ 俞新天:《强大的无形力量——文化对当代国际关系的作用》,上海人民出版社2007年版,第122—123页。

时揣度对手,审时度势,尽力塑造本国正面形象,必要时不惜"强辞夺理""混淆视听",所以他们的学术著作不可能是完全客观、中立的。在这方面,约瑟夫·奈是个高手,在他的《美国霸权的困惑》一书中,一句"美国被越南这样的无赖国家打得焦头烂额"的措辞①,就悄悄颠倒了侵略者与被侵略者之间的道义界线和是非曲直。读者只有静下心来想一下才会感到惊愕和不平,明明是世界超级大国不远万里轰炸一个弱小国家,10年间在别人家园里扔下的炸弹量超过二战时期总和,化学武器贻害至今,连美国前总统肯尼迪的弟弟、美国参议员罗伯特·肯尼迪当年都公开质疑:"我们应当扪心自问的是:我们是否有权给另一个国家造成如此严重的破坏,而手头又无清晰可信的证据说明这种破坏乃是它的人民的要求。"②面对历史不争的事实,约瑟夫·奈竟然反诬别国是"无赖国家",这需要多大的傲慢和混乱的逻辑才会如此为之呢?有时,约瑟夫·奈还会用文学性语言来做类似的粉饰,如在《软力量——世界政坛成功之道》一书中,他这样描绘美国对弱小国家的入侵:"美国设计的军队更适合于踹开门,痛打独裁者,然后回家,而不是留下来从事建设民主政治的更艰难的帝国工作。"③生动的几句话便塑造了一个替天行道、为民除害的好莱坞式硬汉形象,似乎痛快,但它掩盖的真相却是,弱小国家的人民饱尝美式炮火,如同美国人经常威胁的那样被打回到石器时代,战后还要靠自己收拾烂摊子,而美国人说溜就溜,不负任何责任。曾做过国防部助理部长的约瑟

---

① 〔美〕约瑟夫·奈:《美国霸权的困惑》,世界知识出版社2002年版,第3页。
② 徐学初编:《世纪档案》,中国文史出版社1997年版,第327页。
③ 〔美〕约瑟夫·奈:《软力量——世界政坛成功之道》,东方出版社2005年版,第151页。

夫·奈不可能不知道历次战争中美国在别国造成的巨大人道主义灾难，但他轻描淡写的几句话就将此一笔勾销了。再譬如，约瑟夫·奈堂而皇之地说，"由于价值观不同，一些暴君和原教旨主义总会对我们充满怨恨"①，这句话似乎在暗示人们，是美国价值观使之成为各种恐怖暴力攻击的靶心，却避开了显而易见的原因，即正是美国在全球各地的肆意干涉行为招来了种种怨恨和报复。这种避实就虚的语言在美国政治学者的著作中屡见不鲜、颇费心机，正像中国学者王义桅批评的，约瑟夫·奈是"带有美国式傲慢的官方学者"，他动辄自称"美国是罗马帝国以来最强大的国家"。②

这并非个别偶然现象，布热津斯基也爱把古罗马挂在嘴边，他在影响很大的《大棋局》一书中曾声称，今日的美国与昔日的罗马一样，"当文化优越感成功地得到维护和悄悄地被认可之后，它具有减少依赖巨大的军事力量来保持帝国中心的力量的必要性的效果"。布热津斯基有时也表现出同样的逻辑混乱，他一方面闪烁其词，说冷战结束后美国"更喜欢与别人'分享'全球力量，而不是由美国一家垄断"；另一方面他又直言不讳：最重要的是"保持美国独特的全球力量"，毫不顾忌其间的矛盾和漏洞。有时这种霸权意识达到令人厌恶的地步："用古老帝国统治下更蛮横的时代流行的话来说，帝国地缘战略的三大任务是：防止附庸国家相互勾结并保持它们在安全方面对帝国的依赖性；保持称臣的国家的顺从并维持向它们提供的保护；防止野蛮民族联合起来。"尽管他一再提到合作，但看不出"创造一个持久的全球地缘政治合作的框架"与独霸

---

① 〔美〕约瑟夫·奈：《美国霸权的困惑》，世界知识出版社2002年版，前言。
② 倪世雄、王义桅主编：《中美国家利益比较》，时事出版社2004年版，第237页。

世界,即保持所谓"美国关键性仲裁作用"有什么样的内在逻辑联系。① 这倒让人想起卢梭《社会契约论》中的一段话,仿佛是说给美国人听的:"如果连斯巴达和罗马政府都灭亡了,那么还有哪个国家能够永世长存呢? 如果我们想要建立一个长期存在的政府,那么首先就不要妄想它可以永远存在。"②

这种美国式的虚伪,美国学者米尔斯海默曾把它归咎于自由主义的美国文化传统所需要的言行不一:"美国学术界特别擅长抬升思想市场中的自由主义成分。然而关起门来,筹划国家安全政策的精英们却满口权力语言,而不是什么法则;在国际体系中,美国也在按现实主义逻辑要求行事。"③美国政治学者谢尔登·沃林也承认:"我们的民族精神在于权力的扩张、世界霸权以及凌驾于众多国家之上。这种梦想已经让人很难放弃。"④总之,在国际政治领域中,专家、学者和政客们似乎常常在说一种模棱两可的和需要随时转译的语言,听众因而也需要有转译的意识和头脑。

以中国人的感受来说,经常会在西方人高尚的言辞背后发现不可告人的利益和动机。譬如西方国家为什么当年坐视卢旺达发生大规模种族屠杀不管,现在却积极军事干预苏丹达尔富尔危机,其原因不就是因为那里已经成为新兴石油出产地,需要打压中国在苏丹颇具规模的能源战略利益吗? 一位中国学者感慨道:"冷静考察国际社会现如今的生存法则都不难发现:任何高尚的言辞背

---

① 〔美〕布热津斯基:《大棋局》,上海人民出版社 1998 年版,第 29、34、54、279、260 页。
② 〔法〕卢梭:《社会契约论》,光明日报出版社 2009 年版,第 107 页。
③ 倪世雄、王义桅主编:《中美国家利益比较》,时事出版社 2004 年版,第 238 页。
④ 〔美〕比尔·莫耶斯主编:《美国心灵——关于这个国家的对话》,三联书店 2004 年版,第 137 页。

后都隐藏着一个强硬的世界,那里有外交上的纵横捭阖,有迫不得已的、不情愿的各种妥协。不管面对的是达尔富尔地区的危机,还是其他国家和地区的冲突,在任何时候,国际社会上各主权国家都会抱有不同的利益考量。在这个'没有永远的朋友,只有永恒的利益'的现实世界,任何国家内部的冲突有可能成为利益的逐鹿场。道义和正义可能被当做宣传语言,用以掩盖见不得人的动机。向来都是强者做自己想做且能够做的事情,而弱者只能接受自己必须接受的现实。保护的责任原则作为世界各国对国际模式的理想设计,却不得不按照现实主义的原则行事。"①这种观点和感慨在国际关系学著作中是经常能够见到的,如同弱肉强食的丛林法则的某种总结。

不过,值得注意的是,国际关系学者在谈论国际事务时喜欢吞吞吐吐,高深莫测,可一旦转而谈及国内重大问题时,那种狡黠的智慧就不见了,取而代之的是对自己国家的开诚布公之心,因为这时最需要的是坦承问题的勇气,而不是自我欺骗。

塞缪尔·亨廷顿的《文明的冲突与世界秩序的重建》一书至今既引起巨大的反响,也带来不小的疑惑,特别是作者的真实意图究竟为何,国际学术界众说纷纭,看法不一。一位德国学者认为:"他们构造自我假设的努力似乎是中性的,但是实际上他们却在尽力遵循律师的'游戏规则':只收集对自己当事人有利的证据,至于棘手的不利证据,则总是视而不见。"②但是,亨廷顿生前最后一部著作《我们是谁——美国国家特性面临的挑战》在表达风格上却为之

---

① 付海娜、姜恒昆:《保护的责任与国家主权的实质》,《国际关系学院学报》2012年第2期。

② 〔德〕哈拉尔德·米勒:《文明的共存》,新华出版社2002年版,第17页。

一变,尽管书中延续了《文明的冲突》中的一个基本思想,即美国国内多元文化主义将对美国和西方构成威胁,但措辞和语气却相当明晰和恳切,这在很大程度上是因为,他诉说的对象不再是国外读者,而是美国同胞。亨廷顿此时已经年迈,时日无多,他有一个长期萦绕心头的重大忧虑要向他的国家挑明:西班牙裔移民的大量涌入是否会改变美国原有的社会与文化特性?贸然提出这个问题显然有违美国社会的"政治正确性",但塞缪尔·亨廷顿为了他所爱的国家,终于说出心里话,正如该书前言所坦承的:"我是以一名爱国者和一名学者这样两种身份写作本书。"尽管他明白,"爱国之心和治学之心有时是会有冲突的。我意识到这一点,所以我尽量努力争取做到超脱地、透彻地分析各种现象。"①

从塞缪尔·亨廷顿的矛盾态度中,我们可以看到学者与爱国者的重合之处,他的守夜人的形象是感人的,但问题也由此而生:当国际关系学者以谋士情怀、狡黠的智慧从事研究时,他们探讨的是真理,还是谋略?铸造的是思想,还是武器?也就是说,爱国者与学者形象的重合是有疑问的,主要是对他们的研究成果有疑问。换言之,在此背景影响下,究竟哪一种研究更有益于自己国家利益呢?是纯中立的研究,还是基于某种强烈使命感和责任感的研究?研究"是什么"重要,还是研究"应该是什么"重要?这始终是个问题。

如果说,自然科学家,无论他的政治态度如何,一般不会影响到他的科学研究,那么,对于国际关系学者来说,其所研究的现象充满了价值含义,具有强烈的政治情感,其研究方法要想不受价值

---

① 〔美〕塞缪尔·亨廷顿:《我们是谁——美国国家特性面临的挑战》,新华出版社2005年版,前言。

观和政治态度的影响也很难，容易充满先人为主之见，甚至走极端。①

第二次世界大战中，一位研究社会科学的日本教授不顾一切地向他的国家输诚，结果沦为了学术骗子。他竟然以虚假的研究成果宣称："人类的摇篮既不是帕米尔高原，也不是底格里斯河和幼发拉底河沿岸，而是日本腹地的中部山区。这一有关人类起源的新理论正引起一些人的强烈关注，这些人满怀信心地看待日本拯救迷失方向的人类的神圣使命。"从这个子虚乌有的研究成果出发，他大言不惭地断言："中国人也是靠日本而文明起来的，而不是相反。"②这种彻底丧失价值的所谓学术研究，正像二战后一位日本女作家在《爱国心》一文中深刻反省的："学问必须是真实的。尤其是历史，不应只图政府当时的方便，任意予以否定。一加一应该是二。然而如果有一本教科书上写着一加一等于五，你会把这本教科书给孩子吗？分明是侵略，改写成'进出'一词，等于是说一加一等于五。难道说强词夺理地主张一加一等于五就是爱国心吗？"③

但事实上，在国际关系研究领域，要想完全客观地运用"1+1=2"的自然法则来进行学术研究又是不可能的，因为这里不仅是学术园地，也是博弈的场所，各国学者们使用不同语言、从不同立场、想方设法地维护各自的国家利益，永无休止地进行着一场场争斗和论辩。这让人一再意识到，在这个布满了国家政区网格的星球

---

① 〔美〕詹姆斯·多尔蒂、小罗伯特·普法尔茨格拉夫：《争论中的国际关系理论（第五版）》，世界知识出版社2003年版，第52页。
② 〔奥〕威尔海姆·赖希：《法西斯主义群众心理学》，重庆出版社1993年版，第120—123页。
③ 〔日〕三浦绫子：《爱国心》，载《日本散文选》，江苏人民出版社1985年版，第219页。

上,人们首先要服从各自国家利益的支配。特别对于国际关系学者来说,忠诚与睿智同样重要,没有忠诚就谈不上睿智,没有睿智就无以体现忠诚。所以,谋士情怀、狡黠的智慧,不能不是国际关系学者最重要的学术特质。

五、他们的道理

国际关系学者的谋士情怀和冷峻的现实主义态度,自有他们的道理。而普通民众对于国际问题一般并不了解,也不大关心,他们更关心自己柴米油盐的日子,对于各国军队年复一年的战备演习也多少有种作秀般的游戏感。但是对于各国政治家、军事将领和国际关系学者而言,他们的焦虑是真实的,既操心各自的国家利益,也担忧人类社会在大规模核冲突中相互毁灭的可能前景。

如何揣度这一担忧的严重性呢?2009年英法两国战略导弹核潜艇在大西洋海底相撞一事的新闻让人们有了一个深思的机会。想一想吧,不同国家的核潜艇成员们,长年无所事事地躲在深深的海底,忍受幽闭症和枯燥生活的折磨,他们是在躲避谁呢?是躲避什么外星人或史前巨兽吗?不是,他们认真的、近乎病态的提防,竟然是因为同类的存在、别国的威胁构成了他们最现实的梦魇,以至于谁都不敢离开各自的核按钮半步。如果说边界哨兵如同国家守夜人的象征,那么这些海底潜艇成员更让人体味到,各国政治、军事领导人对于国家安全困境问题已经焦虑到了什么地步!想一想都觉得荒谬,平民百姓每天过的太平日子,竟然是由各核大国以确保相互摧毁的威胁来维系的所谓"恐怖的和平"。目前,一艘核潜艇拥有的核毁灭力量,已经超过二次世界大战全部的爆炸当量,正是威慑而不是微笑的力量,把大家从霍布斯所说的丛林敌人变成了洛克所说的竞争对手,"无论如何,只要是由恐怖的平衡控制的地方,政治就冻结了……无论怎样争夺,边界都是固定的;无论战争怎样容易爆发,国家的野心都被抑制住了"①。这或许并不令人鼓舞,但这就是国际社会和平生活的现实保障。

所以,现实主义理论能够在国际关系理论中占上风不是偶然的。对此的任何质疑都必须面对汉斯·摩根索这位现实主义理论大师的深切思考,他在名著《国家间政治》中一开始便讲清了道理:

> 尽管从理性观点来看世界是不完善的,但它却是人性中固有的各种力量的产物。为了改善世界,人们必须顺应这些力量,而不是与它们对抗。由于这个世界本质上是一个利益对抗和利益冲突的世界,道德原则永远也不可能完全实现,但是必须通过不断暂时地平衡各种利益和不断勉强地解决冲突而尽量接近它。因此,这一学派把制约和均衡的制度看做是适用于所有多元化社会的普遍原则。它求助于历史先例而不是抽象原则,它的目标是实现较小的恶,而不是绝对的善。②

摩根索的这一基本思想,如他的学生在《国家间政治:权力斗争与和平》"导言"中所说,作为"真理血清的现实主义"是在血与火中淬炼的。汉斯·摩根索是属于穿越过两次世界大战的那一代人,他痛楚地看到各国间惨烈的战争几乎毁灭了一切,因而认为,

---

① 〔英〕约翰·格里宾:《历史焦点》(下),江苏人民出版社2000年版,第661页。
② 〔美〕汉斯·摩根索:《国家间政治:权力斗争与和平》,北京大学出版社2006年版,第27页。

国际政治学应当抛弃一切不切实际的幻想,必须以国家为基本单位,以利益和权力为国家行为基本动因,才能指导不同国家如何正确保存和发展自己。

其实在一战、二战之间,理想主义理念也曾风行一时。据《剑桥美国对外关系史》回顾,"在一定程度上,威尔逊主义是将文化放置到了国际关系的中心地位",更强调各国的共同利益和超越各国边界的人们的共同志向。在经历了第一次世界大战之后,曾经献身各自国家的欧洲知识精英们,甚至共同起草了一份学术独立宣言,宣称:"我们不知道不同的人种。我们只知道人类……所有国家的知识分子们都有一种责任:去教导他们的民众如何摆脱沙文主义的癫狂和更加清醒地认识到整个人类的共同命运。"[①]然而二战前夕对纳粹德国绥靖主义的惨痛教训,让现实主义理论最终生了根,这是在血流成河的历史土壤上扎根的。丘吉尔的《二战回忆录》开宗明义便指出,他写这本书就是为了说明第二次世界大战的悲剧本来是容易避免的,但正是"善良的软弱强化了邪恶的刻毒"[②]。

汉斯·摩根索则不仅高屋建瓴地概括,还具体剖析了战争为何一再爆发这一矛盾现象,令人信服。他首先肯定:"在当代国际政治中,没有任何一种意见在世界各地较之厌恶战争、反对战争和渴望避免战争更为大家普遍接受了。当华盛顿、莫斯科、北京、新德里、伦敦、巴黎和马德里的市井大众在这个意义上想到和谈到战争时,他们心里所想的差不多是同一回事,即以现代大规模毁灭性

[①] 〔美〕孔华润主编:《剑桥美国对外关系史》(下),新华出版社2004年版,第65、100页。
[②] 〔英〕丘吉尔:《二战回忆录》(上),江苏人民出版社2000年版,第15页。

手段所进行的战争。"但摩根索进而指出:这种"世界舆论"只是一种"假象",因为各国人民只有共同愿望而无共同经验,"当问题不再是抽象意义上的战争而是具体的战争,不是任何一场战争而是此时此地的战争时,团结在一起的人类便暴露出自己的软弱无能,表面上的世界舆论便分裂为各国的舆论了"。而国家又正好处在世界舆论的普遍愿望与各国人民的具体信念之间。① 所以,摩根索认为:在霍布斯振聋发聩的格言中隐藏着一个容易被忽视的重大真理,那就是,国家创造了道德和法律,国家之外既不存在道德,也不存在法律。因此,在国家利益与道德原则之间是很难实行妥协的。伴随着二战后东西方的长期冷战格局,国际事务一直由赤裸裸的强权来主宰,汉斯·摩根索的权力政治理论也就很难撼动了。

与国际关系学者惯于直面现实不同,人文学者也许更善于远眺、静思,对社会、历史的俯瞰也容易给人一种超脱感和崇高感。可一旦接近现实的漩涡,夜莺也照样无奈,而且越是想出谋划策,越是倍感无能为力。中国老一辈哲学学者张立文,以极大的热情撰写了《和合哲学论》,呼吁大家从哲学层面认识到:"在迢迢银河,在茫茫星海,我们只有一个地球。这一宇宙学生存境域要求我们必须'和合起来'。"并指出,按其和合哲学思想,世界各种文明、宗教,"应该依据'己所不欲,勿施于人'的原则,达成一个最低限度的共识:即和生、和处、和立、和达、和爱五大原理,以'和而不同'回应经济全球化、政治多极化、文明多元化所带来的各种形式的冲突(包括宗教冲突、战争和恐怖活动),使人民安定团结,世界和平、合作、发展"。但是理论再宏大,愿望再美好,最终也抵不过冲突双方

---

① 〔美〕汉斯·摩根索:《国家间政治:权力斗争与和平》,北京大学出版社2006年版,第303、305页。

鲜血四溅的恐怖一枪。老先生面对电视屏幕上层出不穷的暴力冲突新闻,照样流露出普通观众常有的叹息和无奈:"虽然世界各国都希望巴以和解,但种种努力都未能奏效,反而双方积怨愈来愈深,真有冤冤相报何时了之叹,成了世界的老大难的问题。"①这让人想起梁漱溟先生在论及儒、法两家有关理想与现实的矛盾时也曾有过类似的感慨:"人与人之间最好一于理而不以力……但理想达到之前,却总不免力量决定一切,此谓之现实。"②而暴力冲突又恰恰是人类社会这个木桶最短板的一块,常常瞬间就改变了国际形势的走向。

　　世间一切在变,只有人性不变。尽管千百年过去,时过境迁,但是人性某些不变的本质决定了今天的生活现实。古希腊历史学家修昔底德的名言"强者行其所能为,弱者忍其所能忍",可以说是丛林哲学的最早阐释。约瑟夫·奈也持同样的看法:"自修昔底德迄今,国际政治中的某些方面并没有发生变化。毫无疑问,国际政治中存在着一个冲突的逻辑,一个与国家间政治相随相伴的安全困境。千百年来,同盟、均势以及战争与妥协的政策选择等行为,一直存在于国际政治之中。"③从本质上说,强者的存在与威胁,与原始人碰到的吃人野兽有什么两样?照样是血腥的暴力,照样是公然的侵犯和死亡,不同之处是,对方能用人类的语言沟通,往往说着连篇的谎话,以种种作呕的借口为侵略张目,就像上游的狼硬说下游的羊污染了它的水源。那么同样是人,强者究竟算是一种

---

① 张立文:《和合哲学论》,人民出版社 2004 年版,第 46、155、123、243 页。
② 梁漱溟:《中国文化要义》,学林出版社 2000 年版,第 217 页。
③ 〔美〕约瑟夫·奈:《理解国际冲突:理想与历史(第五版)》,上海人民出版社 2005 年版,第 2 页。

什么样的生物呢？而对于弱者而言，身心被玩弄、被踩踏、被侮辱，有时甚至比生命被剥夺的恐惧感更令人痛苦、凄楚。

现代国际关系理论建立之初，人们还基于重建人类社会道德原则的企望，有一些美好憧憬，但是灾难性战争的现实，使人们不再抱此幻想，而宁愿直面人性弱点，回到马基雅弗利式的冷峻现实主义态度。马基雅弗利在政治学中的地位和影响，大致相当于歌德在文学世界中的声望，但他们的精神取向却是南辕北辙。如果说歌德的作品让人看到理想羽翼的高高飞翔，那么马基雅弗利则让人直面人性欲望的黑洞。他在《君主论》中强调："人们的实际生活与应当怎样生活相去甚远，一个人如果沉迷于应当怎样办，而将实际抛诸脑后，那么他学会的不是如何自保，而是自我毁灭。因为一个人如果在任何方面都持有善念，那么他在众多不善之人当中定会遭到毁灭。"也就是说人在狼群中如果不能成为狼，也至少要披上一张狼皮才能生存，而千万不能成为羊。因为既然人性不变，丛林式的危险也就永远存在，所以马基雅弗利告诫他的君王说："你必须懂得有两种斗争方法：一是依靠法律，二是运用武力。第一种适用于人类，第二种适用于野兽。但是由于前者往往不足成事，所以人们必须求诸后者。因此，君主必须熟谙为兽和为人的作战之道。"①

国际关系领域中的保守主义理论尽管认同马基雅弗利的基本观点，但不把它归于一种恶的情怀。相反，认为依据历史惨痛教训而直面现实的悲观是一种真正意义上的善，因为它以先小人、后君子式的审慎掌控了多方面的现实可能性，最大限度地避免了重蹈

---

① 〔意〕马基雅弗利：《君主论》，九州出版社2007年版，第119、137页。

覆辙。霍布斯早就说过:善恶是个人主观评价的事,只有"和平"才是值得全体社会成员共同追求的,他还对所谓远大理想表示怀疑,认为以人类的智慧不足以看到长长的因果链条的尽头。① 直到今天,主流国际关系理论仍然秉承这一思想,要人们相信,如果付不起生命代价,就不要尝试着从高处飞翔。所以,约翰·凯克斯在其《为保守主义辩护》一书中说得很恳切:"本书是为了说服明智的以及道德上坚定的人们相信,生活在保守的政治安排之下比生活在目前能够得到的任何别的替代性安排之下更有可能过上良善的生活。"② 全书让人感到,现实主义国际关系理论不仅不是一种仅仅相信人性恶的学说,而且还是一种致力于抑恶扬善的实用的理论,只有当人们心存幻想时,才容易毁掉自己。

六、人们的疑问

国际关系学理论的由来和苦衷需要得到理解,国际关系领域的研究也像别的学科一样,这既是专家们驰骋专业知识的领地,也是用以讨生活的面包、黄油,外人无法随意置喙。所以,当专家们在电视机荧屏上引经据典、旁征博引时,人们怎能不肃然起敬、洗耳恭听呢?

有些国际关系学者也认为,直接参与对外决策活动和经历重大国际事件是极少数人的事,普通民众既不了解其中奥秘,又缺少必要的专业知识,主要是容易受到大众传媒的影响和操纵,所以即使普遍关注,他们的见解也是无关大局的。

---

① 〔英〕霍布斯:《利维坦》,北京出版社2008年版,第13、164页。
② 〔英〕约翰·凯克斯:《为保守主义辩护》,江苏人民出版社2003年版,导论。

可是,作为这一行的专家,他们所从事的工作,与牙医看牙、律师诉讼、小麦专家育种又有些不一样,鉴于世界上每年有那么多的国际冲突发生,有些甚至会成为战争导火索,人们即便对国际关系学科敬而远之,有时也不禁想插嘴问一句,正在发生的国际纷争是否会变成火山爆发呢?是否会影响自己和家庭的未来命运呢?国际关系学科虽然不像人文学科那样深抵灵魂,但它事关人的身家性命,对于生死攸关的天下大事,大家自然都会关心。

当然,各种信息来源有不同的复杂背景,但人的综合分析能力和生活需求决定了他并不是一块被动的屏幕。要求人们必须弄清国际关系学科的来龙去脉、各种流派的基本主张才有说话的权利,就像要求读者或观众必须学过文学史和文艺理论后才允许对小说、电影发表感想一样属于不智。中国有句古话——"路遥知马力,日久见人心",特别是在大是大非问题面前,即使人们没有专业知识,时间长了也自有评判的公道良心在。

我们面对着一个弱肉强食的丛林世界,这是事实;但专家、学者们提供的种种对策、方略似乎并没有让这个世界变得更安全一些、更高尚一些,这也是事实。而有些貌似客观的科研活动,精确到量化,实际上却让人类生活变得荒诞不经。马尔库塞的观察很敏锐:人们在埋头解决现实问题时,常常忽略了"那些在高级文化中得以保存的希望和真理"。例如,"科学对互相毁灭这一苦恼问题的研究(数学上计算杀伤力和核杀伤力,测定扩散或不扩散的放射性尘埃,试验反常情况下的持久力),促使(甚至要求)人们认可疯狂的行为,因而这种研究是神秘的。因此,它同真正合理的行为(拒绝顺从,努力消除导致疯狂的条件)正相反对"。因为在这些看似正儿八经的数学计算中,人被当成了物,技术性的所谓合理性掩盖了整体的极不合理性。①

当然,各行有各行的学问,也有各行的美感。正像物理学家能够从热力学第二定律中看出它"具有自己的忧郁的美",让人肃然起敬②,国际关系方面的学问也是如此。一套国际关系学名著系列总序即言明:"复杂纷繁的世事一旦被透彻简洁的方式提高到哲学境界,它们便走出了粗俗和原始,便具有了知识美感。更何况作者们所提出的历史哲学命题对后人仍有意义。"③但是,美感应当是与智慧相连的,智慧带来创造,带来揭示规律、解决问题的成就感。而专家、学者的幸福感主要在于他们创造性的精神活动最终转化为客观对象物,以作品、专著等形式在社会传播,促进文明进步,产生持久影响,甚至成为经典。如卢梭的《社会契约论》、康德的《永久和平论》,都产生了足以推动某种社会制度、思想原则确立的伟大精神力量。那么,为什么同样是思想成果,国际关系学领域所促成的国际交往规则、体制如此充满疑虑、虚伪和戒心呢?实际上,法国著名作家加缪早在二战期间即已提出这样的疑问了:"在论战、威胁和暴力之中,令我震惊的是所有的人都有良好的意愿。几个骗子除外,从右派到左派所有的人都认为,他们的真理就是要使人们幸福。然而,这些良好的意愿的汇合却导致了一个穷凶极恶的世界,在这个世界上,人们仍被杀戮,受到威胁,被流放,人们还正在准备着战争。"④而那些表情严肃、身负各国安全重任的人看起

---

① 〔美〕赫伯特·马尔库塞:《单向度的人——发达工业社会意识形态研究》,重庆出版社1988年版,第48、161页。
② 〔英〕C. P. 斯诺:《两种文化》,三联书店1994年版,第69页。
③ 〔美〕保罗·肯尼迪编:《战争与和平的大战略》,世界知识出版社2005年版,总序第3页。
④ 《加缪全集》第4卷,河北教育出版社2002年版,第76页。

来都是"明智的道德的"人,不疯不坏,不傻不呆,甚至颇有君子之风,但为什么他们的所有努力合起来,却依然是一个近乎疯狂的世界?如果国际关系学者不能抵挡下滑的车轮,阻止不幸事件的爆发,那么他们至少也应当预言准确,让人们对这个悲剧性的世界有所认识,对灾难有所准备,否则他们的真正价值何在呢?

在大众传播时代,越来越多的普通民众的确存在这样的疑问:国际大事每天发生,国际问题专家每天在媒体上露面,侃侃而谈,指点迷津,可新的国际大事还是照样每天发生。如果他们无能为力,只是被一连串重大事件所牵引,那么他们作为清醒的旁观者,不是比普通民众有着更多的痛苦和无奈吗?甚至有时候连是否"清醒"都受到质疑。近些年来国际关系学界最重大的失误莫过于没有预测到苏联会以一种静悄悄的方式解体了。英国著名历史学家霍布斯鲍姆回顾说:虽然美国人大吹法螺,宣传自己是如何赢得冷战,整垮死对头的,其实"当时根本没有任何迹象,显示美国政府预期到或看出来苏联即将解体。待到苏联真的垮台,也不见美方预先对此做过任何准备"①。而国际关系学界的主流正是现实主义理论!也许,正像弗朗西斯·福山自嘲的,"当一个天真的乐观主义者的期望落空的时候,人们会觉得他很愚蠢;而当一个悲观主义者的估计错了的时候,他还能给人以深刻而严肃的印象"②。

但也有国际关系学者意识到,把眼睛过于盯着鼻子尖前的现实,也可能带来辨不清远景的痛苦。《世界舞台上的国际政治》一书的作者约翰·罗尔克曾内心纠结地说:"我愈研究这个主题,就

---

① 〔英〕霍布斯鲍姆:《极端的年代》(上),江苏人民出版社1999年版,第373页。
② 〔英〕巴里·布赞、杰拉德·西盖尔:《时间笔记》,山东画报出版社2002年版,第184页。

愈加感到这个世界是一个原始的政治社会。""尽管我一开始是一个现实主义者,但我发现,随着时间的推移我自己不能肯定自己的这种立场是否明智了。实际上,我已经相信,国际政治中的行为方式必须得到根本变革。也许用'带有理想主义觉悟的现实主义'来描述本书的倾向更加适当。"①

当然,把人们分成理想主义和现实主义者,并不是说一端坐着不谙世事的梦游者,另一端坐着满腹狐疑的阴谋家,关键在于要有所平衡,有所中和,在紧盯现实的时刻又能有所前瞻。国际关系学科的研究对象,毕竟大多是当务之急,需要马上解决的,而人文学科面对的终极问题则是有足够的时间去冥想、去讨论的。事实上,约瑟夫·奈提出软实力说,也是考虑到时代的变化:"今天力量在国家间的分配,类似一盘复杂的三度空间的国际象棋。"在棋盘的顶部,是军事力量,美国一家独大。在棋盘中部,是经济力量,已呈现多极世界。而在棋盘底部,是政府控制之外的国与国之间的关系。在这个层面上既有银行家用电汇方式转移大笔的资金,其数量甚至超过国家预算,也有恐怖分子施行大规模恐怖袭击。所以,"当你在三度空间中做游戏,如果你只关注国家之间军事力量的对比,而不注意其他两个层面以及三个层面之间的纵向联系,你肯定会成为输家"②。他意识到,战争不再受欢迎,不再成为伟大的仲裁者了,因为后工业化社会强调福利而不是荣耀。使用武力会危及经济目标,而今天,一个国家经济发展所需的资金,是由投资者在全球化的经济中控制的。传统的地缘政治正在被地缘经济所

---

① 〔美〕约翰·罗尔克:《世界舞台上的国际政治》,北京大学出版社2005年版,前言。
② 〔美〕约瑟夫·奈:《美国霸权的困惑》,世界知识出版社2002年版,第42页。

模糊。

　　法国学者多米尼克·莫伊西的《情感地缘政治学》,可以说正是在多维空间里另辟蹊径,寻求"努力使用情感作为一种解释世界和国家集体行为的方法,所以这本书在大多数政治学家和国际关系专家的眼中,一定是一本叛逆的书"。但她仍然认为自己的探索是有价值的,因为20世纪冷战时期产生的国际政治理论,其局限性越来越明显了,当人们越来越不拘泥于社会主义、资本主义、法西斯主义这样的政治信仰和意识形态时,个人的身份、追求和愤怒就越来越重要,他们造成的后果有可能影响全世界,但又不可能只在国际或国家层次上来解决。"9·11"事件中丧生的19名恐怖分子中,其中有一人的弟弟在接受采访时说,他的哥哥是这样一个人,"要么在华尔街一举成名,要么把不给他容身之地的世界炸成灰烬"①。

　　中国一位学者在介绍建构主义理论时也在反思,建构主义带给我们的不应仅仅是方法,更应是一种对国际关系的本体论思考。他坦承:"哲学思维和方法对包括国际政治在内的中国社会科学的激发推动,似乎还处在冷冻状态,人们很少感到作为'智慧'之学的哲学的影响力。中国新一代学者所缺乏的或最需要加强的,不是具体的学说观点或专业知识,而是哲学辩证思维及其方法论的锤炼。"②所以,专家、学者关注的焦点越集中,有时越容易出现盲点,甚至被社会职业所同化,他们首先应当像一个普通人那样问,我自

---

　　① 〔法〕多米尼克·莫伊西:《情感地缘政治学》,新华出版社2010年版,第149、5页。
　　② 袁正清:《国际政治理论的社会学转向:建构主义研究》,上海人民出版社2005年版,第339页。

己的生活理想是什么呢？我想给人类社会带来一个什么样的前途呢？然后再继续从事他自己的研究工作，无愧于他的那一份面包、黄油。

七、人不仅要生存下去

毫无疑问，国际关系学对于各国来说，都首先是一种有关生存的学说，只有在这个领域，你才能听到如此冷峻、坦诚的表白："国际政治研究的结论几乎是要步步见血的。""国际政治研究也是'图穷匕首见'，'图穷'是理论说明的尽头，'匕首'是理论研究的结果。在这点上我们不能书生气太重，真以为它是所谓'纯学问'。"①但是，各国之间这种针锋相对的僵持态度何时才能有个了结呢？和缓希望的起点又在哪里呢？

美国作家福克纳在诺贝尔文学奖获奖感言中曾说："人不仅要生存下去，而且更要出众。"②这句话有深刻的启示意义，让我们想到，仅仅关注生存是不够的，甚至远远不够，而国家层面的考虑往往不如个人丰富、细腻。正如一本题为《国家的视角》的著作所指出的："现代国家机器的基本特征就是简单化，国家的简单化就像是张简略的地图。它们并未成功地表达它们所描述的真实社会活动，它们目的也不在此；它们只表达了官方观察员所感兴趣的片断。此外，它们还不仅仅是地图。如果说它们是地图，当它们与国

---

① 张文木：《论中国海权》，海洋出版社 2009 年版，第 243 页。
② 陈中南等编：《世界名人演讲赏析》，安徽人民出版社 1990 年版，第 261 页。

家权力结合在一起时候,就可以重新塑造它们所描述的事实。"①所以,"管理人员的森林不可能是自然主义者的森林",虽然森林无疑是由非常复杂多样的事实构成的,很难简单地描述,但林业官员感兴趣的只是管理而不是生态,看到的只是图表而不是林木。

国际关系学者和官员,注重的是各国间的利益博弈和生死存亡,而不是社会生活自身的复杂多样性。也就是说,出于对自我生存的关注,国际关系学对于研究对象一般都是在体系、国家、民族或政治集团、派别层次上进行观照的,除非把对方想象为某一类整体,化繁为简,否则他们就很难继续思考下去。而这样做很容易把对方仅仅想象为一种抽象的势力,而不是具体的一群人,当邻居们的生活欣欣向荣,实力不断增大时,他们就不会有什么喜悦,而只会视为威胁。

当然,国家独立、领土完整,是国民生存的第一需求和发展前提,但以为威胁无所不在,便容易将人类的生活之窗自我关闭了。因为如果只把对方视为可能威胁己方的敌方,就很难想象对方实际上也是由无数个家庭构成的,他们的房子一天三顿也要冒炊烟,屋顶下也有各自琐碎的悲喜剧,不管那是张三、李四的家,还是约翰、伊凡、山本的家,孩子们都很可爱,家长们都想让自己家庭的未来生活好一点,这些温馨的细节在国际关系学的教科书上是见不到的。但人文学者深深地知道,那里才有人类文明真正的根。著名学者威尔·杜兰特说得好:"文明是一条奔流在两岸之间的河流。河流有时会被鲜血染红。人们杀戮、盗窃、喊叫,做那些历史学家通常会记载下来的事情。但在河岸上,人们在不受注意的情

---

① 〔美〕詹姆斯·C·斯科特:《国家的视角》,社会科学文献出版社2004年版,导言。

况下建造家园、求爱、抚养孩子、歌唱、作诗,甚至雕刻。文明的故事就是河两岸发生的故事。历史学家之所以是悲观主义者,是因为他们忽略了河的两岸。"①

重要的是,我们不能满足于一个既存的社会,而应当追求一个不断走向文明、繁荣的社会,光让枪炮停息还不行,还要让生活像"清明上河图"那样喧闹起来。一个社会是不同个人的联合,每个人都有自己的利益和需要。是让他们的利益简单化、图表化以方便社会管理者的统治,还是尽力满足大多数人的不同需要,让他们既和谐相处又各得其所呢?这是一个关系到人类社会文明进步的重大问题。战争只有一个原则,就是消灭对手,而社会生活其实有许多规则,如种田、教书、下棋,如果为了达到战争目的而不顾一切,那就是本质上的反社会、反文化、反人类。

在一篇探讨诗人与战争关系的论文中,我曾表达过这样的观点,认为国家的概念不仅在于作为民族意志的载体,更应表现为要尽力维护一个熙熙攘攘、丰富多彩、和平生活的社会。正是从这个意义上讲,外敌入侵的非正义性,莫过于它粗暴地毁灭了一个正常运转的社会,用炸弹把书本从孩子手上夺走,让繁华的城市不再喧闹,让农民不能到田里劳作,让和平居民无法承担各自的社会角色。繁复多样的生活方式突然被极度简单化了,大家都只能有两种选择:不是成为战士,就是沦为奴隶。不仅如此,随着生死存亡问题成为全社会注目的焦点,敌人不仅把战争强加给一个社会,还把内心精神生活的窒息和单调强加给人们。②

---

① 〔英〕巴里·布赞、杰拉德·西盖尔:《时间笔记》,山东画报出版社2002年版,第205页。
② 郭小聪:《对抗战新诗的反思》,《文艺研究》2010年第3期。

其实，霍布斯在谈到人类建立国家的初衷时，也曾经指出过："在没有一个共同权力使大家敬畏的时代，人们便处在每一个人对每一个人的战争状态之中"，在这一状态下，人们只有恐惧、忧伤和极不安全，无法形成人类社会的正常生活，不会有工业、农业、商业乃至文学艺术的发生。认为凡是能保住和平社会，避免每个人对每个人的战争这一自然状态的，就是美德，就是好的。① 而战争正是要通过赤裸裸的暴力，把丰富多彩的社会生活打回到原始状态，重现"每个人对每个人的战争"的恐怖。

所以，我认为，国家的真正使命从来都不是仅仅为了把自己的社会凝聚成一架战斗的机器，即使在战争期间，一个国家、民族的不屈意志，也应当表现为能够同时在两条战线上作战——一方面是与有形的敌人作战，粉碎其征服野心。一方面是与无形的威胁作战，即尽可能地保有我们的日常生活，不让敌人的战争狂热毒化我们的社会氛围，特别是要保持我们宝贵的文化创造力，不能泯灭我们的精神生活。

所以说，文化，特别是文学艺术的特殊功用在于，它不是简单地变成墙壁上张贴的标语口号，而是要能够把高昂的战斗意志与深广的社会生活内容极富美感地融为一体，因为振臂高呼只在瞬息之间，生活总要继续。生存所需的各行各业不可缺少，人情百态依然存在，特别是多样化的个人精神生活仍然需要，这些共同构成了一个热气腾腾的生活世界，组织起形形色色的人，传承着种族与文化，也构成了社会生活的复杂张力。如果忽略了这些日常性因素，只是强调万众一心，标语口号式地组织社会生活，那么再强的

---

① 〔英〕霍布斯：《利维坦》，北京出版社2008年版，第61页。

凝聚力也会容易失去活力,僵化如同一个塌陷的硬核。所以,凡是在这方面表现出非凡勇气的国家,都令人钦佩。在二战期间,苏联列宁格勒被德军围困900天,伤亡巨大,但作曲家兼消防员肖斯塔科维奇创作并演奏了《列宁格勒交响曲》。他接受记者采访时说,就是要让人们树立这样的信念,我们的城市一切如常。而英国伦敦市民冒着德国纳粹的狂轰滥炸照样举办音乐会,穿上晚礼服去音乐厅,也不仅仅是去过夜生活,而是表现出一个有文化、有尊严的民族对敌人暴力的最大蔑视。总之,需要把人当人看,对此缺乏足够认识的爱国者不是一个有思想的爱国者,至少不是一个爱生活的爱国者。加缪说过,今天的世界之所以非人性、非理性,就在于它忽略人、无视人,"成千上万种声音夜以继日地天天重复着嘈杂的、千篇一律的论调,向人民抛出了洪水般的谎言及相互攻击、辩解和蛊惑人心的言辞。然而,什么是论战的机制?论点把对手当成敌人,从而将对手大而化之,拒绝正眼看他一眼。那个被我凌辱的人,我甚至不知道他眼睛的颜色,也不知道他有时微笑会是什么样子。借助于论战的激情,我们中四分之三的人已变成了瞎子,我们已脱离了生活的人群,而是生活在一个由影子组成的世界上"[1]。一本专门探讨"和平学"的著作也认为,把对方当做人这一点至关重要:"在谈判中,我们要克服这样一种现象:将对方看成问题的携带者,而不是有血有肉、有恐惧和希望、有梦想和幻想的实实在在的人。"[2]

如今,国际关系学中新兴的建构主义理论也承认,把国家仅仅看做理性经济人的量化分析和精确研究的路数已经越走越窄,导

---

[1] 《加缪全集》第4卷,河北教育出版社2002年版,第117页。
[2] 刘成:《和平学》,南京出版社2006年版,第151页。

致理论僵化和想象力贫乏。既然人们掌握了大量有关苏联的数据,却分析不出苏联静悄悄巨变的可能,这只能说是理论的重大缺陷。所以有学者提出:"建构主义的应有之义就是把我们认为理所当然的东西看成是不断变化的,通过对国际体系的解构来建构新的国际体系结构观。"①时代的变化,必然来源于心灵的变化,国际政治不涉及心灵的研究,但文化涉及,心灵的丰富也正是在文明的创造中逐渐开掘、培育出来的。

八、融合的前景

19世纪时,人们还抱着乐观情绪,以为科技、教育的巨大进步,必然会从根本上解决人类生存问题,同时提升文明道德水准。但是,人们逐渐意识到,光把人培养成工作效率高的机器是灾难,只有人文情怀,才能带来人道的社会。法国诗人保尔·瓦莱里曾经叹息道:"德意志各民族的巨大效能造成的灾难要甚于懒惰产生的罪孽。我们亲眼目睹自觉的劳动、最坚实的教育、最严肃的纪律及其遵守用于实现种种骇人听闻的意图。没有如此的效能,就不会有如此的暴行。无疑,必须有很多的知识方能在如此短的时间里杀死那么多的人、挥霍那么多的财富、毁灭那么多的城市。"②

令人惊讶的是,诗人瓦莱里这段话是在1919年说的。为什么反而是诗人、人文学者,而非国际关系学者,更能够把握住未来的

---

① 袁正清:《国际政治理论的社会学转向:建构主义研究》,上海人民出版社2005年版,第180页。
② 〔法〕保尔·瓦莱里:《精神的危机》,载《海之美》,广西师范大学出版社2002年版,第129页。

时代精神和历史走向呢？因为他们更关注的不是各国实力对比的数字，而是人类整体的精神状态。所以，一战结束时，瓦莱里并没有松一口气，反而有即将大难临头的感觉。他意识到，人类现在面临的最严重问题不是军事危机、经济危机，而是精神危机。他的《精神的危机》一文的开篇异常沉重："我们这些人，我们现在知道我们的文明是可以死亡的。"因为"知识已被证明不能拯救一切；科学已在其精神的抱负中受到致命的打击，其应用残忍等于让它蒙受了耻辱；理想主义原本胜得不易，又因其梦想而内伤深重；现实主义已经失望，溃败，被弄得浑身是罪恶和错误；贪欲和克己都遭到嘲弄，信仰在不同的阵营中混为一团……"①精神世界是不能被定量的，因而往往被看成是可有可无的东西，但正是对时代精神的准确把握，诗人才一语道出了以后数十年间一再发生的悲剧及其成因，既是绝望的口吻，又带着一丝希望。

果然，二战中奥斯维辛集中营的死亡毒气工厂，如同诗人预言的恐怖注脚。而在1942年纳粹德国通过"最终解决犹太人问题"秘密决议的柏林万湖会议上，15名决策者中竟然有6名有博士头衔，他们直接导致了600万犹太人被灭绝。战后，一位幸存者给教育界的一封信曾引起了很大反响：

> 亲爱的老师：我是集中营的一个幸存者，我的眼睛看到过别人大概不曾看到的事情：训练有素的工程师建造的毒气室；受过教育的执业医生毒死的儿童；经过培训的女护士杀害的婴儿；学院和大学的毕业生枪决和烧死的

---

① 〔法〕保尔·瓦莱里：《精神的危机》，载《海之美》，广西师范大学出版社2002年版，第131页。

第一章 守夜人与夜莺

妇女和娃娃。所以,我对教育信不过。我的请求如下:帮助你们的学生学习做人。千万不要以你们的心血造就一帮受过教育的妖怪、训练有素的精神失常者、富有知识的艾希曼。阅读、写作、算术之所以重要,仅仅在于它有助于使我们的子女更人道。①

所以,如何准确判断当前局势、维护和平均势,也许是国际关系学者的强项,但如何提升文化、陶冶心灵,则需要人文学者的大力介入。凡是一流的诗人、学者,都具有博爱的思想气质。人文精神尽管自身无法抵御战争暴力,但它本来就不是用来制造枪炮,而是用来影响制造和使用枪炮的人的。政治家是人,军人是人,研究国际关系学的专家、学者也是人,他们同样有着各自的家庭生活、细腻的情感,同样感受文明的洗礼、心灵的熏陶,而不仅仅是作为各自国家你争我夺的工具。所以,二战期间,有一首德国歌曲《莉莉·玛莲》,既感动了德国士兵,也打动了战壕对面的同盟国士兵,模糊了敌我界线,这是为什么呢?因为它令人伤感地拨动了人性共鸣的心弦,让士兵们想起各自的爱情、和平的生活,这是任何一种政治手段都无法达到的。所以,人的情怀才是最迷人和值得珍重的,《小王子》的作者圣艾克絮佩里就曾问道:"讨论意识形态又有什么用处?如果所有的这些意识形态都可以得到验证,而它们又都是互相对立的,这样的讨论只会让人的解放变得毫无希望。"②在战争史中,圣艾克絮佩里只是一名列在失踪名单上的普通战机驾驶员,而在文学史中,他却是一位伟大的思想者和怀有梦想的艺

---

① 《环球时报》1997年1月19日。
② 〔法〕圣艾克絮佩里:《人类的大地》,江苏教育出版社2005年版,第143页。

术家。在不同的天平上,人的分量是不一样的。事实上,堪称伟大的政治家都不会小看人的精神力量,正是拿破仑对一位法国诗人说过:"您知道世界上我最欣赏什么吗?那就是权力之有所不能。世上只有两种力量:刀剑和精神。从长远看,刀剑总要败于精神。"①印度圣雄甘地的非暴力不合作精神对结束英国殖民统治所起的决定性作用,也正是典型一例。而在更为纠结、谨慎的意味上,约瑟夫·奈也表达过类似的看法:"总而言之,正如一个格言所说的,人类既不能完全靠说教(word)而生,也不能仅仅依赖刀剑(sword)而活。"②

当然,精神力量的关键还在于信仰的根基、思想的境界,而不是说以文艺形式来为政治宣传就是发挥艺术的感化作用了。一位给纳粹和苏军都画过街道宣传画的德国老兵回忆说:"没有什么差别,都是被人利用,都是给专制者化妆。喜爱艺术的人拿起这样的画笔实在是艺术的悲哀。任何艺术只要为政治所利用,就不再成其为艺术。"③事实上,在作家当中,或者说在夜莺的鸣唱当中,偶尔也会夹杂着鼓吹仇恨别国的声音,而且一旦狂热起来,更具有煽动性,所以诗人奥登感叹说:"在大多数爱国主义的诗中,我们很难区分最好的人类德行和最坏的人类德行,即集体自我主义。"④

另外,也不是说你表示要重视精神文化的作用,它就会为你翩

---

① 〔法〕阿尔贝·加缪:《巴旦杏树》,载《海之美》,广西师范大学出版社 2002 年版,第 241 页。
② 〔美〕约瑟夫·奈:《理解国际冲突:理想与历史(第五版)》,上海人民出版社 2005 年版,第 31 页。
③ 朱维毅:《德意志的另一行泪——"二战"德国老兵寻访录》,世界图书出版公司 2010 年版,第 97 页。
④ 〔英〕奥登等:《见证与愉悦》,百花文艺出版社 1999 年版,第 99 页。

翩起舞了。正如药方再怎么分行书写也不是诗,菜单即使充满感情地朗诵出来也不会动人,多少以精神文化为题的学术活动或著作,正以一二三四式的概括和条分缕析的枯燥杀死文化的精髓。也许,把混乱复杂的现象通过经验的、逻辑的线索捋出头绪以供决策,是社会科学学者最擅长的,但文化的魅力恰恰在于沉思默想的气质。只有撩拨人心的感动、超脱现实的想象力,才可能使现实生活变得熠熠生辉。正是如此,从无尽苦难中熬过来的陀思妥耶夫斯基,并没有垮掉,反而写出了洞察人性的伟大作品,以至人们感叹说,他在生活中和我们同饮一杯酒,也中毒,却伟大。

作为经济学家的亚当·斯密,人们一般只知道他写了《国富论》一书,提出"一只看不见的手"指引人们在追逐各自私利的同时也为社会积累了财富的著名观点。但是,亚当·斯密还有一本《道德情操论》回答另一个问题:为何有的民族先进,有的民族落后?他指出,自私自利固然是人的本性,但人还有另一个本性,就是渴望获得社会的认可、尊重,这种欲望是超脱于个人私利之上的,它只能是造物主植根于人的灵魂中的,因为如果没有永恒的精神,人类社会的发展也就不能永恒。他的结论是,只有崇尚高尚情操的民族才能不断追求,从社会组织的野蛮阶段发展到文明阶段,各个民族的文明也由此而分出先进和落后。这样两本著作,竟然出自一位学者之手,说明他的研究头脑不是被某种理论齿轮所推动,而是被一颗温柔的心所主宰,只有对生活本身感兴趣、也希望自己成为完整的人,才能将社会科学与人文科学的思考在更广阔的视界中融为一体。

从某种意义上说,汉斯·摩根索之所以堪称国际关系学理论大师,也正在于他广泛地吸取了人类文明成果,有深厚的文化修养,所以他才能以相当高的文化品位来谈政治学问。譬如《国家间政治》一书,他不是枯燥乏味、高度抽象地论述"国民士气",而是引用了托尔斯泰《战争与和平》中对士气的独到而生动的分析。这至少说明了两点,一是这位国际关系学者抽空读过这部文学巨著,有自己的直觉感悟,才不会仅仅满足于归纳一些条条框框。二是他不仅汲取了人文科学最精华的东西,还能够潜移默化地诉诸优美的语言表达。事实上,汉斯·摩根索的《国家间政治》确实有某种让一般国际关系学者难以企及的东西,这既表现在他的真知灼见上,也体现在他的从容口吻及平和气度中。

即使面对最残酷无情的战争冲突,具有人文精神的政治家也和只有满脑子仇恨的纠纠武夫不一样。丘吉尔罕有地能够以人文情怀来表达政治诉求,通过打动普通民众的心来更好地为政治目的服务。如果说,希特勒的狂热肢体语言能够暂时迷倒演说现场的观众,那么如果通过无线广播来宣传自己的主张,那种夸张、做作的声音就会令人作呕。相反,有文化教养的政治家总是能为自己的谈话创造适宜的文化氛围,从每一架收音机里传出来的声音,不应该是像公牛一样咆哮,而应像是在和每一个家庭单独交谈,揉合着家庭气氛中特有的亲切和温馨。但谁知道在同一时间、不同地点,有多少个家庭打开了自己的收音机呢,谈话一旦大获成功,那就等于是动员、鼓舞起多么大的一支队伍呀!

具有文学天分的丘吉尔,正是这样一位语言大师。1943年,当他访美时恰逢圣诞节,英国此时多么需要美国继续伸出援手,但在向美国人民发表的"炉边谈话"中,丘吉尔只字未提求援的事,没有拿战争的事来打扰美国人过节的心情,也没有官样文章似地致以节日问候,他只是含情脉脉地说:"全世界说英语的家庭,今晚都应该变成光明的和平的小天地,使孩子们尽量享受这个良宵,使他们因为得到父母的礼物而高兴,同时使我们自己也能享受这种无牵无挂的乐趣,然后我们担起明年艰苦的任务,以各种的代价,使我们孩子所应继承的产业,不致被人剥夺;使他们在文明世界中所应有的自由生活,不致被人破坏。因此,在上帝庇佑之下,我谨祝各位圣诞快乐。"①他的讲话风格如同一支小夜曲,一点也没有破坏烛光摇曳的家庭团圆气氛,但却暗示了这样的用意:"全世界说英语的家庭",都是自由世界的一分子,都要为了今晚的安宁、孩子们的明天而继续战斗。他显然是有意而为之的,但情感又不虚假,因而这种亲切的"炉边谈话"收到了惊人的政治效果。而在1941年最困难时期的一篇演讲《西方,请看,我国前景光明》中,他也是如此措辞,希望他的话在"说英语的地方或有自由的旗帜在飘扬的地方"被理解,在这里把"说英语的地方"与"自由世界"联系在一起,就不仅是指代英国、美国、加拿大、澳大利亚、新西兰等国家,而是利用语言的联想功能,以共同的历史、信念和价值观把同盟国凝聚在一起。所以,这既是政治的号召,又是文化的感召。丘吉尔还善于以文学的原创性发明新的政治词汇,如"血、辛劳、眼泪和汗水""在终止时开始""铁幕""和平共处"等已广为流传的名句,引导和影响了公众舆论。他如此善于以人文情怀来表达政治诉求,以至于一位美国新闻署署长这样评价丘吉尔:"他组织动员了英语语言,并将它投入战斗。"②

---

① 〔英〕丘吉尔:《我谨祝各位圣诞快乐》,陈中南等编:《世界名人演讲赏析》,安徽人民出版社1990年版,第86页。
② 〔英〕大卫·加拿丁编:《苦难与血泪——丘吉尔演讲集》,江苏人民出版社2000年版,第193页、序第12页。

可以说，守夜人与夜莺无论有什么不同，国际关系学与人文科学有一点是相同的，即它们的研究目的都是让人活而不是让人死的。正像保罗·肯尼迪在《战争与和平的大战略》一书中所说：我们这个星球上的每个国家的历史文化尽管独特，但又有着某种统一的东西，出自我们的共同的人性，即无论是古代帝国还是现代国家，每个政治实体都要"使自己能够在一个来回振荡于战争与和平之间并且变化不绝的、往往是威胁性的无政府国际秩序中生存下去，兴旺昌盛"①。地球是我们所有人的生死存亡之地，而生活世界与文化世界事实上又是重叠在一起的，所以，法国学者多米尼克·多伊西说得对："理解他人在文化和历史方面的相同和差别，是一个更加宽容的世界的重要基础。出于这个原因，历史和文化学习应当在任何国际关系学习中都成为必需。"②而且，随着全球化进程的到来，了解别人文化中的情感与好恶越来越重要，国际关系学科与人文学科不应该长久地隔绝或漠视，守夜人与夜莺之间也应当加深了解与融合，让我们的社会生活更加丰富多彩，这是文明进化的必然，而非偶然的相遇。

---

① 〔美〕保罗·肯尼迪：《战争与和平的大战略》，世界知识出版社2005年版，第5页。

② 〔法〕多米尼克·多伊西：《情感地缘政治学》，新华出版社2010年版，第170页。

第二章 国家与个人

一个人生无意识,死有角色,这是地球上作为社会成员的人与其他生物最不相同的地方。各国的小生命呱呱坠地时都像小猫小狗一样,无知无欲,无爱无恨,可以任由摆布,听凭塑造,抱到哪里就在哪里生长,受哪一方水土滋养就是哪一方人。可是当他长大成人以后,他一般就有了坚定的国家观念、明确的效忠对象,甚至至死不渝的爱国情感。当他终有一死时,他不会像猫狗那样了无牵挂,而是通常作为某个国家的公民逝去,他此时已经有了鲜明的社会属性,惦念着某国未竟的事业,仍为将来的内忧外患操心,愿为自己的祖国奉献一切,包括生命。如果他确实做过什么重要成就的话,身后也会备受褒扬,得享哀荣,不过那通常被视为某个国家的损失,而不是地球上其他国家的损失。

在人类社会中,人们为什么可以像猫狗那样出生,却不能像猫狗那样死去?因为相对于自然环境,人更是他所创造的文化的产物。"文化在人类的心理上不是某种表面的东西,一个我们可以像换衣服那样更换的外壳。我们知道文化没有'填满'初生婴儿的大脑,而是锻造或雕塑它,不仅在心理学方面也包括生理学含义的培养和锻炼;随后,童年和青年时期接受的文化成为不可磨灭的记忆而且决定了随后的一切文化构成。"①所以,同为地球人,尽管国与国之间天相连、地相接,人们却往往更多囿于各国国界之内,各自的立场、观点、态度也因而不同。所谓"橘生淮南则为橘,生于淮北则为枳",何也?"水土异也"。也正是这种血肉交融的乡土感,而非什么理性的抉择,稳固地决定了个人对国家的那份归属感。

人文学者更多关注个人精神世界和内心情感的奥秘,而社会学家显然更关心人的群体性生活,正如一本社会学著作开门见山说的,作者不会像苏格拉底那样问"一个人应该怎样生活?"而是问"我们如何生活在一起";不是问"我该怎么办?"而是问"我们该如何交往"②。由此推论,国际关系学领域的关注范围显然更为扩大,它观照的不仅是一个国家、一个群体,而是一个国家群体,也就是由所有国家构成的国际社会。那么,在世界无政府状态的现实环境下,国家与个人呈现着怎样的关系?各自有什么不同特点?对于人生意义及其理想追求而言又有何影响和制约?这应该是所有人文学者和社科学者都会感兴趣的问题。

一、人皆有精神升华需求

我们的讨论首先要涉及人生意义问题。因为无论哪种文明,抱何种信仰,个体的人都面临一个终极问题,那就是难逃大限而又人生短暂。这意味着人在尘世间所努力占有的一切,所深深迷恋

---

① 〔法〕菲利普·尼摩:《什么是西方》,广西师范大学出版社 2009 年版,第 139 页。

② 〔英〕麦克尔·卡里瑟斯:《我们为什么有文化》,辽宁教育出版社 1998 年版,第 1 页。

的一切,都如同水月镜花,会在不长的时间里付诸东流,化为乌有。这种生不带来、死不带去的人生让人很无奈,也很神秘:宇宙间不断循环往复、推倒重来的目的何在?人的短暂存在本质上与蝼蚁、蜉蝣有什么区别?生而为人的意义又在哪里?人在死亡面前抱头哀嚎是否就等于杀死自己两次?一次是肉体,一次是精神,而有尊严地死去又有什么不同?美感为什么对人至关重要?不管是悲是喜,是得意还是失意,死神的阴影就静静地投射在每个人脚下,令人张皇失措或者陷入沉思,谁也无法回避。即使手握别人生杀大权的君王,也会为自己的死期将至而惴惴不安。正是古罗马皇帝马可·奥勒留感悟到:"当死亡降临时,亚历山大大帝和他的马夫是完全平等的。"[1]死亡的事实在人的生存中如此重要,以至于哲人们倾向于认为,人的一生修炼实际上就是学习如何平静地面对死亡,真正的智者在濒死之时也的确能够悲欣交集,大彻大悟,保持生命的尊严。

所以,《宗教哲学》一书中有句话说得好,"人是一种宗教气质无法磨灭的动物"[2]。世间万物只是服从自然界的变化规律,而人类例外,越是意识到生生死死、岁岁枯荣的无意义,越是要为自己短暂的人生寻找意义,努力让一生奋斗的成果能够对遥远的后世有所助益。这种死而无憾的充实感与欣慰感,所谓"春蚕到死丝方尽",正是源于人的普遍内心需求和升华渴望,而非某个文明、某种文化的特殊产物。

迄今为止,能够把人不断追求的完整生命过程揭示得最为完

---

[1] 〔古罗马〕马可·奥勒留:《沉思录——一个罗马皇帝的哲学思考》,中国社会科学出版社1998年版,第55页。
[2] 〔英〕约翰·希克:《宗教哲学》,三联书店1988年版,第281页。

美的可以说是马斯洛的人生五层次说。马斯洛认为,人在最低的层次,在食不果腹的时候,与动物的欲望无异。"对于一个长期极度饥饿的人来说,乌托邦就是一个食物充足的地方",这时候,"生活本身的意义是吃,其他任何东西都是不重要的"。可是,当人填饱肚子之后,他就会依次追求安全需要、爱的需要、尊重的需要和自我实现的需要,从而与动物界越走越远。为什么呢? 因为只有人类才有文化,"当我们沿种系的阶梯上升,本能逐渐减退,对作为适应工具的文化的依赖将越来越大。"因而内心的追求自然会从面包转向"自由、爱、公众感情、尊重、哲学",这里展现的正是从本能欲望向心灵升华的精神阶梯。①

可贵的是,马斯洛并不是从预设某种理论模型来按图索骥的,而是从生活中的疑问出发,归纳概括,得出结论。他发现,弗洛伊德对于人性的考察有所偏颇,过于阴郁,主要是因为他作为心理医生,研究对象大多来自精神病人,而社会上更多的是身心健康、充满阳光和活力,并做出积极贡献的人,他们的人生过程理应给予新的观照和合理阐释。

从国际关系学角度来讲,马斯洛的理论对于社会达尔文主义的"生存价值"说也是根本否定。本来,达尔文学说的进步性在于否定了上帝在某一时刻创造固定数目物种这一宗教神学观,从而击败了教会。但是当达尔文主义用于解释社会现象,把国家间的弱肉强食等同于生物界的优胜劣汰,就会将这种野蛮的生存竞争合理化,以至于导致文明的倒退。实际上,达尔文主义已经严重影响了19世纪以来的社会科学主流,例如建立在自然法与实证主义

---

① 〔美〕马斯洛:《动机与人格》,华夏出版社1987年版,第42、64、33页。

基础上的国际法,正像一位学者指出的,后者"强调在事实基础上的'是什么',而不是建立在道德基础上的'应该是什么'。正是这一哲学给强权国家提供了思想武器,使它们可以将自己的规则和原则强加给国际法,也就是说,将国际法变成'强者的法律'。"①马斯洛的"成长价值"概念则有力回击了社会达尔文主义的强权思想,认为人来到这个世上的最大满足,并不是以最强的力量夺取最多的利益,而是希望有尊严、有追求、有美感地活着,从基本生存需求到自我价值的实现,走过人的完整生命过程。事实上,到了最高层次,马斯洛发现:体现自我实现与造福社会是统一的,融合的,"在健康人身上,自私与无私的二分消失了,因为他们每一个行动从根本上看既是利己又是利他"。特别是"生活在自我实现层次的人既是最爱人类的,又是个人特质发展得最充分的人",因为到了这个层次,"自爱(或不如说是自尊)与爱他人是协作性的而不是对抗性的"。② 所以,所谓本我、自我和超我之间,在身心健康的人那里,实际上并不存在根本性的冲突与扭曲。

马斯洛的理论无疑给人一种乐观的展望,而不像社会达尔文主义那样令人齿冷,如果人人都在"向死而生"的紧迫感中寻求生命意义,追求"高峰体验",让自己的精神升华像池塘中的美丽涟漪一样荡漾开来,施惠他人,波及世界,带去真诚、美感和善意,那将是一个多么光明的世界。

但从国际关系学的角度来看,这显然又是一种奢望,因为在现行世界格局中,即使人人有尧舜的品德,各国之间也照样可以漠不

---

① 〔美〕康威·汉得森:《国际关系——世纪之交的冲突与合作》,海南出版社2004年版,第325页。

② 〔美〕马斯洛:《动机与人格》,华夏出版社1987年版,第33、210、116页。

关心,彼此戒备,甚至相互为敌,因为,阻隔于不同社会池塘之间的,正是高高竖起的国家之间的道道堤坝。

二、个人的无私与国家的堤坝

过去,对于国家的论述往往是从其社会内部功能来考虑的,因而基本肯定国家维护社会秩序和个人生存安全保障的作用。为此霍布斯甚至不忌讳国家是由强权来主宰,因为"在没有一个共同权力使大家敬畏的时代,人们便处在每一个人对每一个人的战争状态之中",由于无法正常生活,才有必要建立国家,摆脱这一原始野蛮状态,给个人以安全。① 而卢梭提出的社会契约论,虽有新的视角,但其论述国家的侧重点也仍然是基于社会内部的需要,认为国家建立的主体是平等的个人,个人与国家的关系如同自愿签署契约,个人获得应有的权利,也受到相应的约束,因而"这不是一种权力的割让,而是一项利益丰厚的交易,他们用不确定、动荡的生活换来了美好与安全的生活;他们用自然状态下独立的自由以及用来摧毁别人的力量换来了所有人的安全与幸福;他们用别人可以战胜的力量换来了受社会集体保障的任何人都不能征服的权利。他们在对国家服从的同时又总会得到国家的保护。甚至当他们冒着生命危险来保卫自己的祖国时,他们除了报偿从国家所得到的益处外,还付出了什么吗?"② 不过,卢梭眼中的个人与国家的关系显然不再是臣民与君王的传统关系,带有欧洲思想启蒙时代的色彩。

---

① 〔英〕霍布斯:《利维坦》,北京出版社2008年版,第61、81页。
② 〔法〕卢梭:《社会契约论》,光明日报出版社2009年版,第40页。

但是，当我们把国家与个人的关系放在现代国际关系的框架下去考虑，便会发现，国家就其本社会内部而言是保护的屏障，但对于其他国家而言则是某种相互隔离的藩篱，甚至是难以进入的堡垒。而且，国家地位越是提高，人类社会的整体感就越是削弱。当然，作为西方现代文明的重要产物，"现代民族国家"的形成和巩固也有一个发展过程，法国学者马太·杜甘在《国家的比较》一书中回顾说，甚至"在19世纪初，国家的边界还不以民族分布确定，统治的合法性不由人民或民族决定，而是取决于世袭制度。所以，一国的王族也可登上他国统治者的宝座，欧洲没有任何王朝是建立在民族基础之上"①。但是作家和人文学者对于生活中的变化则总是最为敏感，堪称时代的风向标。早在18世纪，当欧洲威斯特伐利亚条约基础上的国家主权至上原则和现代国际关系框架还在形成时期，一位英国作家即痛楚地感受到了这一变化并指出，过去一个哲人被人问起"他是哪国人"时，没有哪句话比回答"我是世界公民"更能让人感到大度、仁慈的了；而"我们现在已经变成这样那样的英国人、法国人、荷兰人、西班牙人，或是德国人，再也不是世界的公民，我们是这样那样某个特定地方的土著，或是某个小社会的成员，再也不把自己当做整个地球的居民，或是包容整个人类的大社会的一员"②。他的感受是多么准确和超前。

到了今天，一道道边境，如同一座座堤坝，从地理上、心理上把地球经纬和人类社会分割成大大小小的国度，以至于个人精神追求的翅膀飞得再高，也很难飞越这些人为堤坝。世界权威国际关系理论教材《争论中的国际关系理论》一书中在谈及这一现象时，

---

① 〔法〕马太·杜甘：《国家的比较》，社会科学文献出版社2010年版，第128页。
② 〔英〕哥尔德斯密斯：《英国艺术家随笔》，东方出版中心1999年版，第28页。

特别提到美国自由主义神学家莱因霍尔德·尼布尔的一个著名观点："个人行为可以是道德的和利他的,但是民族国家这种利己主义的大集体的行为动机却总是自私的。"①

这是一个非常富有启发性的观点,正是莱因霍尔德·尼布尔深刻洞察到:要想用扩展个人的社会同情心来解决人类较大范围内的社会问题实际上是没有什么希望和成果的,因为"利他主义激情轻而易举地泻入民族主义的水库里,但要流出这水库却极其困难。超越民族的人类共同体是虚无缥缈的东西,激发不出人们的忠诚"②。他的名著《道德的人与不道德的社会》,其书名即简明揭示了人类社会中个人的无私与国家的自私之间形成的深刻悖论。

虽然相信各个国家的大多数人们都想做个"好人",但是善心只能在本社会施予,自我完善的需求最终也会遇到本社会的瓶颈,很难再升上去,这既是道德的普遍困境,也是国际关系中必须正视的现实。中国学者韦正翔在《软和平——国际政治中的强权与道德》一书中从另一个角度也谈到,国家追求的目的本来就是善恶难分。确实抱有善意的国家,自然会说自己是善的,因为这是事实。而抱有恶意的国家,通常也不会承认自己的目的是恶的,甚至抹黑对方,因而在国际关系现实中经常出现善恶不明的现象。③ 那么置身于一个个国家集团里,正如莱因霍尔德·尼布尔告诫人们的:"即使一个由达到了最高宗教良知的个人组成的国家,在同其他国

---

① 〔美〕詹姆斯·多尔蒂、小罗伯特·普法尔茨格拉夫:《争论中的国际关系理论(第五版)》,世界知识出版社2003年版,第15页。

② 〔美〕莱因霍尔德·尼布尔:《道德的人与不道德的社会》,贵州人民出版社1998年版,第73页。

③ 韦正翔:《软和平——国际政治中的强权与道德》,河北大学出版社2001年版,第39页。

家的关系中也很难做到以爱待人。这种爱的失败没有别的原因,只是因为个人不可能自觉地站在其他国家的个人的立场上达到一种充分保证纯粹仁慈的高度,因而不可能以此为基点来思考问题。此外,当个人达到宗教良知时,这种良知也会变为对他们自己国家的忠诚,会倾向于增加国家的自私。"[1]神学家的担忧在社会学家那里得到了肯定的回应,中国著名学者费孝通就曾感慨道:"我们念社会学的人自然明白,道德是在视为自己人的圈子之内的。当我们对付圈子外的人,杀戮、欺骗、愚弄是道德的,受到奖励的;至少也不是不道德的,可以容忍的。在战场上,双重道德表现得完全无缺。"[2]由此推论:个人的献身精神、灵魂升华的渴望,不但没有惠及整个人类社会,反而有可能成为更大的威胁,因为它们成为了国家间争斗的利器。

所以,那种"四海之内皆兄弟"的善意问候和优美情感,实际上是很难穿透现代国际关系体系所构筑的森严壁垒而惠及整个人类的,因为个人首先是国家的一部分,个人的无私奉献是在本社会范围的高尚行为,而社会与社会之间,即国家与国家之间,却由于相互之间权力与利益的不断争夺,争吵不休,不但很难相亲相爱,休戚与共,反而常常与邻为壑,甚至更为残酷,有时会发生激烈冲突,激起不共戴天的仇恨。

这在战争期间表现得最为明显,无论多么高尚、良善的精神追求,碰到国家、民族这个透明天花板时,就很难再升上去。有一本英国学者所著的《战略与民族优越感》一书说得很明白:"对于那些

---

[1] 〔美〕莱因霍尔德·尼布尔:《道德的人与不道德的社会》,贵州人民出版社1998年版,第60页。

[2] 费孝通:《美国与美国人》,三联书店1985年版,第193页。

有强烈的理想主义的个人来说,民族优越感就是理想的沃土,是关于品德、实力、荣誉和独立性的理想。通过加强个人的归属感,军事历史也服务于国家主义的目标。从长远讲,个人可以被载入胜利的历史、执法先锋的历史、反抗国家敌人的英雄主义行为的历史。"①总之,你即使有天使般的品德,也有崇高的理由叫你投入杀戮。

于是,任何高尚的东西都可能发生扭曲,例如"母性",对于诗人来说这是天然富含诗意的人性因素,但在有关个人的无私与国家的自私的悖论中,令人惊愕的是,"母性"也可以在国家间战争中被利用,甚至成为最好的杀手。一位英国女学者即以女性的细腻发现了这一点:"在各国战争中,几乎没有人怀疑,女性在为了保护丈夫、情人和孩子时是不惜去杀人的。和平主义者认为女性下不了手,因为她们有母性。同样,在解释她们为什么能下得了手时,也要回到她们的母性上去。"正是这一可怕悖论,使女性尽管不像男性那样具有英雄冲动、"杀手本能",可一旦其"母性本能"被各国间的战争仇恨所激发,妇女也照样可以义无反顾走上前线,甚至更为决绝。②

不管什么样的战争纪念碑,都是要由双方战士的鲜血来浸润的。而当某些国家为了非正义的目的,有组织、大规模地通过欺骗宣传,把千千万万善良的人们推上前线相互厮杀时,悖论所导致的后果就更是惨痛之极。一位对人生意义问题深有研究的学者发现:"纳粹哲学像许多富于人性的思想一样,很能欺骗人,因为它向那些愿意为有意味的人生牺牲一切的人们,许诺了一种有意味的

---

① 〔英〕肯·布思:《战略与民族优越感》,中央编译出版社2009年版,第94页。
② 〔英〕乔安娜·伯克:《面对面的杀戮》,江苏人民出版社2005年版,第331页。

人生。它的邪恶隐藏在理想主义的外表背后,它满足了许多看不到其他任何获得有意义的人生的可能性的人们英雄主义的狂想。它提供了这些人甚至愿意为之死去的理由,以此打消了他们对生命是否值得的问题的疑虑。"①的确,当年纳粹德国阵亡通知书上就是这样写的:"为人民和祖国牺牲生命是一项至高的荣誉。愿全能的上帝赐予您力量,帮您沉静而坚强地承担起这一切。"②如果连纳粹都可以利用生命意义的追求来包装邪恶暴力,那么,以某种似是而非的高尚目的来煽动人们的战争情绪又有多大困难呢?

不过,要是以为战争狂热完全是欺骗的结果,似乎又失之简单,因为"法西斯主义虽然把国家看成是有生命力的东西,却又相信个人的最高表现在于民族,是这有生命的东西的祭献"③。也就是说,即使再血腥暴力的政治目标,也期待着与个人主动献身的精神追求相结合。所以说,纳粹思想的火借风势,与其说是高明的骗术,不如说是混合着虔信与虚伪,利用了个人的无私与国家的自私之间的深刻矛盾,才会具有更邪恶的魔力。

三、国家不死,也不升华

死亡像一个巨大的黑洞,迟早会吸进所有生命个体,因而不管什么人,属于哪个国家,具有何种精神信仰,都不能不早做准备,向

---

① 〔美〕艾温·辛格:《我们的迷惘》,广西师范大学出版社2002年版,第136页。
② 朱维毅:《德意志的另一行泪——"二战"德国老兵寻访录》,世界图书出版公司2010年版,第275页。
③ 〔美〕约翰·罗尔克:《世界舞台上的国际政治》,北京大学出版社2005年版,第251页。

死而生。除非能够摆脱生死轮回，彻底逃出生天，心态才会有所不同，如同古希腊神话或中国《西游记》中的那些永远不死的神祇一样。

当然，没有人可以不死，但国家在心态上可以，它不必面对必死的那一天，理论上可以把拥有的东西拥抱到永远，因而也就没有必要提出哲学疑问来折磨自己。所以，建构主义理论尽管建设性地提出"国家也是人"，但从这层含义上说，国家作为个人的聚合、社会的载体，又并非是个人行为的简单集合体。国家这个人造的"利维坦"，显然有着不同于生命个体的独特属性，因而才能构成个人的无私与国家的自私这一矛盾冲突。

首先，对于死亡的感受不同。个人终有一死的命运使所有的现世奋斗和享乐都沦为昙花一现，甚至无法忍受，马斯洛的自我价值实现才必然成为个人乌托邦的最高境界。它带来的美感，如同培根在《论死亡》一篇中优美表达的："尤要者，请你相信，最甜美的歌就是在一个人已经达到了某种有价值的目的和希望后唱的'如今请你让你底仆人离去'。死还有一点：就是它打开名誉之门，熄灭妒忌之心。'生时受人妒羡的人死后将受人爱'。"[①]

但国家相反，无论在理论上和心理上，国家都没有必死的焦虑和感受。无论在最低理想还是在最高理想上，国家的乌托邦都在尘世，希望自己的国土永远是一处放满了食物而又富足、繁荣、强大和持久安全的生存、繁衍之地，能够与日月长存。虽然历史上并没有永存的国家，但是每个国家都有永存的信念。国家不但要照顾今天的国民，还要照顾他们的子孙，子子孙孙，直到永远，这是与

---

① 《培根论说文集》，商务印书馆1988年版，第9页。

必须面对"向死而生"的个人命运截然不同的。国家从不学习如何死亡。况且，国家即使历史再悠久、文明再辉煌，灭亡了也就灭亡了，绝不会有什么荣誉之门等着打开，如同被历史车轮碾过的溃坝，同时丧失了功能和荣耀。

我们常常会问自己的人生有何意义，却很少去问国家的存在有何意义，因为国家的生存无论多久，都不会像马斯洛所设置的成长台阶那样逐次升华。历史学家约翰·卢卡克斯也认为，国家与个人的目的和所起作用的方式肯定是不一样的，"因为人的精神可以不朽，而国家却不能"①。而国际关系学者也从另一个角度承认，国家最低、最高目标的确都是一样的，都以安全问题为重："事实上，国家获得安全的能力差别是国家之间最主要的差别。而最高目标本质上也相同，即如沃尔兹所认为的，国家是'以自我保存为最低目标，以争夺世界主导权为最高目标的相同行为体'。"②既然国家的关注点永远在尘世，没有个人精神超越的焦虑，那么合乎逻辑的推论是，个人因为追求生命意义的崇高而趋向灵魂的升华，而国家追求千秋伟业的宏伟则会趋向权力意志，这可以说是国家存在的意义和本质。

正因为国家不死，国家唯一的目的在于自保、永存，也就是永远要照看好自己一代又一代子民的繁衍生息之地，于是会永不疲倦地投入各个时代的博弈竞争，为本国获取更大的生存空间，谋求更多的权力和利益。一位美国学者即以明晰的语言指出："国家是

---

① 〔美〕比尔·莫耶斯主编：《美国心灵——关于这个国家的对话》，三联书店2004年版，第597页。

② 〔美〕詹姆斯·多尔蒂、小罗伯特·普法尔茨格拉夫：《争论中的国际关系理论（第五版）》，世界知识出版社2003年版，第88页。

负有使命的政治组织。就如《美国宪法》的导言所写的,是要'维护公平、确保国内安宁、提供共同防御、促进普遍福利和保卫自由的幸福'。由于国家的任务是提供这些好处,国家所能获得国内支持部分地也就来源于它们供给公共利益的能力。"①换言之,个人可以追求精神超越,但国家永远关注尘世的幸福。

还有,个人可以孤独,但国家不会孤独。个人的孤独感是与生俱来的,因为生老病死要单独面对,连平日的孤独也难以打发,即使有钱买到别人的服务,也买不到别人真切的关心,所以人们普遍感受到,孤独"是每一个体生命的骨子里的终极悲剧"②。但国家不同,国家可以被孤立,却不会有孤独感,因为本国国民举国一致的意志与行动总能激发出巨大的能量和情感。那种千军万马的场面,万众一心的誓师队伍,具有强大的感染力,即使时过境迁人们也许会有所反省,对过去的狂热感到可笑,但当时却如同站在凯旋门的门口,让每个人只感到国家的强大。

与此相应,个人可以谦卑,富于常识,懂得"只有疯子才有可能说'我永远是对的'"③,乐于承认生命的渺小、力量的有限和经常犯错误的事实。日常生活的进行,也主要源于社会成员之间的互利互惠,谈不上神圣、高尚与否。正像面包师辛苦为大家服务,但也赚到了金钱,因而"经济学家看待自私就像水手看待风一样,既非罪恶也非美德,而是自然界中的一种中性力量"④,个人没有道理

---

① 〔美〕约翰·罗尔克:《世界舞台上的国际政治》,北京大学出版社 2005 年版,第 244 页。
② 〔英〕C.P.斯诺:《两种文化》,三联书店 1994 年版,第 73 页。
③ 〔英〕肯·布思:《战略与民族优越感》,中央编译出版社 2009 年版,第 96 页。
④ 〔美〕哈伊姆·奥菲克:《第二天性:人类进化的经济起源》,中国社会科学出版社 2004 年版,第 64 页。

不时时意识到这种局限性,摆正自己的位置。但是国家却不一样,国家似乎永远是对的,当一个国家的宣传机器这样强调时,不但很少被质疑,不被认为是非理性,反而显得理直气壮,往往也能够得到国民的一致拥戴。

正因为如此,个人可以认错,国家却很难认错;个人犯错可以痛改前非,国家犯错却很难改弦易辙。即使历史已经证明当时的某项重大决策是绝对悲剧性的,政客们也仍然可以借国家的名义一推了之。中国导演李缨花八年时间拍摄的纪录片《靖国神社》中有一个令人深思的场面,一位儒雅的日本僧侣,他的父亲也是僧侣,当年被政府征兵拉上战场死在国外,骨灰放在靖国神社至今也不许家属取回。阵亡者的儿子气愤地说,家属只被发给一个白色枫叶勋章,说是为国效忠捐躯就算了事,这样做既堵住了战死遗属的内心不满,也不用再追究国家当时的决策责任。

个人不可能有这样的逃遁之路,国家却可以借国家利益之名堂而皇之地逃避历史责任。个人耻于明言为自己谋利,政治家却从来不耻于谈及国家利益。1972年时任美国总统的尼克松访华下飞机时见到周恩来总理的第一句话就是:"我是为美国的国家利益而来的。"[①]国家利益第一,不管是否具有正义性,政治家对此心知肚明,有时也直言不讳。约瑟夫·奈在谈及道义作用为何在国际政治中受到限制时,也指出国家与个人的不同,"国家是个抽象的东西,尽管国家领导人是个人,人们用不同的标准分别判断政治家作为国家领导人的行为和作为个人的行为"。例如,"在个人的道义观念中,牺牲是道义行为的最好体现。然而,领导人可以牺牲其

---

① 倪世雄、王义桅主编:《中美国家利益比较》,时事出版社2004年版,代序。

领导下的民众的生命吗？"①换言之,究竟是本国利益至上还是应当人类道义至上呢？一个国家可以为另一个国家赴汤蹈火、火中取栗吗？即使领导人有高尚的道义冲动,他的国民答应吗？他有这种越俎代庖的权利吗？

而在另一个极端上,当一个国家完全信奉权力意志,寡廉鲜耻地争夺生存空间,例如二战中纳粹德国的战争暴行,则会让人悲哀地感慨:国家,一切罪行假汝之名。丹尼尔·乔纳·戈德哈根在其撰写的《希特勒的志愿行刑者》一书中以大量第一手资料得出结论:"越调查研究德国人的实际行动,包括大屠杀执行者的行动,越发现所谓德国人盲目服从命令的说法站不住脚。""大屠杀的参加者也明白,他们支持的那种勾当不可能是'合法的',不可能是道德的,至少从基督教的观点来看,不可能是道德的。只有从纳粹德国的新道德观的角度来看,这些德国人才能认为自己从事的是正义的行动。"②正是以国家的名义、集体的行为,容易使人罔顾道德,突破底线,蜕变为兽。而且怪诞的是:"大屠杀通常是以强烈的超我和积极认同民族理想为先决条件的。"③

国家利益至上,很容易变成践踏是非善恶的幌子,这并非只是在纳粹德国才会发生的个别极端例子,而是国际政治生活中常见的事实。例如20世纪80年代美国政府的伊朗门事件,事件主角陆军中校诺斯一方面向国会承认他撒过谎,欺骗过国会、公众和新闻

---

① 〔美〕约瑟夫·奈:《理解国际冲突:理想与历史(第五版)》,上海人民出版社2005年版,第26页。

② 〔美〕丹尼尔·乔纳·戈德哈根:《希特勒的志愿行刑者》,新华出版社1988年版,第212、217页。

③ 〔美〕丹尼斯·朗:《权力论》,中国社会科学出版社2001年版,第265页。

媒体,但一方面又坚持说:"我为此感到骄傲。"因为他不是为了个人,而是为了国家利益。牧师 F·福里斯特·丘奇对这一辩解感到恐惧,他看到卑劣行为是如何在爱国的幌子下文过饰非的:"我在参议院听过奥利弗·诺斯的证词。他能够根据最高的道德标准——信仰、爱情、希望、坚韧和公正来判断他的每一个行为。这个证词因其修辞性,极其广泛地代表了我们所敬佩的一切,所以对美国人民很有权威。但也正因为这个原因,它更加危险,因为它所暗含的一面和阴暗的一面是看不到的。这个世界上,我们能在慈善的名义下、在上帝的名义下,干出罪恶的勾当。"①所以,和理想、信仰扯上关系的罪行都可能成为最危险的罪行。

正是在国际关系史及国际政治实践中,我们经常看到,个人的美好生命追求是如何被永不升华的国家权力意志当做赌注,甚至被特殊利益集团所玩弄的。所以,也许是在对于人性悲观的意味上,马斯洛在其未发表的文章中甚至肯定了"人终有一死的必要性"②。因为他发现,一些政治家一旦权力到手,就很容易变坏,而且很难制止。至少死亡的存在,让那些不择手段、翻云覆雨的政客无法更长时间地控制和祸害世界。

四、陌生人的眼泪是水

有一个问题值得思索:维系各个国家的凝聚力究竟是什么?是爱吗?不错,是爱国主义的精神传统,不管哪个国家都会这样回

---

① 〔美〕比尔·莫耶斯主编:《美国心灵——关于这个国家的对话》,三联书店 2004 年版,第 561 页。
② 〔美〕马斯洛:《洞察未来》,华夏出版社 2004 年版,第 215 页。

答,爱国情感也毕竟属于一种强烈的爱的情感。但这种挚爱之情,与我们的日常生活体验又显然不同,它不是缠绵婉曲的,具体个别的,而是往往能够激发出雷霆般的力量,让整个国家都群情激昂。那么,它的向心力究竟是如何形成的呢?

至少有一点可以肯定,爱国情感之所以能够变成一面高扬的旗帜,并不是因为爱的太多,漫无边际地放电,事实上,仅仅有爱还是不够的,泛爱、普爱的倾向似乎更容易产生瓦解力。爱国主义的巨大情感作为国与国之间关系的现实反映与产物,与其说是因为博爱,不如说是由于外部的威胁、共同的畏惧,才更容易地将一国民众的意志迅速凝聚起来,达成一致的目标,产生惊人的合力,当然,同时也容易忽略了个性。

苏联最后一任总理雷日科夫在回顾苏联解体时有一句话令人久久回味:"民族主义——这不是对本民族的爱,而是对其他民族的恨。"[①]他是在目睹了苏联解体的残酷现实后这样说的。当一个国家变成了数个国家,对一个国家的爱也就分裂成对不同国家的爱,那些新的忠诚并不是以原有的统一国家的爱国精神传统为基础的,恰恰相反,为了巩固自己的政治、文化合法性,新的国家总是亟须确立新的边界,不仅是疆土的边界,也是爱的边界,忠诚的边界。而在国际社会生活中,构筑这种精神边界的往往是某种同仇敌忾之心,是由我们—他们的二元思维模式来催生的,而不可能是什么泛爱之心。正如一位英国学者感叹的,"知道有威胁国家利益的敌人就足够了:并不需要关心敌人是什么样子"。他引用了一句

[①] 〔俄〕尼古拉·伊万诺维奇·雷日科夫:《大国悲剧——苏联解体的前因后果》,新华出版社2010年版,第96页。

谚语,恰恰是一句俄罗斯谚语:"陌生人的眼泪是水。"①这句话的潜在残酷性在于,当人与人之间的关系冷漠到连对最能表达人类悲苦哀告之情的咸涩的眼泪都无动于衷时,彼此之间就只剩下兽与兽的关系了,甚至还不如兽。一个极端的例子是:二战期间,纳粹德国因为火车车厢装运的菜牛太多而专门发布了一个"不要虐待动物"的指令②,与此同时,德国士兵却不动感情地把大量犹太人赶进杀人毒气工厂的流水线。这时候,人的异化悲剧达到了顶点,老人、少女、儿童的眼泪或微笑都不管用了,关起来不是作为罪犯,被杀掉也不能算做命运,无论是学者、农夫还是艺术家,都只像是待屠的牲畜。

但与野兽又不同的是,人类社会的弱肉强食,并非由于其野蛮不开化,恰恰相反,反而是因为强者要维护自己所谓生存和文化的优越地位而有意屠戮弱者,泯灭人性。法国著名政治学家托克维尔早就惊愕于人类这种漠视同类痛苦的残忍性,他说:"古罗马人在他们的文化最灿烂时期,是先把被俘的敌人将领拖在战车后面以炫耀胜利,然后才把他们杀掉;这个时期的罗马人,还把囚犯投进斗兽场里,让犯人与野兽搏斗,以供群众娱乐。西塞罗一谈到某个公民被钉在十字架上,就义愤填膺,慷慨陈词;但他对罗马人胜利后对战俘的那种暴行,却缄口不言。显而易见,在他的眼睛里,一个外国人和一个罗马人不属于同一人类。"托克维尔沉痛地意识到:"每个国家一旦有了自己独特的观点、信仰、法律和习惯,它便

---

① 〔英〕肯·布思:《战略与民族优越感》,中央编译出版社2009年版,第13、103页。

② 〔美〕丹尼尔·乔纳·戈德哈根:《希特勒的志愿行刑者》,新华出版社1988年版,第103页。

会以整个人类自居,只关心本国的疾苦,对于别的国家一概无动于衷。如果两个持有这种态度的国家交战,则战况一定十分残酷。"①

托克维尔是美国人最为尊敬的思想家,但当今的美国政治家在对外关系中的所作所为却往往印证了托克维尔当年的感慨。正是如此,法国学者米歇尔·沃维尔在其《死亡文化史》一书中有力质疑了美国人所谓的"零死亡战争"概念的残酷性:"我们不断的关于死的禁忌的'最新'提法是'零死亡选择',在这个提法的背后是世界新秩序的极端虚伪的鼓吹者。确实,零死亡对他们的阵营是合适的。而在对面,无论是罪恶的还是无辜的,施刑者还是受害者,包括军人和平民,从伊拉克、科索沃或塞尔维亚,为了法律的胜利付出多大的代价,都是无所谓的。"②而在美国某大学的"美国外交传统"课上,一位教授是这样开场白的:"如果有人说我们是转动地球的那群人,我也不会否认。""我们这门课并不准备讨论美国的外交政策对世界的影响是好是坏,我们只谈'权力'与'成功',我们只讲'事实',美国是如何使用权力让自己获得成功的?美国是如何不断积累与扩张自己的权力的?"这位教授还判断,未来的世界冲突会越来越多,因为杀人越来越便宜,越来越多的人将被杀,因此储备自己的力量至关重要。令人惊骇的是,这是位资深教授,据说还曾在美国外交顾问部门任职,他就是用这样的思想来影响美国外交政策和教育年轻人的吗?

可以肯定的是,如果只关心自己的生存而践踏别人的生命,如果视别人的眼泪如水,那么再堂皇的文化殿堂也如同古代斗兽场,

---

① 〔法〕托克维尔:《论美国的民主》(下),商务印书馆2008年版,第705页。
② 〔法〕米歇尔·沃维尔:《死亡文化史》,中国人民大学出版社2004年版,新版序言,第7页。

我们不需要这样的"西塞罗"！因为固守我们—他们的二元划分法不可能为人类社会带来光明前景，即便与仇恨无关，也容易无视他人的存在和苦难，缺少应有的同情心，造成彼此间的情感隔膜和封闭。在人类学族群研究中，常提到一种同心圆式的认同结构，其实，这种内外集团的二元划分无处不在。小拉什·多兹尔在《仇恨的本质》一书中曾经指出："与其说人类对'我们'和'他们'的划分建立在严格的亲属或领地关系上，不如说建立在意义之上。这是人类在所有物种中独一无二的特点。这使我们在构成各式各样的'我们的团体'上具有强大的力量和灵活性。我们能通过宗教、意识形态、文化、种族、职业等成百上千种共同的意义来划定自己的'界限'。"[1]其划分"外人"的标准虽然是灵活多样、可大可小的，但对于"外人"的漠视、甚至仇视态度却是一以贯之、死板僵化的。

特别是到了现代，强大的国家架构，完善的权力体系，无孔不入的信息传播手段等等，使得国家动员能力非常强大，能够在崇高目标的名义之上，迅速凝聚起千百万人的力量，当暴力仇恨与文化因素相联系的时候更是如此。《仇恨的本质》一书最令人惊恐的是让我们看到，"意义"这一人类思维的最高能力是如何与仇恨和暴力这种原始行为奇妙地纠结在一起的，就像硫磺、硝石和木炭混在一起就变成了炸药，"仇恨能够压倒一个人对死亡的恐怖，而以仇恨为导向的意义系统则使这种行为系统化并得以扩散"。这种"意义"的力量倍增器使个人牺牲生命不是迫不得已的，而是"一般会体验到一种原始的幸福和喜悦感，常常还伴随着令人激动的崭新的目标感，即便这个信念体系可能稀奇古怪或是具有自我毁灭的

---

[1] 〔美〕小拉什·多兹尔：《仇恨的本质》，新华出版社2004年版，第128页。

内容"①。这正是个人追求精神升华的无私之所以心甘情愿地堕落到追随某种暴力恐怖集团的主要原因,历史上也常常因为将文化意义上的分歧和竞争上升为对自己种族生存的严重威胁而发生你死我活的冲突,政客们甚至善于借此诱导民众服务于某种现实政治目的。

　　印度裔英国移民作家、诺贝尔文学奖获得者 V.S. 奈保尔曾经生动地回忆说,当他第一次回到印度时恰逢中印边境战争爆发,他看到一位边境地区行政长官在巡视农村时这样对农民动员训话,为了唤醒民众,首先,长官诉诸农民的爱国情操。他声称:"以印度的任何一套标准来衡量,中国人都是'不洁'的民族。他们吃牛肉(这是对在座的印度教徒说的);他们吃猪肉(这是对听众中的伊斯兰教徒说的);他们吃狗肉(这是对全体印度民众说的)。中国人什么都吃:猫肉、老鼠肉、蛇肉——全都被他们吃进肚子里。"农民们只管静静坐在地上聆听,脸上木无表情;直到长官打出手里的最后一张王牌,召唤印度教徒的"毁灭女神",农民们才振奋起来,一起跟着长官呼喊"圣母卡里万岁"。而在当晚的爱国演出中,一位教师朗诵了自己的新诗,诗中习惯性地用印地语呼吁了一句"崇尚真理,扬弃暴力"。长官发怒了:"你疯了吗? 崇尚真理、扬弃暴力——什么话嘛! 这种时候,你还跟敌人讲真理和非暴力吗? 这一整个下午我苦口婆心,鼓舞民心士气,难道你们都没听进耳朵吗? 老师啊,你好糊涂!"②显然,在国际争端冲突中,对于种族、文化、宗教、意识形态、生活方式等界限的划定和强调,常常不是由于高尚的动机,而是为了有意激发致命的仇恨。在国家需要同仇敌

---

① 〔美〕小拉什·多兹尔:《仇恨的本质》,新华出版社 2004 年版,第 11—12 页。
② 〔英〕V.S. 奈保尔:《幽黯国度》,三联书店 2003 年版,第 371、375 页。

气的时候,连别人的生活方式也可能成为被蔑视、甚至被消灭的原因。

这样一种政治动员同样也是一种文化现象,但这是一种被扭曲、被窄化的文化力量。如同《比较政治:理性、文化和结构》一书所分析的,"文化力——以文化的名义动员行动的能力",通过文化号召作用而凝聚起一种政治性的群体力量,这种"文化动员建立在一些恐惧和可见的威胁的基础上,这种恐惧和威胁与内化了的世界观、通过频繁的群体内互动取得的不断强化以及情感团结一致"①。所以,纠结于这种可悲的现实,人文学者从来希望能够在精神层面有所突破,不是通过强化敌我界限来凝固现有的国家意识,而是希望能够超越历史,着眼未来,另辟蹊径。法国学者阿尔贝·雅卡尔反思道,尽管法国人一谈到德国人就感觉到不太自在,因为以前是宿敌,有世仇,但静心反思,又感到:"将对祖国的热爱与对另一个民族的仇恨联系在一起,这是真正的悲剧。"②英国学者 C. P. 斯诺也用朴素的话语道出心扉:"我觉得人活着要比死去好,他们不应当挨饿,也不应当看着自己的孩子死去。无论在任何地方,我们彼此都是同胞。如果不是这样,如果连起码的同情心都没有,我们就根本不会关心人,任何伪装的高尚同情心都是一种嘲讽。"③其实,英国作家劳伦斯早就有更超前的看法,认为国家是为了对生存所需的物质资料作适当调节而存在的,就是"向一个民族的人民提

---

① 〔美〕马克·I·利希巴赫、阿兰·S·朱克曼:《比较政治:理性、文化和结构》,中国人民大学出版社2008年版,第84页。
② 〔法〕阿尔贝·雅卡尔:《写给未出世的你》,广西师范大学出版社2001年版,第99页。
③ 〔英〕C.P.斯诺:《两种文化》,三联书店1994年版,第81页。

供最低的物质需求的设施。它们只是大旅馆、大招待所而已"。不同之处在于,"真正的商行也许会吵架和竞争,但是它们不会诉诸武力。为什么?因为它们不是理想上的业务公司,它们仅是讲究实效的物质上的业务公司。只有理想上的业务公司才会开战并凭着所谓高尚的正义感,不分青红皂白地进行杀戮"。为此,劳伦斯呼吁剥除一切理想的伪装。①

当然,这也许只是夜莺式的理想情怀,守夜人的看法又如何呢?毕竟,国家与公司最不一样的地方是,公司倒闭了可以再干,人员失业了还可以到别处上岗,可国家分裂了,那无数个无辜家庭该怎么活?能往哪里去安顿?又能靠什么来卫护自己的权益呢?西班牙学者所著的《民族主义与领土》一书道出无情的现实:"国家边界的普遍化,是在全球范围内形成各种社会特殊性的主要因素。现在,我们所有人第一次有了一个在全世界有效和被全世界承认的籍贯证和个人登记卡。由边界和国家确定的特殊性,第一次变成了一种具有世界意义的事情。"②特别是当地球越来越被各国官僚机构网格化的今天,个人已经无处可去,所以往往是:有一个国家衰败了,就有无数个人的悲剧。尼古拉·伊万诺维奇·雷日科夫在回顾俄罗斯的今昔时沉重叹息道:过去,"我们"一直是高于"我"的,在这样的国家公民心理之上,国家可以巩固。但现在把"我"与"我们"对立起来了,对祖国大于个人的信念就被瓦解了,国家也就随之解体了。他还说,甚至连当年著名的持不同政见者索尔仁尼琴从美国回国后也哀叹:"我走遍了俄罗斯各地,收到四面

---

① 《劳伦斯哲理散文选》,上海三联书店1992年版,第27—28页。
② 〔西〕胡安·诺格:《民族主义与领土》,中央民族大学出版社2009年版,第32页。

八方成千上万封来信,形成了一种感觉,就是我国民众已成为茫然无助的一群。"①显然,政治家的保守、守夜人式的谨慎更多是来自于这种历史的教训和灾难性现实。毕竟,国家推倒了,就不能再重来。即便美国外交语言中充满了"自由""民主""公正"等词语,美国公民誓词中也照样是把"忠于祖国,永不分裂"放在首位,国与国的基本诉求都是一样的。美国前总统肯尼迪演说流传至今的名言也是:"不要问国家为你做什么,问问你自己能为国家做什么吧。"

五、分裂的人

个人生存与国家存在的不同意义追求,道德的人与不道德的社会之间的内在悖论,必然体现为人的内心分裂,但又经常是通过群体狂热行为表现出来。特别是当国家间战争初起的时刻,那种不可思议的兄弟般的团结,节日狂欢般的振奋,能够瞬间把一个松散的社会凝聚起来。这时候,人人都有一种庄严感,壮大感,正如一位国际关系学者所言:如此成为一个民族的一员,"既使得该个体在所生存的世界上找到了自己的位置",也通过一种处于"某一不可分割的生存链"的感觉,"弥补自己湮没无闻的失落感"。② 而汉斯·摩根索坚信这种普遍狂热与人人都有的权力欲有关。而且越是普通人,越是在日常生活中无法满足权力欲,就越是容易通过支持国家的权力欲而获得某种替代性满足,"似乎我们每个人都不

---

① 〔俄〕尼古拉·伊万诺维奇·雷日科夫:《大国悲剧——苏联解体的前因后果》,新华出版社2010年版,第334页。
② 〔美〕约翰·罗尔克:《世界舞台上的国际政治》,北京大学出版社2005年版,第192页。

是一个个体,而是作为国家的成员,集体地拥有并控制了强大的权力"①。这时候,如同海啸般的合力会给人一种能够冲决一切的快感。

政治学者在理论中意识到的东西,作家在生活中感受得更真切。我们从斯蒂芬·茨威格的回忆录《昨日的世界》中看到,当战争爆发时普通民众是如何从国家身上寻找到荣耀和膨胀自我的:"在群众最初爆发出来的情绪中确有一些崇高的、吸引人的地方,甚至有使人难以摆脱的诱人之处。"因为每个人"在那个时刻都觉得自己就是世界的历史,觉得他们共同经历着一个一去不复返的时刻,而且觉得每个人都得到召唤,要把小小的'我'融化到那火热的群众中去,以便在其中克服各种私心。地位、语言、阶级、宗教信仰的一切差别都被那短暂的团结一致的狂热感情所淹没。"但茨威格也深刻地意识到,正是这种战争狂热,最有可能释放出弗洛伊德所说的"对文化的厌恶",把人身上暗藏的原始无意识欲望和本能都翻腾到表面上来,"即要求冲破这个有法律、有条文的正常世界,要求放纵最古老的嗜血本能。也许这种暗中的力量也参与到飘飘然的感觉之中。热烈的陶醉混杂着各种东西:牺牲精神和酒精;冒险的乐趣和纯粹的信仰;投笔从戎和爱国主义言词的古老魅力。那种可怕的、几乎难以用言词形容的、使千百万人忘乎所以的情绪,霎时间为我们那个时代的最大犯罪行为起了推波助澜、如虎添翼的作用"。② 也许,正是由于对人性"自我毁灭"的彻底绝望,二战期间,已经逃出纳粹魔掌的茨威格,却决定"完全清醒""不失尊

---

① 〔美〕詹姆斯·多尔蒂、小罗伯特·普法尔茨格拉夫:《争论中的国际关系理论(第五版)》,世界知识出版社2003年版,第268页。

② 〔奥〕斯蒂芬·茨威格:《昨日的世界》,三联书店1991年版,第250—252页。

严"地与世界诀别,死前留下了一份朴素而高贵的绝命书。

但是,人性真的无可救药地等同于兽性吗?社会、家庭、历史、文化,这些人所创造的文明产物,是否真的最终既不能拯救人于水火,也不能使人心变得柔和些吗?也许,理性的乐观精神应该是:哪怕在最严酷的历史时期,人心可以被深深地分裂,人性可以被致命地扭曲,但还是不可能被完全泯灭而无法复苏。道理很简单,人作为一种有向善之心、爱美之意的生物是始终无法怀疑的,如果质疑这一点,那就连质疑本身都不存在了,因为人类的进化历史永远不会开始,人至今没有语言,还活在树上。

实际上,即使在相互厮杀的时刻,在赳赳武夫的内心深处,涌动的也还是人性的柔情、对家庭生活的眷恋,而非仅仅是蛮勇。《德意志的另一行泪——"二战"德国老兵寻访录》一书的作者朱维毅提出一个重要观点,他认为战争史研究对战地书信价值的重视仍然不够,它们虽然只是私人信件,但其私密性使之更为真实,因为"战地家信不是军事文件,而是大量战争亲历者的心理、经历、情感和思维的信息综合体。它不是事后的回忆录,不可能被修改补充,也不会受到后人观念的任何影响,它是一种独特、客观、真实和多方位的历史即时记录"。正是通过对诸多诀别信的考察,作者发现,战争初起的群体性狂热,最后往往都会演变为个体及家庭的哀痛、思念之情,特别是在战争后期和个人生命的最后关头,"这些诀别信往往不是谈军事得失,不论战争是非,没有柔肠寸断。也不再展示志在必胜的军人豪情。在即将告别生命的时候,这些军人更多表现出的是一种男人的责任感:鼓励家中的亲人好好活下去。"[①]

[①] 朱维毅:《德意志的另一行泪——"二战"德国老兵寻访录》,世界图书出版公司2010年版,第276、280页。

这是最为朴素、真实的个人牵挂之情,它曾经在"宏大叙事"面前羞怯地掩藏了,在一息尚存之际又终于温柔地显现了。

当然,国家间的战争是要讲是非的,反对以实力为公理,反对把丛林法则那一套照搬到人类社会中来是理所当然的。特别对于弱小国家而言,每当国家的不幸传导到个人生活中来,往往也会造成另一种内心分裂,即个人的危机感很快上升为民族危机,同时也压抑了更多的个人精神追求。这一点20世纪的中国人深有体会,周作人的矛盾心境即是一例。

五四时期的周作人深受西方自由主义精神影响,曾以提倡"人的文学"而著名,但是这位坚持个性解放的中国学者也不能免除"弱国子民"的耻辱对他的精神伤害。1925年,正是中国被各国列强蚕食之际,周作人在《元旦试笔》中吐露沉痛心声:"五四时代我正梦想着世界主义,讲过许多迂远的话,去年春间收小范围,修改为亚洲主义,及清室废号迁宫以后,遗老遗少以及日英帝国的浪人兴风作浪,诡计阴谋至今未已,我于是又悟出自己的迂腐,觉得民国根基还未稳固,现在须得实事求是,从民族主义做起才好。"必须指出的是,周作人的这种民族主义意识的回归是被迫的,是一个个体意识高度觉醒了的人,为了自我的充分发展,而不得不以国家发展为手段。他对自己的尴尬处境也看得很清楚,说:"我不相信因为是国家所以当爱,如那些宗教的爱国家所提倡;但为个人的生存起见,主张民族主义却是正当。"所以他最后愤愤地表示:"只愿人家不要再恭维我是世界主义的个人就好了。"①周作人的感慨并非杞人忧天,在他所处的时代,无论你个人的品质和能力有多么优

---

① 周作人:《雨天的书》,北新书局1935年版,第185页。

秀,也逃不脱你的种族、肤色、国籍带给你和你的同胞一样的屈辱和伤害。同一时期朱自清的著名散文《白种人——上帝的骄子!》即是反映了同样的愤懑之情。这位宽厚长者因为白人孩子的轻蔑眼神而悲哀地意识到,现在的世界还是依仗着"人种的优势和国家的强力",而"我们所日夜想望着的'赤子之心',世界之世界,(非某种人的世界,更非某国人的世界!)眼见得在正来的一代,还是毫无信息的!"所以文中反复喃喃着一句话:"我这时有了迫切的国家之感了!"①而仿佛是作为印证,在纳粹德国1936年出版的一本儿童读物里,就反映了严重的种族歧视:"上帝创造了不同的种族:印度人、黑人和中国人,还有那些邪恶的犹太人。"②

弱小国家民族情绪的高涨与国家意识的凝聚有其深刻的道理,人的内心分裂感,常常是来自于个人精神追求不得不首先服从于国家救亡图存的生死大计,这一选择既具有内在矛盾性,也符合现实理性精神。但弱小国家知识分子的另一重失望来自于他们曾经无限向往的现代西方文明国家的所作所为,正如《剑桥美国对外关系史》指出的,早在第一次世界大战中,"欧洲国家历来被当做文明与权势中心的名声被战争所击碎,中国的重要知识分子梁启超的总结道出了西方世界之外的众多心声,他写道:欧洲不再是人们效仿的榜样"③。为什么呢?因为在国力强盛的西方国家,经历过思想启蒙洗礼、有着高度文化教养的现代知识分子,并非顺理成章

---

① 朱自清:《白种人——上帝的骄子!》,原载于《文学周报》1925年7月5日,第180期。
② 〔美〕丹尼尔·乔纳·戈德哈根:《希特勒的志愿行刑者》,新华出版社1998年版,第235页。
③ 〔美〕孔华润主编:《剑桥美国对外关系史》(下),新华出版社2004年版,第28页。

地成为个人主义者、和平主义者、世界主义者,而是依然成为各自国家争权夺利的有力武器,这一事实当然令人失望。

人们发现,在国与国之间的竞争关系中,一个强大国家的知识分子要想有所作为就必须这样平衡自己的内心——他一方面要具有自由精神和创造性思想,才可能成为国家最需要的高质量、创造性人才,而仅仅当一名士兵是不够的。另一方面,即使他有包容宇宙的精神境界和知识素养,他在行动上也要首先服从于他的国家的需要。这不可能不造成内心分裂,但某些西方知识分子似乎表现得很能超脱和平衡自己的内心分裂,所以更让人惊愕。

譬如美国人马汉,我们往往以为他的海权决定霸权理论只是出自于一位海军将领对于海洋的过度热爱。但真正读过《海权论》,才发现其战略眼光的长远,远远超越了战舰吨位、火力强弱等技术性计算和考虑,堪称一部有关19世纪美国世界大战略的论著。马汉对国家的看法与周作人有相似之处,他也认为"政府和国家本身并不是终极目标所在,而只是工具性的东西,它们担负的不是它们自身的什么,而是子孙后代对于它们的信托"。不过,西方强国国民的身份,给了马汉以抱负和自信,对于他来说,他的国家"保全自我"的首要法则在于"获取国家进步所需的东西",也就是如何积极拓展海外利益,维持有利于己的世界战略格局。马汉甚至因为中国、日本等东方国家正被迫打开门户接受西方文明,进而前瞻到这样的问题:"除此之外,以一个政治家应有的眼光,还应考虑到对欧洲文明的吸纳对亚洲国家的长远影响。这些影响会使亚洲成为怎样的一个社会?在精神上和我们相同,还是不如我们或甚至更优越?"①在那个时代,一个海军将领能有如此宽广的文化视野和思考深度,真是令人惊讶。但更令人好奇的是,像马汉这样兼具学者气质的西方现代军人,他们是如何将两者融合的呢?其广博的知识素养,除了应用于战争谋略之外,应该对个人人文关怀和思考有所促进,从而与他们担当的职业角色有所冲突。但实际情况是如何呢?请看这样一段话:

> 研究战争,特别是未来战争,可以看出一些非常有趣的特点。首先是全人类互相残杀现象的广泛性,一时忘记了他们都是人,属于为同一理想目标而奋斗的人类家庭。他们变成了残忍的人,好像着了魔似地投入使人痛苦血腥的破坏工作。其次是战争规模巨大,要求聚集全国巨大的物质力量和精神力量,形成一个破坏力量对付敌人,把生产力变成了更大的破坏力,指向唯一的目标——胜利。

这正是人文主义者想说的话,想要对战争破坏性做的谴责,但说这话的不是别人,而是意大利著名军事家朱里奥·杜黑,他与提出"海权论"的马汉齐名,是制空权理论的首倡者。原来他也知道战争是人类发疯的表现,明白人们一直在呼吁、向往的和平理念,懂得战争带来的痛苦、血腥和残忍。但是他还是能够抑制住自己的复杂内心感受,非常冷静地把自己的全部聪明才智贡献于战争职业。1909年,当飞机刚刚发明6年,杜黑就提出陆军和海军不应把飞机看做某种辅助力量,而"更应把飞机看做是战争家族中第三位兄弟的诞生"。特别是他准确预言了今天已成为现实的东西:

---

① 〔美〕马汉:《海权论》,中国言实出版社1997年版,第219、260页。

"简而言之,获得制空权就意味着胜利。反之,在空中被击败就是最终失败,将听从敌人摆布,不能保卫自己,将被迫接受敌人认为适当的任何条件。"①杜黑的情感知觉与职业理性之间显然存在着内在矛盾,但这又显然没有让他精神分裂,杜黑的平衡点在于何者为先,军人既然打算为自己的国家开战,他就只能一心争取胜利,哪怕动用最大破坏力,变成"残忍的人"。

马汉和杜黑的例子让我们感慨,真正优秀的军人都不是一介武夫,要是不占有尽可能多的知识精华,没有学者般的眼光和洞见,他们就不可能创造性地想到要把军刀指向海洋和天空。但他们的睿智恐怕让莎士比亚也为之颤抖,当莎士比亚在《错误的喜剧》第二幕中赞颂"人类是控制陆地和海洋的主人,天赋的智慧胜过一切走兽飞禽"的时候,他可没想到"天赋的智慧"不一定服务于整个人类,而是为了让某些国家的人控制和主宰其他国家的人!以当今人类所能拥有的知识,仅仅服务于某个国家的战争机器。那么这些国家的知识分子,汲取了人类知识精华的人,他们究竟是整个人类社会的精英,还是仅是某一国家的精英呢?求知究竟是为了更好地认识这个世界,满足精神追求,还是仅仅成为本国利益的高水平、高智商的攫取者和守护者并以此为满足呢?

事实上,在面临国家与个人的内心冲突时,也许是由于基督教中人神两分的精神传统,造成了心智两分的思维方式,某些西方知识分子似乎表现得更能承受内心的分裂,冷静而狂热地各行其是,特别是当他们主宰世界命运的时刻。

法国作家莱维亲身接触了美国当权的新保守主义知识分子后

---

① 〔意〕朱里奥·杜黑:《制空权》,解放军出版社 2005 年版,第 153、附录英译本出版说明。

深有感慨:"这些接近权力及其智囊团的重要美国知识分子让我感到吃惊的一个特点是,他们的能力不仅同时驾驭两个完全不同的职业,而且是两种不同的知识分子文化"。福山不但提出了著名的"历史终结论",他还是黑格尔学派哲学家;美国国防部副部长沃尔福威茨不但是鹰派领军人物,还是首屈一指的希伯来语学者;新保守主义智囊团艾伯特·沃尔斯泰特和列奥·施特劳斯不但是战略家,还分别是数学家和哲学家。他们的谈吐像学者那样迷人,决策却像帝王一样致命。福山在谈话时"思路清晰而辛辣,对地缘战略考虑和复杂的概念小把戏游刃有余,他显然对基于实地的政治分析和解释世界历史全景同样着迷"。而沃尔福威茨谈起战争来,经常含混其词地引用"柏拉图和亚里士多德"和"关于自然权利和历史的理论",但得出的结论却是,"政治与理念无关,因为除了自我利益之外,政治不为任何其他而践行"。①《两种文化》一书的作者斯诺曾经指出:科学家一旦变成士兵,就会失去某种东西,因为服从并不是科学家的道德基础。② 不过莱维却发现,美国当权的新保守主义知识分子并不缺乏"道德中心",恰恰相反,他们秉持的"是一种过分的道德",他们甚至"是一些不充分介入具体政治的高贵的性情中人"。所以,他们推行最为好斗的外交政策,越过国界,不仅仅是为了本国具体的政治目标,似乎更是为了贯彻某种神秘主义精神,"甚至超越我们的宪法,去捍卫宪法赖以存在的自由价值

---

① 〔法〕贝尔纳-亨利·莱维:《美国的迷惘》,广西师范大学出版社2009年版,第177、260页。
② 〔英〕C.P.斯诺:《两种文化》,三联书店1994年版,第216页。

观,在各地捍卫它们,是的,各地,在它们遭到蔑视的任何地方"①。正是如此,这些当权的美国新保守主义知识分子、博学的斗士,如同莱维所指出,用他们的政治理念来改造世界"是荒谬的、天真的甚至危险的"。尽管他们的个人学问做得很好,动辄提及前辈哲人智慧,却并没有深入灵魂,因为他们致力于拉车护驾,却放弃了知识分子应有的批判精神。这不由得让人想起西方社会学名著《理念人》中的一段话:"知识一套上追求权力这个重轭,它就会失去其本质特征,必然变为辅助性的了。将知识套在权力的战车上,也就阉割了它。"②也许,知识与权力的关系,从来都是一个无解的难题。

当然,在今天的世界,国家仍然不失为负载民族利益的最佳载体,但同时,人类社会进步的希望也在于一步步接近理想,寻求突破,而不是画地为牢,固步自封。所以,就自然学科领域而言,研究的首要任务在于发现事物内在规律并且揭示之。而就社会人文科学而言,坚持理想并不会自动成为知识分子的使命,还必须执著于事物应该是什么样子,也就是人类社会全体成员共享的地球家园及其精神境界应当是什么样子,一点点地朝这一方向努力,这既需要学者的睿智,也需要诗人的情怀。

六、特立独行的人

特立独行的人不一定是指敢于在行动上独树一帜的人,甚至往往不是。因为在国家这个巨大的"利维坦"面前,什么样的肉体

---

① 〔法〕贝尔纳-亨利·莱维:《美国的迷惘》,广西师范大学出版社2009年版,第180、114、260页。

② 〔美〕刘易斯·科塞:《理念人》,中央编译出版社2001年版,第203页。

凡胎能够经得起迎头相撞呢？但是在精神较量中，个人却不是那么容易被击败的。从表面上看，一个特立独行的人在不可抗拒的灾难面前可能什么也没有做，和其他人一样顺从命运的安排。但是，正如帕斯卡尔所言，人是会思想的芦苇，政治和社会恐怖虽然可以轻易消灭一个人的肉体，却无法消灭他的不合时宜的思想。假如世间最强大的暴力都不能扰乱一个人平静到死的注视、始终不乱方寸的评判和温情如水的悲悯，那么谁是真正的强者呢？

一个被关进纳粹集中营的医科大学生雅克，人们尊称他为"圣徒"。有研究表明，集中营里的恐怖气氛是有意执行的既定政策，纳粹就是要"剥夺犯人的个人特点，使他们非人化，这是把他们塑造成'劣等人'的第一步"①。但是雅克的难友罗贝尔·安泰尔姆回忆说，纳粹分子以为自己的非人暴力可以让一切人匍匐，变成人渣，结果是痴心妄想："对于雅克，你们从来没有赢过。你们想让他偷窃，他没有偷。你们想让他为了贪吃而舔集中营头目的屁股，他没有做。""是你们使他得以成为最完美的人，成为对他的能力、他内心的精神力量、他行为的意义最有把握的人、最强大的人。"②因为人有思想、意志和尊严，这是既脆弱又顽强、既容易毁灭又不可征服的。

这样的人在哪里存在，哪里就可能出现精神奇迹，甚至让力量的天平翻转。二战期间，太平洋战争爆发后，燕京大学的一位中国学者被日军抓进监狱。翻译要他给"太君"鞠躬，他照做了，说"我对武力鞠躬"。日本军官问他："你为什么抗日？"他说："请给我20

---

① 〔美〕丹尼尔·乔纳·戈德哈根：《希特勒的志愿行刑者》，新华出版社1988年版，第42页。
② 〔法〕孔德·斯蓬维尔：《小爱大德》，中央编译出版社1997年版，第81页。

分钟回答你。"他告诉日本军官,他是研究历史的,他的结论是:"用武力来占领别的国家,把别国人民当奴隶,镇压别国人民的意志,只能暂时收效,因为一定会有反应的,而最后一定得报应。报应来时,压迫者有时比受害者更惨。你们日本过去吞并了韩国,让韩国人做你们的奴隶,现在又想把中国变成第二个韩国,所以中国人要抗日。"①刚才还趾高气扬的日军翻译热泪盈眶,原来他就是韩国人。日本军官脸色发白,中断了审讯。下一次审讯时,照旧要给日本军官鞠躬,学者照旧说我向武力鞠躬,不料那个日本军官也向学者鞠躬道:"我向一个不怕死敢说实话的人鞠躬。"②这位学者就是中国历史学家、燕京大学创始人之一的洪业教授。人所制造的暴力恐怖氛围,在高贵人性的感召下,就这样变成了人与人之间的对话。所以,作家、学者刘方炜在《理性和良知让人如此美丽》一文中感叹道:"一个人原来可以这样真诚而优雅地生活着,追求真理,探讨学问……平静地生存,又平静地逝去,这是怎样的一种美丽呀!"③

在一篇评论中,我曾引用丘特切夫的诗:"在理性人物身上/这称作面对苦难时的崇高的羞怯",以此来赞美"屈从于暴力,与此同时又高踞于暴力之上的灵魂"④。没想到,这样的人物在生活中真的出现了。《法兰西组曲》的作者伊莱娜·内米洛夫斯基,一位旅居法国的白俄贵族,二战期间因犹太人身份而被德国纳粹追捕,但

---

① 陈毓贤:《洪业传》,北京大学出版社1996年版,第134—135页。
② 同上。
③ 刘方炜:《理性和良知让人如此美丽》,载《温故》丛书第二辑,广西师范大学出版社2004年出版。
④ 郭小聪:《说什么怎么说》,昆仑出版社2005年版,第27页。

她并没有像受惊的兔子一样精神崩溃,而是抓紧最后时间用小说来刻画动乱时代形形色色的人的生存本质。最令人惊讶的是,小说并没有变成对德国人理所当然的诅咒,而是描写了一位法国少妇与客居她家的德国中尉的爱情,他们两个人,个体对个体、心灵对心灵一起展开与这个世界的对话:"德国人、法国人、戴高乐派,所有人都同意一点:必须和别人一起生存、思考和爱,按照一个国家,一个地区,一个政党这样的组织来生存、思考和爱。哦,我的上帝啊!我不愿意!我是一个毫无用处的女人。我什么也不知道,但是我要自由!我们变成了奴隶。"这不仅是小说人物的信念,更是伊莱娜本人的思考,她在手稿注释部分写道:"他们想让我们相信,我们处在一个集体时代,个体应当为了社会的生存付出生命,而我们不愿意看到是社会为暴君们的生存付出生命的代价。""是的!如果用一个词来谈论悲惨,就要用十个词谈论自私、怯懦、团体和罪恶。""这里最为重要、最为有意义的是下面这一点:历史事实、革命事实等都应当蜻蜓点水般带过,而真正应当深化的,是日常生活,令人感动的日常生活,尤其是它所具有的戏剧性的一面。"[1]这种独立沉思的形象、丰富而健全的内心,在平时的生活中是真正有教养的人的风度,而在无可挽回的暴力毁灭面前,人的平静注视,就会成为人世间最后的和最高贵的蔑视。事实上,1942年伊莱娜被关进集中营一个月后就被杀害了,但她留给孩子最后的遗言是:"愿上帝保佑你们。至于我,我觉得自己很平静,充满力量。"法西斯杀害这样的人,真是罪恶,但它还是不能征服人心,剥夺美感。半个世纪后,她的手稿才被发现,依然震撼人心。

---

[1] 〔俄〕伊莱娜·内米洛夫斯基:《法兰西组曲》,人民文学出版社2006年版,第352、407、422页。

由此可见,特立独行的人并不是真的什么都没有做,当他们感觉、沉思、表达爱的时候,他们就是在坚持用自己的语言、新鲜的思想赋予这个世界以意义,帮助人类突破僵化意识,寻找可能的出路。英国女作家伍尔芙正是如此,当纳粹德国轰炸伦敦最猛烈之时,她也和其他人一样躲在黑暗恐怖之中,但是她从来没有停止理性的思索,她所使用的语言更是出人意料:"高高的天空中,英国和德国的年轻人正在互相厮杀。"在这充满仇恨的时刻,伍尔芙为什么用"德国年轻人"而不是"德国鬼子"这样的词来指代天上的敌人呢?难道那些疯狂播洒死亡的"德国鬼子"也算人吗?当人们产生这一疑问时,实际上也就意识到了一个无法改变的事实:即使战争让人们结为死敌,人和人仍然同为人类,仇恨是无法用仇恨来消灭的,一代代年轻人也不是为了一次次战争而出生的。如果谁拒绝承认这一点,坚持只把敌人当做魔鬼,那么敌方的妇女、儿童就理应被视为战斗力生产线和未来的战士予以无情摧毁;但事实上战争中各方又总是把杀害妇女、儿童作为一项最野蛮的罪行相互谴责,这说明人的刻骨仇恨与恻隐之心总是无日无休地相互纠缠,自我折磨。伍尔芙敏锐地意识到这一点,指出不能简单地把一切罪孽推给极权暴政,战争的霉菌到处存在,她号召妇女必须帮助男人从他们身上搜出对于勋章的热衷,清除"潜意识中的希特勒主义"。她意味深长地提到一个被击落的德国飞行员降落到地面后,双方都有些尴尬,德国人说很高兴他的战争结束了,一个英国男人递过来一支烟,一位英国妇女端来一壶茶。是的,当抽象的敌人变成了具体的敌人,魔鬼变成了绅士,人与人之间的日常交往就不得不继续,和平的日子也总是比战事更漫长,社会生活内容也更复杂。所以,伍尔芙认为,"如果你能使男人摆脱那架武器,和平的种子并非总是落到石头上,也许它会落在一片沃土之中"①。当然,她的这些思想未免会招来别人的冷眼,被边缘化,但是当时过境迁,当那些狂热的战争宣传用语早已被人遗忘,她的这些思想洞见却依然显得美丽、清新,因为它们启发着人们去展望有希望的未来。

马斯洛在他去世后发表的《以人本心理学为依据建立新政治》一文中曾表达过这样一个观点,认为在一切社会中好人最重要,因为社会是由人组成的,规则要由人来实现,所以提高人的素质是当务之急。"任何社会系统,无论其法律多好或多高尚,最终还是以好的人为基础……如果人们互相憎恨,互不信任,或力图相互利用,如果他们贪婪而又恶毒,那么这些法律和规则就无法得到有效的实施。"②而所有在思想上坚持"自主性"的人,可以说,正是属于马斯洛所说的"真正的人类成员",因为"他们受自己的个性原则而不是社会原则的支配。正是在这个意义上,他们不仅仅是或不单纯是美国人,而且广义地说,他们比其他人在更大程度上属于人类的成员"③。

更重要的是,保持人性的尊严,追求自我价值的充分实现,其开放性的心态往往会有益于整个人类社会。因为尽管国家的存在是个人寻求生存意义的必要保障,个人的文化创造却并不仅仅属于他的国家。当他所奉献的思想和文化艺术成果既能打动东方人也能打动西方人时,就更是如此,因为宽阔的情怀、深沉的思索从来都不可能只局限于某些地域和某些特定人群的,这就是为什么人文巨匠的所思所想总是那么易于突破国界限制、惠及世界而流

---

① 《伍尔芙散文》,浙江文艺出版社2001年版,第65页。
② 〔美〕马斯洛:《洞察未来》,华夏出版社2004年版,第160页。
③ 〔美〕马斯洛:《动机与人格》,华夏出版社1987年版,第203页。

传久远的奥秘所在。

七、所有人同在一艘飞船

在国与国关系的框架下探讨国家与个人之间的关系,我们奇怪地感到,越是理想主义者,似乎越是怀有深刻的悲观。正是在《道德的人与不道德的社会》一书中,莱因霍尔德·尼布尔清醒地意识到:"个人身上的无私和替代性的自私结合了起来,极大地加强了民族的自私性。这种自私性,无论是宗教理想主义还是理性理想主义都不能加以完全的遏止。理想主义者的爱国主义由于受到更高忠诚的限定,因此必然始终是一个少数派。"所以,他很悲观,甚至断言:人文主义者的和平理想永远不能实现:"这迫使我们不得不去冒险预言人类社会永久和平与兄弟友爱的理想只能是一个不能充分实现的美梦。这是作为个体的人通过其良知与直觉透露出来的想象的远景,但作为群体的人则永远不能实现这种远景。"①由于他的学者身份和理想情怀,这样不祥的预言不能不像重锤一样敲在人们心上。

但是值得注意的是,另一方面,国际关系学者,那些天生的现实主义者们,对于因国家利益问题而被长久"绑架"的国际关系现实也并不满意。他们虽然一致强调国家的最高道义责任是为其公民谋求利益。但同时又承认:"人们很难赋予国家利益概念以实际意义。政治家在解释国家利益时,要受到很多因素的制约或鼓励。他们往往成为自己前任所制定的政策的俘虏。他们对国家利益的

---

① 〔美〕莱因霍尔德·尼布尔:《道德的人与不道德的社会》,贵州人民出版社1998年版,第75、17页。

解释,是他们的文化背景、价值观念以及作为决策者而获得的各种信息的综合结果"①。特别需要警惕的是,为了追求国家利益,"有时候国家会把实力本身当成目的",那么"实力到底是人们追求的目的,还仅仅只是人们的工具和手段"?② 也就是说,虽然现实主义者普遍认为"实力决定权力",但国家如果过度追求实力,又有多大意义? 也许,摩根索有关国家利益与道德价值关系的阐述至今仍极具启发性:"如果一国强调道德原则而忽视国家利益,它会难逃国家自我毁灭的威胁;如果它能逃出苦海,它又可能落入十字军精神的火坑,而十字军精神是国际道德的最大破坏者。"③

一方面是理想主义者的深刻悲观,另一方面是现实主义者的认真质疑,这说明看似板结的国际关系现实版图下仍然涌动着寻求积极变动的思想岩浆,虽然这种变动可能很慢、很难。但不管怎样,在国家与个人之间,在追求国家生存利益与个人精神升华的平衡方面,人们总要顽强地、睿智地寻找光明出路,否则国家与个人都会异化到自身存在价值被否定的地步。如果人只把敛财当做人生目的,他就会异化成一个守财奴,而国家如果一味强调国家利益和实力,它也就可能真的把自己蜕变成丑陋的怪兽"利维坦"。

特别是在今天,确立新的全球观念已经时不我待。美国好莱坞星球大战题材影片经常有这样一种结尾,一场决战过后,胜利者的飞船脱身向宇宙深空飞去,只留下敌人的飞船在远处绝望地燃

---

① 〔美〕詹姆斯·多尔蒂、小罗伯特·普法尔茨格拉夫:《争论中的国际关系理论(第五版)》,世界知识出版社2003年版,第101页。

② 〔美〕约翰·罗尔克:《世界舞台上的国际政治》,北京大学出版社2005年版,第316页。

③ 〔美〕汉斯·摩根索:《国家间政治:权力斗争与和平》,北京大学出版社2006年版,第18页。

烧。这是一个错误的隐喻,仿佛地球上国家间战争的结局也能如此。过去冷兵器时代,有大海、高山、草原的阻隔,还能有足够的缓冲空间。但是在今天的热核和信息时代,人们脑海里需要确立新的隐喻了——地球上各个国家的公民都如同一艘飞船的乘客,不管这飞船有多大,到别人的安身之处点火,就是在烧掉自己的立足之地,最终全都难逃厄运。

有一首常被引用的英国诗人约翰·多恩的著名诗作《没有人是座孤岛》:

> 没有人是与世隔绝的孤岛,
> 每个人都是大地的一部分。
> 如果潮流冲走了一团泥土,大陆就失去了一块,
> 如同失去了一个海岬,如同朋友或自己失去了家园。
> 任何人的死都让我受损,因为我与人类息息相关。
> 因此,别去打听丧钟为谁而鸣,
> 丧钟为你而鸣。

今天应该有新的理解了,如果把这首诗中的"人"替换为"国家"也许更为合适,更有现实意义。如果各国仍僵持于目前的国际关系理论认知与国际无政府社会的集体安全困境中,总有一天,会像学者约翰·希克预言的:"今天的世界就是这样一个世界,假如我们不统一于共同的生活,我们也许就只会发现自己统一于共同的死亡。"[①]因为道理很简单,不管矛盾多深,本事多大,大家同在一个家园,我们也许可以毁掉这颗星球,但谁也无法抽身而去。

---

① 〔英〕约翰·希克:《宗教哲学》,三联书店1988年版,第261页。

第三章　政治的短与文化的长

俄国著名作家屠格涅夫晚年曾写过一组优美的随笔,其中《对话》一篇是通过大自然的视角凸显人类存在的渺小:当两座山峰聊天、打盹时,不经意间人类就像小黑点一样在雪地上出现了,多起来了,在各处热闹起来了,越来越多了,然而……又不见了,重现白茫茫大地真干净。这种视人类社会如尘芥的眼光,与庄子眼中"白驹过隙"般的沧桑岁月有异曲同工之妙,都是从文化角度对宇宙、天道、自然的领悟与思考,超越了人类自身的限定,显现出其超凡脱俗的一面。

不过,作家、人文学者虽然善于远观,试图洞察人类的历史与未来。可一旦回到现实中来,特别是置身于重大社会政治事件中,却并不像政治人物那样心中有数,敢于明断。正是屠格涅夫在目睹了1848年巴黎街头流血革命之后显得手足无措:"我自己感到吃惊的是,我无力对人民在此时此刻的情绪作出评价。老实说,我无法猜测他们期望什么,忧虑什么,他们是革命者还是反革命分子,或只不过是秩序的拥护者。他们似乎仅仅希望平息。其间我也常常向穿工作服的工人们询问……他们在观望……在等待……

什么是历史呀？天意、机遇、愚弄还是命运?"①显然,那些人类小黑点也能造成生活的大麻烦,远而观之,并不等于能近而察之。

所以,对于文化人物来说,矛盾的是,惯于俯瞰人类,却又往往缺乏对身边人群的了解和掌控力；喜欢俯仰古今、指点江山,却又不像政治人物那样善于审时度势、伺机而动；能够描绘理想中的伊甸园,却又不能照搬到人间大地上来；那么他们无限渺远的人文情怀究竟有什么用？在人的短暂一生中,是否只有现实政治的巨大权力才能左右形势的发展？留下真实的印迹？这种矛盾纠结在人类社会生活中处处存在,在国际关系领域中更是如此。

一、时间维度中的政治与文化

政治与文化的关系复杂纷繁,莫衷一是。如果按照"文化是人化"的宽泛定义,那么政治就属于文化的一部分,亦即政治是人的社会化行为和过程的一部分。而如果将政治、经济、文化等几个核心概念并列使用,正像人们实际做的那样,那么对于它们之间的作用方式,不同学科就有不同的看法。

今天对于文化的理解,似乎更倾向于明确区分现实的行为与构成行为原因的抽象价值、信念和世界观。但文化更应当被视为一个永不停歇地创造意义的生活过程,它不断适应人类社会的新的变化与新的生活方式。文化学者倾向于认为,文化不应当被当成社会这架大机器上的某个零部件,它并不承担具体功能,而是起着能够为整个社会提供某种凝聚力和润滑油的作用。正如一位学

---

① 《屠格涅夫自传》,江苏文艺出版社1998年版,第184页。

者说的:"经济和政治这两个社会的基本要素是由文化维持的。由此产生了一个很重要的认识:文化'润滑了社会的车轮'。"①

文化的影响涵盖极广而又大而化之,如影随形而又难以定量分析,也许正是如此,才让惯于条分缕析的政治学者感到不习惯。《比较政治:理性、文化和结构》一书的作者坦言:"视文化为中心作用的研究在比较政治中很少见,其原因不难识别。总的说来,文化不是让大多数政治学者感到很舒服的概念。对于许多人来说,文化让证据问题复杂化,让严格分析的希望变成'不过如此'的描述,这种描述不能满足广泛持有的科学解释观念。"②

这种矛盾态度在塞缪尔·亨廷顿主编的《文化的重要作用》一书的"前言"中表现得也很明显。作为政治学者,亨廷顿少有地提及文化问题:"文化因素对经济和政治发展能影响到何种程度?如果确有影响,又该如何消除或改变文化对于经济和政治发展的障碍,以促进进步?"但他提出这个问题,却又没有做出回答,而是引用了别人的话:"关于文化在人世间的地位,最明智的说法或许是丹尼尔·帕特里克·莫伊尼汉的两句话:'保守地说,真理的中心在于,对一个社会的成功起决定作用的是文化,而不是政治。开明地说,真理的中心在于,政治可以改变文化,使文化免于沉沦'。"亨廷顿究竟要借这段模棱两可的话表达什么意思呢? 通篇来看,这位政治学者的重点显然是在后半句话上,认为文化因素即便影响深远,也过于渺远。所以,该书的副标题虽然标为"价值观如何影

---

① 〔英〕阿雷恩·鲍尔德温等:《文化研究导论》,高等教育出版社2004年版,第27页。
② 〔美〕马克·I·利希巴赫、阿兰·S·朱克曼:《比较政治:理性、文化和结构》,中国人民大学出版社2008年版,第58页。

响人类进步",但亨廷顿并没有展开论证,反而强调:"在本书中,我们关心的是文化如何影响社会发展;文化若是无所不包,就什么也说明不了。因此,我们是从纯主观的角度界定文化的含义,指一个社会的价值观、态度、观念、取向以及人们普遍持有的见解。"① 显然,在政治学者眼里,文化总是有些像天上的云彩,既美丽,又飘忽;既无所不至,又显得有些空洞无物。

厘清政治与文化之间的复杂关系,当然有助于文化软实力的深入研究,但这并不是本章所能承担的任务。事实上,本章的主旨相当单纯,所说的"政治的短与文化的长",就是指时间长短而言,并不涉及有关长处、短处的评价。本章的主要观点是,在漫长的人类历史中,政治的影响往往如同夏天的雷雨,既激烈又短促;而文化的影响则如同山间的溪水,相对缓慢,却绵延不绝。

这与其说是需要认真论证的道理,不如说是日常生活中不言而喻的常识。特别对于古老民族的人来说,人们在历史经验中体会最深的正是政治运势的无常与无奈、重大政治事件的转瞬易逝、以及政治人物命运的盛衰荣辱。"白头宫女在,闲坐说玄宗。"这句诗最让人感慨的是,纵有君王之势,用不了百年也成了前朝旧事。而文化的影响则恰恰相反,尽管往往预热慢,显现时间长,可真正价值一旦水落石出,便会千古不易,非常恒定,从来不会人一走茶就凉。陶渊明的大诗人地位甚至是在他去世后一百多年才被人们认识的,一篇《桃花源记》,如今引得多少地方自认是"不知有汉,无论魏晋"的桃花源。杜甫一生布衣麻鞋,颠沛流离,倒霉时风卷屋上三重茅,可他身后千年,杜甫草堂一直香火很旺,川流不息。那

---

① 〔美〕塞缪尔·亨廷顿、劳伦斯·哈里森主编:《文化的重要作用》,新华出版社2010年版,前言第8—9页。

种"旧时王谢堂前燕,飞入寻常百姓家"的政治性感怀,是落不到杰出文化人物头上的,相反,"李杜文章在,光芒万丈长"才是他们永恒的荣耀。而这生前身后两种不同境遇,恰是人们在生活中感受到的"政治的短与文化的长"。因而在涉及政治与文化关系的探讨时,这两者之间的不同显然应当作为思考的某种背景。

万事万物,义理相通,同样的道理也可以引申到国际关系领域中来。我们仿佛生活在由一连串大大小小的国际政治事件所构成的历史的波峰浪谷之间。当某一重大事件发生,可能如灭顶之灾一般令人窒息,人们的目光全都集中到几个最有权势的世界级领袖人物身上,仿佛此刻地球命运就在他们手中,人们焦灼、等待、绝望……然而用不了多久,再大的波澜也会如远去的漩涡,无影无踪,当年的舞台主角亦如匆匆过客,一一谢幕,又让位于新的危机、新的主角、新的焦灼与期待,永远如此,如此而已,这正应了人们常说的一句老话:生活中没有过不去的坎。而在政治的表面波涛之下,重大文化成果和文化人物的潜在影响却从容地穿越一个又一个世代,缓慢而恒定地散发其光芒。

所以,那些重大政治事件,从当时看似乎都是事关全局的,无比重要的,牵动了无数人力、物力和注意力。但从时间长河上俯瞰,那就像是一幕幕戏剧了。纵然历史事件可以重大到作为时代编年史的划分标志,但没有哪一次狂涛巨澜足以中断人类历史发展的主流。所谓"天行有常,不为尧存,不为桀亡"[①],中国古代贤哲早就悟到这样的道理。

当然,对于时间维度上的"政治的短与文化的长",政治学者往

[①] 王吉胜主编:《中西著名思想命题要览》,辽宁教育出版社1996年版,第88页。

往会有另一种解释。《文化的重要作用》一书的另一位主编劳伦斯·哈里森在"绪论"中便认为,虽然从长远来看,他认可"文化是体制之母"的说法,但就短期而言,他强调,往往是由政治促成的体制变更对社会发展起到最为显著的作用,甚至也对长远的文化产生了影响。① 显然,哈里森肯定的重点是放在政治的短期效应上的,而且耐人寻味的是,他也和主编亨廷顿一样,引用了莫伊尼汉的话,还是同一段话。

的确,我们的日常生活是被大大小小的社会政治事件所切割和推动的,容易受到这方面那方面的影响,也需要迈过这样那样的坎。但为什么我们的生活情感却并不是那么支离破碎的呢?为什么我们的文化发展从总体上来说还相对完整、稳定,并没有被形形色色的政治事件所中断呢?也许是因为,我们的生活虽然充满了冲突与偶然,但并不像动物那样茫然无措地穿越一处处未知的丛林,而是同时置身于一张无形的文化之网上。这张文化网络托举我们承上启下的命运,也构建人类的精神世界和历史眼光,让我们有能力承受现实生活的种种冲击,从中筛选真正有价值的东西,并不断编织到这张文化之网中来。所以,在文化学者眼里,文化并不是什么虚无缥缈、无法验证的东西,相反,文化是动态发展的,"'文化'不是一个名词,而是一个动词'走向文化'或'文化化'"。甚至强调:"更为准确的是……人们文化地活着,而不是生活在文化中。对大多数人而言,文化化是一个无止境的不断的外在活动,并不适

---

① 〔美〕塞缪尔·亨廷顿、劳伦斯·哈里森主编:《文化的重要作用》,新华出版社2010年版,第37页。

用于社会科学家们的分类体系。"①

正因为如此,国际事务无论怎样纷纭复杂,它也是在人类编织的文化之网上发生、进行的,既有理可析,又有迹可寻。因而当我们考察国际关系问题时,也应当在政治的倏忽变动与文化的潜移默化间寻找和把握其必要的平衡点。

二、政治有目标,文化无蓝图

为什么人们常说"政治远见"而不说"文化远见"呢?因为凡所谓"远见"都是能够最终加以证明的,也就是说要有一个树立目标、付诸实施、实现目标的完整过程和明确结果。而且目标越是宏大,结果越是圆满,当初的决策也才越是显得高瞻远瞩。

正是从这一层意思上说,"政治远见"可以辨析,而"文化远见"则无从谈起,因为政治有目标,文化无蓝图。

当然,文化也不是有意不设蓝图,而是无法预先制定什么明确目标,因为它的发生、发展了无边际,渗透在人们的日常生活中和内心世界里,表现为一个漫长的过程,既没有开始,也没有结束,既无法控制,也无从预料。正像威廉·A·哈维兰在《文化人类学》一书中说的:政治学研究花瓣,人类学则倾向于俯瞰田野之美,因为"文化基本上是确保一群人生活持久幸福的维持体系"②。因而也不可能有哪一种政治力量能够在时间上耗得起和在空间上把握

---

① 〔英〕奈杰尔·拉波特、乔安娜·奥弗林:《社会文化人类学的关键概念》,华夏出版社2005年版,第81页。

② 〔英〕威廉·A·哈维兰:《文化人类学》,上海社会科学院出版社2006年版,第14、56页。

得住。

可以说,政治的短与文化的长尽管没有恒定的时间尺度,但是否设定具体目标的确可以作为政治与文化的一个重要区别。正像不能想象一家不签订任何商业合同却能够照常做生意的公司一样,人们也不能想象和容忍不制定任何目标(哪怕是开空头支票)却声称能够胜任职责的政府的存在。凡政治性人物,都必然要通过设定和贯彻某种阶段性目标来宣传和施展自己的政治抱负。

而且,这种政治目标的制定还不能过于长远,正如探照灯光柱再亮,也不能照射得太远,否则光线弥散开来,就会失去目标和为之一搏的力量。英国学者约瑟夫·杰弗也强调了政治的这种即时性、短期性:"埃斯库罗斯在《阿伽门农》中嘲弄了预言:'当未来到来时你就会知道它,在那之前,则别去想它。'但政治其实并不是预测。听听安托万·圣埃克苏佩里在《沙子的智慧》中是怎样说的吧:'对于未来,你的任务不是预测,而是实现它。'"[①]政治家要达到的目标总是非常明确,他们最关注眼前发生的事情,集中精力绕过当下一个又一个暗礁险滩。所以,《争论中的国际关系理论》一书对肯尼斯·博尔丁的呼吁明确地持不同意见,因为他竟然要求国际关系学者和政治决策者要用望远镜而非显微镜来环视国际社会与宇宙日益复杂的互动:"博尔丁提出的新鲜有趣的观点更能取悦于哲学家而非当政的决策者。决策者不会考虑千秋万代的事情,而是要考虑来年、下周或者明天的事情。"

这的确是政治学者的思考逻辑,而非哲人的思辩方式,博弈论的效果正是与要达到目标的时间长短相关的,"理性假设越有效,

[①] 〔英〕约翰·格里宾等:《历史焦点》(下),江苏人民出版社2000年版,第695页。

博弈论就越适用于国际关系理论。理性指行为体如何看待短期目标和长期目标的关系。举例来说,行为体能在多大程度上牺牲眼前目标来换取长远利益?"①所以,最有雄心和耐心的长远政治目标通常也不会超过一两代人,许多政治目标的实施还不超过一届政府的任期,甚至往往就取决于主要决策者在台上时间的长短。

倒是美国学者丹尼尔·朗的《权力论》一书对此有所反思,也表示了一定的担心。他不同意那种认为追求集体目标就是"两人搬一台钢琴,在某一时刻一个人说'抬起来',另一人就抬起来"的简单权力服从关系,他认为工作协调并非难事,最重要的仍然是决定执行哪些任务,也就是说需要正确的判断和长远的眼光,于是才会出现领袖的角色,获得他人的信任与遵从。而且"社会的规模和复杂度越大,在大范围内多数人对少数人酌情判断的依赖性也越大"②,这显然就已经涉及对于政治领袖人物是否有长远文化眼光和内涵的要求了,这并非仅仅是一个组织者和发令员的角色。

生活是绵绵不尽的,一幅蓝图、一次壮举即使能像电光一样穿透黑暗,也不足以照亮遥远的未来。汉娜·阿伦特在研究政治暴力行为时明确指出了这一特点:"实现政治目标的手段往往与短期目标——而不是未来世界——更密切相关。"③英国学者斯诺在比较科技与人文两种文化时也发现,行政人员喜欢生活在短暂中,他们是明智的人,但"最明智的人并没有预见的天赋"。为什么呢?

---

① 〔美〕詹姆斯·多尔蒂、小罗伯特·普法尔兹格拉夫:《争论中的国际关系理论(第五版)》,世界知识出版社2003年版,第20、605页。

② 〔美〕丹尼斯·朗:《权力论》,中国社会科学出版社2001年版,第290—292页。

③ 〔美〕汉娜·阿伦特:《关于暴力的思考》,载《一个战时的审美主义者》,中央编译出版社2000年版,第4页。

因为"政治注定了本质上是短期的。这不是谁的过失。政治家必须应付日常工作"。也就是说,"由于政治的本质,短期任务首当其冲"①。而罗伯特·杰维斯在《国际政治中的知觉与错误知觉》一书中则从另一个角度看到:"由于决策者像社会科学家一样,在开始分析问题的时候,总是把注意力放在引人注目的结果上面,或者说他们的注意力被吸引到这些结果上面,所以,学习过程就会更加不完善。对于不是那么引人注目的事件,比如未发生的侵略、被避免的危机、悄悄达成的妥协以及缓慢但是和平的转化等等,既不要求人们提供一般性解释,也缺乏对未来类似大小突发事件的预测理论,所以,人们很难从中学到什么东西。"②也就是说,具体目标的设立以及过分重视眼前的结果,容易导致政治家和国际关系学者学习行为的短期化,围绕现实问题进行对策研究,只务实,不务虚,反而影响了其决策时的深谋远虑,统筹兼顾,因为思考视野不够广阔、深邃和具有前瞻性。

相反,再伟大的文化经典和文化成就,也不是出自目标的设立和人为控制的结果。那种仅靠国家力量搞的宏大文化工程,虽然可能令人印象深刻,但往往起的是类似于硬实力的震撼效果。而衡量文化成果的真正标准,还是要看它能否具有春雨润物细无声般的长久精神魅力。如今,美国一座普通的小湖因为梭罗的《瓦尔登湖》而成为旅游胜地了,当地政府和居民没花一分钱就坐享其成。可是当年梭罗这本书饱受讥讽,根本卖不出去,可谁也没想到,正像美国评论家伊拉·布鲁克说的:"在过去的一百年里,瓦尔

---

① 〔英〕C.P.斯诺:《两种文化》,三联书店1994年版,第198、253页。
② 〔美〕罗伯特·杰维斯:《国际政治中的知觉与错误知觉》,世界知识出版社2003年版,第241页。

登湖已经成为美国文化中天堂的同义词。"①这种从丑小鸭变天鹅的经典化现象究竟是怎样发生的呢？谁也说不清楚,但这正是精神文化看似漫无目的却又一脉相承向前发展奔流的神秘特征,深刻展示出人之所以为人的"文化化"历史进程和道理。丹尼尔·贝尔在《资本主义文化矛盾》一书中也有同感:"在各个领域断裂的过程中,文化、政治体系和社会结构不仅有着各自不同的运动节奏,在时间的先后长短上也迥然有别。尽管时尚在消逝更新,文化和宗教领域里的变化——采用眼下时兴的术语,我们可以将其称作情感和道德趋势的变化——却毕竟需要很长的历史时期才能完结。如前所述,这些变化不会臣服于人的操纵或社会的干预,因为它们或是衍生于共同的经历,已经成为一种仪式;或是由一些令人深信不疑的象征性术语加以表达,因而需要相当长的时间才会销声匿迹或为俗人的情感所代替。"②所以,从长远来看,政治意志试图左右历史进程、控制未来的发展方向是很难的。政治权势再大,目标再明确,意志再坚决,也只能影响当前,却左右不了后世人心,而与人心息息相关的恰恰是文化,起着任何力量都代替不了的浸润作用。由《瓦尔登湖》的例子即可看出,如果不是有梭罗这本书,美国政府哪怕花再多的钱,造再大的势,也不可能吸引各国旅游者自愿到这座小湖边来坐一坐、想一想,体验一下作家当年的心境。

著名历史学家霍布斯鲍姆在阅遍20世纪世界史后,也有类似的感慨,感到历史发展从来与政策设想的不一样,尽管政治家们总是过于相信自己的控制力量,"但是千百年来,历史更替演变的轨迹,却往往不循人的意志行进。即使是那些堂堂制定国策之人的

---

① 〔美〕梭罗:《瓦尔登湖》,四川出版集团2010年版,"内容提要"。
② 〔美〕丹尼尔·贝尔:《资本主义文化矛盾》,三联书店1989年版,第227页。

意念主张,也不能决定历史的路线于分毫"。特别是20世纪以来,"人类社会实际发生的转型,既非人定也不从人愿。管它战时的千筹万策,战后的世界却马上面对了计划以外的第一起意外事故……"①即使有成功的例子可以用来佐证"政治远见"的存在,其实也少不了机缘巧合的作用,只不过在洋洋自得的回顾中,人们往往有意无意地忽略那些幸运的、偶然的因素。最新的例子是冷战的意外终结,至今理性的分析仍然淹没在西方学者掺杂着惊愕、揣摩、宣传似的话语中,并没有给出令人信服的结论。福山曾以为把握住了历史终结的真谛,甚至宣称:"在后历史时代,既不会有艺术,也不会有哲学,唯一剩下的仅仅是对人类历史博物馆的精心照料。"②但很快发现他只不过是过于激动,把国际政治的阶段性变化当做了永恒目标的实现。而美国自以为可以在旧有两极秩序的废墟上轻松地巩固美式霸权的构想,也很快被证明是失算了。那么,对于政治决策来说,究竟什么才是最重要的、在冥冥中起作用的因素呢?政治家们对此其实也不清楚,正如霍布斯鲍姆分析的那样:"巨变之下,向来习惯于某种一定世界观的政客和经济专家,如今发现自己毫无能力领会并掌握新问题新事物的本质。"③虽然政治学者也试图给出可信的答案,描绘可控的远景,但事实上,实现政治目标的机会,越是前瞻,越是迷茫,因为不可知的历史岔路、文化流变太多了,唯有尽人事、听天命而已。

另外,政治和文化之间还有一些重要差别。政治蓝图总是在不断的争论中展开,而文化情怀却适宜沉思默想的陶冶。政治最

---

① 〔英〕霍布斯鲍姆:《极端的年代》(上),江苏人民出版社1999年版,第263页。
② 〔美〕拉塞尔·雅各比:《乌托邦之死》,新星出版社2007年版,第16页。
③ 〔英〕霍布斯鲍姆:《极端的年代》(上),江苏人民出版社1999年版,第383页。

需要妥协,即使伟大的政治成果也往往是各方妥协的产物,而伟大的文化创造则需要自己努力做到极致。政治家总是试图做群众的领头羊,而艺术家面对人群时却常常痛苦无语。但奇怪的是,政治家的演讲即使再精彩、再有说服力,也不会被当做正义的声音深入人心,经典艺术作品却有着水滴石穿的渗透性,不管什么时代都能感人至深,并且给人以眼光和价值观,具有真正的洞察力。诗人布罗茨基一直坚持的观点令人深思:"现实,就其本身而言,毫无价值,是洞察力赋予了它意义。洞察力有等级之分(意义也相应地分为不同等级),那些通过最精密、最敏感的棱镜获得的洞察力级别最高。只有以语言为主要工具的文化与文明,才能赋予一个棱镜这种精密度和敏感度。通过这样一个棱镜对现实进行的评估——在这方面的收获正是人类的目标之一——因此也就更准确。甚至也可能最具有正义性。"[①]让人奇怪的是,文学艺术作品虽然不注重概念厘定、量化分析,却反而能够敏锐觉察社会变化的蛛丝马迹,这也就是康定斯基在《论艺术里的精神》一书中论述过的意义:"艺术不仅是当代感受的反响,而且是一种深刻的预言力量。"[②]两次世界大战之间的现代前卫艺术正是如此,早在旧世界实际崩溃之前,就已经在精神世界中预见和描写了崩溃,超脱于历史事件之上,参透了生活的本质。

　　这也许是因为,作家、艺术家的身份虽然常常是卑微的,但他们的内心却是自由的、开放的,对人的心灵世界最敏感,对于人生意义的追求也最强烈。所以他们的声音不是公务的要求,不是代表某个部门或某个利益集团,必须要在公众面前说些什么或者避

---

① 《一个战时的审美主义者》,中央编译出版社2000年版,第187页。
② 徐学初编:《世纪档案》,中国文史出版社1997年版,第20页。

免说些什么。他们只是想倾吐自己的内心,珍藏和表达美的东西,每一次成功的创作都像一次至纯至美的飞翔,即使孤独也是幸福的孤独,让人流连忘返。中国作家胡发云的长篇小说《迷冬》,描写年轻主人公在"文化大革命"浩劫期间对书和音乐的神圣眷恋与陶醉,虽然这与政治抗争的热情不相干,但本身却又是如此英勇,因为他们不是为了基本生存,而是为了美好的艺术而犯禁的。他们知道:"我们这些人也会完蛋,但是,好的音乐,好的文学,还会流传下去,就像我们今天还记得《诗经》《楚辞》,谁还记得两千多年前那些王侯将相呢?"①这部作品的优雅与深沉的风格,超越了那个粗暴的时代,犹如一曲青春的忧郁的手风琴。

三、当世之用与万世之用

文化自身的发展源远流长,既不适宜树立目标,又难以人为操控,那么它对于现实政治来说究竟有什么用,又如何有用呢?政治家和政治学者虽然很少明言,心里头也会有类似的疑问。实际上,文化因素不仅远水不解近渴,也仿佛是某种添乱的东西,让政治理论的构建变得更复杂,也对政治家的决策意志造成困扰。

譬如人文情怀,对于知识分子来说是一种很好的品质,但在注重权谋的现实政治中,它却显得多余,不但不是政治人物必备的品质,反而可能被认为影响政治决断,特别是当闲情逸致与优柔寡断纠缠在一起的时候更是如此。不幸的是,美国前总统吉米·卡特兼有这两种名声,人们对他任职期间的作为一直评价不一。中国

---

① 胡发云:《迷冬》,人民文学出版社2013年版,第246页。

政治学者张文木坦言:"卡特的人文情怀挺好,但这在政治家那里没有多大用处。政治无色彩,只有成和败。"①而一位经常接近美国政要的前总统撰稿人对卡特似乎也颇有微词:"在一天的相当一部分时间中,卡特喜欢沉浸于一种自得其乐的孤独中,从事大量的案头工作或听古典音乐。"②约瑟夫·奈虽然没有具体所指,但也表明了他的原则:"如果总统们只顾拯救自己的灵魂,不能保护其国民,那么他们就不能得到信任,当不了好的庇护人。"③总之,政治学者的普遍看法是,人文情怀虽好,但对政治决策无用,甚至不过是政治家身上一种多余的文饰。如果他们读过卡特任总统时写的一首诗《美之映象在华盛顿》,这种印象可能就更会加深了。

"我记得一个冬天的夜晚/我们走到白宫的屋顶。"多么举重若轻的开头,不是谁都能在白宫这个象征世界上最大政治权势的地方散步的。可是令人惊讶的是,卡特带着他的幕僚们登上屋顶,不是为了聊聊星球大战计划,也不是要密谋什么重大决策,而就是为了凝望夜空星云、城市灯光以及大雁们"飘摇的V字形长列"。然后,卡特吟咏道:"我们没讲一句话/下楼进入平和的睡乡/对我们的所见所闻/惊叹不已。"④诗就这样结束了,一位总统的诗绪竟然就这样结束了。

的确,从政治层面解读,身为总统的卡特,在这超级大国的权力中枢,不是多想想肩上的重任、潜在的危险和未来的战略,而是

---

① 张文木:《论中国海权》,海洋出版社2010年版,第203页。

② 〔美〕克里斯·马修斯:《硬球——政治是这样玩的》,新华出版社2003年版,第98页。

③ 〔美〕约瑟夫·奈:《理解国际冲突:理想与历史(第五版)》,上海人民出版社2005年版,第26页。

④ 〔美〕吉米·卡特:《总是估算及其他诗篇》,昆仑出版社2006年版,第59页。

自顾自地陶醉白宫头顶的夜景,岂不是最昂贵的矫情吗？然而从文学角度欣赏,这首诗又并非是"没有多大用处"、毫无意义的,而是具有某种难言的恬淡之美。特别由于诗人特殊的身份,在特殊的地方,这个夜晚的诗情就更显出普通人难以企及的独特审美张力,它当然来自于政治家拥有的巨大权势,但又很快超越了政治权势本身,展示出一种更为高远的文化层面上的美感。即使从文化软实力角度看,一个大国领袖能够显现普通人一样的温情,而非表现得像一架冷酷刻板的决策机器,不是也会给他国读者带来莫名的好感和人性的亲和力吗？

所以,文化的作用究竟有没有、有多大,关键还在于采用什么样的时间尺度,看待文化的影响,不可能像政治那样实用。政治有可能短线投资、一本万利,通过对症下药、施以重手,在短期内即见出成效、达到目标。而文化虽然没有目标,却有原则,有信仰,产生价值观,它不图一时的结果,却是千百年的结晶。政治总是以现世的成败来衡量政治家的作为,文化却还看重政治家人文情怀的长远价值。所以,作为政治人物的曹操尽管历史上颇有争议,但他的诗名却让他不朽,当他的浩浩荡荡的大军全都死在历史的路途中,他的千古人生咏叹却成为今天的宝贵文化遗产。真正的精神魅力从来都是默默生发、丝丝入扣、绵绵无期的。这个道理,王国维在《论哲学家与美术家之天职》一文中讲得最中肯,他虽然不懂政治的奥妙,却懂文化的美妙,所以开宗明义便令人神清气爽：

> 在下最神圣最尊贵而无于当世之用者,哲学与美术是也。天下之人,嚣然谓之曰"无用",无损于哲学、美术之价值也。至为此学者,自忘其神圣之位置,而求以合当世之用,于是二者之价值失。夫哲学与美术之所志者,真理

也。真理者,天下万世之真理,而非一时之真理也。……唯其为天下万世之真理,故不能尽与一时一国之利益合,且有时不能相容,此即其神圣之所存也。①

将"合当世之用"与"天下万世之真理"相对而论,正是触到了"政治的短与文化的长"的根本不同。当世之人,因眼前利益而谋求当世之用,情有可原,可是人类精神升华的渴望也在那里召唤,让人难以忘怀,而唯有注意倾听自己内心声音的人,才可能超脱出来,把有限的人生用于探求永恒的精神价值,从而给人类文明增砖添瓦。所以王国维在另一篇论教育的文章里昂然宣称:"生百政治家,不如生一文学家。何也?政治家与国民以物质上之利益,而文学家与以精神上之利益。夫精神之于物质,二者孰重?且物质上之利益,一时的也;精神上之利益,永远的也。"②的确,人与动物的根本区别正在于追求生命的长久价值与审美情感上,动物不会对着夕阳落泪,而人会。

反过来说,一项政治决策要想产生深远的影响,也需要将当世之用的物质利益与万世之用的精神文化结合起来考虑才有可能。一位法国学者正是以此观点来批评国际政治中的经济人思维的。他举例说,如果希望到达山顶,没有地图,一个人可能就会选择看似最近的路,但这也可能恰恰是最陡、最危险的路。而只会根据议价的财富而非善恶观念来思考的市场,"在天性上与这位行路人是同样的近视,它只能看清今天的现状,由于没有也无法给出长远的

---

① 王国维:《论哲学家与美术家之天职》,载《静庵文集》,辽宁教育出版社1997年版,第119页。
② 王国维:《教育偶感四侧》,载《静庵文集》,辽宁教育出版社1997年版,第125页。

目标,所以很容易就会迷失在今天"。所以,眼光长远与否,根本上取决于文化,文化决定你做出某项选择的最终目的是什么,依据的价值原则是什么。"如果仅仅为了在今天给每个人提供方便、廉价的能源,那么该以最低的价格为最佳;倘若想把这一财富留一部分给后代,那么当以最高价格为好,因为无论后代离我们多么遥远,他们其实都介入了今天的交易。"①换言之,如果只是活在眼下,着眼于当世,政治家就有可能为他的短期目标,不顾一切,为渊驱鱼,为丛驱雀。而真正的政治远见,皆有文化底蕴、人文情怀的浸润,才不至因实利而苟且,因权势而疯狂。美国前总统艾森豪威尔当年若是自囿于军界宿将,就可能会默认军工教联合体的膨胀给他带来的实际好处,但如果他更看重社会未来的整体利益,他就会对特殊利益集团的危害保持警惕。正是如此,艾森豪威尔总统在卸任时发出了明智的警告:"当我们展望社会的未来时,我们——你、我和我国政府——必须避免一种只顾今日生活的冲动,不应为了我们自己的舒适和便利巧取豪夺明天的宝贵资源。我们不可能以孙儿辈的物质财富作抵押,而又不冒使他们丧失政治和精神遗产的风险。"②今天看来,这个警告多么具有远见,令人警醒。

当然,文化的眼光从来都不是凭空产生的,而是需要以人文情怀和诗性的思考来浸润的。但问题是,今天的所谓理性分析越来越显枯燥,人们不再相信自己的直觉感悟,而是奢望把整个世界都装进各种理论框架、模型中。正如尼尔·波兹曼在他的名著《娱乐至死》一书中质疑的:"我们这些现代人总认为可以把真理和数量

---

① 〔法〕阿尔贝·雅卡尔:《写给未出世的你》,广西师范大学出版社2001年版,第127—128页。

② 〔美〕戴安娜·拉维奇编:《美国读本》(下),三联书店1995版,第719页。

对等起来。……我们的很多心理学家、社会学家、经济学家和其他当今的政客往往借助数字来陈述事实，否则就一无所能。例如，你能想象一个现代经济学家通过背诵一首诗歌，或者讲述在东圣路易斯的一次深夜漫步所发生的一切，来解释我们的生活标准吗？甚至只是通过说出一串谚语和寓言，或者关于富人、骆驼和针眼的俗语来这样做？背诵诗歌会被视为无聊，深夜漫步只是一件逸事，谚语或俗语简直就是幼稚。"①

　　这种杀死文化精髓的枯燥，其根源仍然在于眼光的短浅，以为经世致用之学就足以满足当世之用，却对精神文化潜移默化的永恒价值不感兴趣，也不相信，所以裁弯取直，为我所用。海德格尔对此曾给予深刻的批判："技术的统治不仅把一切存在者设立为生产过程中可制造的东西，而且通过市场把生活的产品提供出来。人之人性和物之物性，都在贯彻意图的制造范围内分化为一个在市场上可计算出来的市场价值。"但是，物因素是不能涵盖精神因素的。海德格尔以诗性的语言启发我们：一幅凡高的油画，既像煤炭一样被装在船里运来运去，又像马铃薯一样存放在仓库里，但它同时又是让人世代欣赏、值得传承的某种有灵性的东西，就如同被雕成艺术品的石头就不仅仅再是石头，"它还是某种别的什么"。海德格尔常用"亮光开启"的说法，来说明文化艺术的功用在于能够让人瞬间洞悉存在的真意和深意。他还引用诗人里尔克的信简说："不管'外部世界'多么广大，所有恒星间的距离也无法与我们内心之深层维度相比拟，这种深不可测甚至连宇宙的广袤性也难以与之相匹敌。因此，如果死者和后人都必需有一个居留之所，那

---

① 〔美〕尼尔·波兹曼：《娱乐至死》，广西师范大学出版社2004年版，第28页。

么,还有何种庇护之所比这想象的空间更合适、更宜人呢?"①不管怎样,海德格尔是我们这个时代的智者,即使我们记不住他的那一套分析哲学理论,也会永远受益于他对于文化艺术的深邃领悟。

文化的特性既然是世代绵延的,我们就不应该把文化的作用过于实用化,局限于某个特定时代,特别是把文化与政治的联系一对一地、生硬地缩放到同一时间尺度中,这样会使文化失去流动的灵性,就像贾宝玉失去通灵玉一样。而今天的一些文化理论,尽管也许有独到之处,但总是让人感到条分缕析的东西太多,而心领神会的东西太少,有似是而非之感。例如米歇尔·福柯的文化权力理论及其在更为宽泛意义上的后结构主义研究,倾向于将"权力"与"权力关系"作为思考现实世界的钥匙,甚至断定:"社会和文化生活中的每种事物在根本上都与权力有关。权力处于文化政治学的中心。权力是文化的核心。所有的指意实践也就是说,所有带有意义的实践——都涉及权力关系。"②当然,福柯的理论有他的道理,但是又总觉得有格格不入之处,为什么呢?因为一种文化理论如果过于机械地将一个时代的文化风向与一个时代的政治统治意志联系在一起、对应起来,就容易画地为牢,忽视了文化自身绵绵不绝、超越时空限制的特性。事实上,福柯所说的"权力文化"显然偏重于政治文化类型,主要用于剖析制度、阐释现实、为社会政治寻求某种相应的理论模式或框架。但这只是一种实用性的文化,除此之外,还存在另一种梦想的文化,它不仅用来帮助理解现实,更是顽强地为人类生活提供未来的理想,因而无论穿越怎样严酷

---

① 〔德〕海德格尔:《林中路》,上海译文出版社1997年版,第298、3、312页。
② 〔英〕阿雷恩·鲍尔德温等:《文化研究导论》,高等教育出版社2004年版,第229页。

的年代,都不失文化的创造活力和魅力。如果不是这样,那么早在18世纪康德就提出了"永久和平论"的主张及建立联合国的构想,他的思想又是受制于他的时代的哪一种权力意志和政治需求呢?而当20世纪法国作家圣艾克絮佩里写出感人至深的《小王子》时,他又是想控制谁的思想意识,代表了谁的文化权力呢?真实的情况是,文化精神不可能俯就成为现实政治的奴仆,文化就像田野,是要在大视野中去俯瞰的,所以真正具有理想情怀的思想观念总是能够显得鲜活灵动,非常超前,而又温暖人心。

当然,同时也要警惕另一种性质的问题,即在社会生活中,把长期的文化理想粗暴地变为短期的政治奋斗目标。这样不仅文化理想容易被异化,还往往成为政治恐怖的起源,这更可怕。历史上也不乏惨痛的教训,如学者刘易斯·科塞所指出,法国大革命时期雅各宾派的血腥悲剧正在于:"作为知识分子,他们利用哲学家著作中的价值观构想出一种合理的景观,用来取代当时的现实。"[①]以为经过短暂而无情的扫荡之后,会换来一个新世界。但当他们利用手中权力强行推行新文化、建立新观念时,换来的却只是哀鸿遍野,血流成河,和包括他们自己在内的无数人头落地。

在一篇有关诗人政治理想的文字中我曾指出:对于真诚的理想主义者来说,他们赞美暴力也许是为了尽快达到心中的伊甸园,相信流动的时光终会凝成雕塑般的历史成果,所以在战斗中扯起旗帜成了革命者最美的一种象征。拜伦要是不把希腊解放运动看做永远结束黑暗的义举,他也不会满怀热情奔赴疆场,死在那里。但问题是,以暴易暴的变革能够像戏剧那样有始有终,落幕时就能

---

① 〔美〕刘易斯·科塞:《理念人》,中央编译出版社2001年版,第162页。

创造出一个崭新的世界来吗？① 文化就是文化,任何一种文化理想都应当如春雨般绵绵浸润,而不能像夏天的雷雨那样暴烈。否则,就会以文化理想为名,行政治专制之实,以政治手段和法律法令来把自己心目中的理想观念加以制度化,结果就像传说中的怪物刑床一样,把人活生生地拉长截短,造成人间惨剧。而且,理想越是高尚,恐怖行为越容易走极端,因为施刑者自认为没有私心,也就没有丝毫的同情心和通融心,道德上的居高临下造就了一批心如铁石的屠夫、凶手,这是与文化理想根本背道而驰的。20世纪法国作家加缪在诺贝尔文学奖获奖演说中曾宣称:"艺术的目的不在立法和统治,而首先在理解。由于理解得深刻,它有时也统治。然而,从未有过一部天才的作品是建立在仇恨和轻蔑之上的。这就是为什么艺术家在其行进终了时总是宽恕而不是谴责。"②所以,人类文化之花只能是默默浇水、培土,而不能拔苗助长的,再虔诚的人文理想和情怀,也无法和现实政治的具体目标混为一谈。

最后,还有一点,真正的文化精品是属于整个人类的,是人类心灵的结晶,而并非仅仅是某一国家、某一民族灵魂的特殊表达。所以,文化并不像政治、军事、经济那样可以在短时间内赤裸裸地影响别国,给自己带来实际利益。一国文化的辉煌成就,对于别国的影响连隐晦的控制都算不上,它只是由于代表了人类心灵所能达到的深度和广度,才会获得人们由衷的、普遍的、持久的感激和敬意,从而让本国间接受益。

不过,尽管这个时间无限漫长,别人的"心向往之"也似乎显得

---

① 郭小聪:《徐志摩新论》,载《新诗评论》第2辑,北京大学出版社2006年版。
② 〔法〕勒米·德·古尔蒙:134《海之美》,广西师范大学出版社2002年版,第279页。

很虚,那么文化的潜在影响真的就很虚幻吗?答案当然是否定的,事实上,像康德、歌德、贝多芬这样的伟大人物,他们带给德国的恩惠还少吗?二战中英国人在德国人的轰炸下坚持欣赏贝多芬的交响乐,他们究竟是感激德国人什么呢?贝多芬显然不是作为所谓上等日耳曼民族的代表,而是作为人类文化精髓的代表被接受、被仰慕,并从中汲取精神力量的。不过这样的文化伟人毕竟是从德国文化中孕育出来的,因而他们的光耀又会永远惠及德国。所以,纳粹德国在二战期间犯下了那么多罄竹难书的罪行,可至今回顾这段历史,特别是当看到德国人确有痛悔之心后,人们便往往倾向于感慨一番:产生过康德、歌德、贝多芬的国家怎么竟然会被希特勒蛊惑呢?简直是昏了头了。这种不可思议的表示实际上就已经暗含着某种宽恕之心,尽管很难说它会带给德国什么实际好处,但对于德意志民族历史文化贡献的由衷肯定,显然也就给发明了奥斯维辛集中营的德国后世子孙回归文明社会打开了某种宽恕之门。相比于世人对二战中日本人野蛮战争行为及战后不肯认真反省的冷峻批判态度,我们对于文化软实力的长远作用就能看得很清楚了。

顺便指出,这个例证也让我们想到,影响不一定是马上诉诸行动,因为文化影响的时限远远地长于政治运作的周期,既然不能确定某个时段内文化软实力发挥了作用,那么也就不能肯定在无限长的时间内没有产生什么影响。当然,这是另一个问题,而这显然是无法用福柯的文化权力理论来分析和解释的。

四、盛极一时与留名青史

政治赋予的巨大权势,容易让政治家自视过高,产生无所不能、战无不胜的感觉，却不知道他手中的权势倘不适时运用，建立功德，很快就如流沙一般稍纵即逝，一钱不值，而他视为草芥的东西却往往能够稳稳扎根，长存大地。一个典型的例子是，1935年在德国重新武装的阴影下，法国总理赖伐尔为试图协调同盟关系而访问苏联。当他询问斯大林何不支持天主教以密切与教皇的关系时，斯大林轻蔑地回答说："哦，教皇！他有几个师？"丘吉尔在《二战回忆录》中客观地记录了这一史实①，而今人们从中读出的却是斯大林的傲慢与短视，并且引发一个疑问：同样是人生短暂，那些手握大权的人纵然能够主宰别人的命运，却不能修成自己的正果，那么他们究竟应该怎样充当人间的神祇、青史留名呢？

近两千年前，古罗马皇帝马可·奥勒留就已经在《沉思录》中难能可贵地意识到权力所带来的困惑："亚历山大、尤利乌斯·恺撒、庞培，将他们与第欧根尼、赫拉克利特和苏格拉底作一比较会如何呢？这些哲学家透彻地了解事物，了解它们的根源始末，以及相应的事物的指导原则。然而那些伟大的君王呢，他们曾因多少烦恼忧患所困扰，他们曾经是多少事物的奴隶啊！"②这是多么聪明的思考！他可以被千拥万簇，却无法因此而幸福；他可以颐指气使，却很难交几个知心朋友；因为他拿起了纯金的权杖，就不得不毕生殚精竭虑，用好自己的权力。然而，如果只是为了别人的福祉而挑起国事的重担，他又如何让自己相信这种尘世君王的人生是值得的呢？越是睿智的君王，越会对此感到困惑。

当然，在专制时代，君王权力天命神授，似乎可以随心所欲，人

---

① 〔英〕丘吉尔：《二战回忆录》(上)，江苏人民出版社2000年版，第80页。
② 〔古罗马〕马可·奥勒留：《沉思录——一个罗马皇帝的哲学思考》，中国社会科学出版社1998年版，第81页。

们也习惯臣服于政治权威。但即便如此,人类社会政治权力运作的实质并没有改变,一个人握有了最高权力,就需要履行相应的责任和义务,如果达不到,就会受谴责,甚至被推翻。16世纪的法国哲人蒙田,曾经直率地向君王指出权力的实质:不错,"我们在所有的国王面前俯首帖耳,唯命是从,因为他们在履行自己的职责,然而,对他们的尊敬和爱戴则只取决于他们的功德。"①蒙田的意思很清楚,政治家手中的巨大权势虽然可以暂时叫人俯首帖耳,但要获得人们的长久尊敬和真正的爱戴,却仍然取决于建功立业,也仅仅取决于其对社会的贡献,这一点与其他行业的专家权威并无二致。

但是也有一个耐人寻味的奇特现象:政治家往往因为权力的巨大而有睥睨万世之态,但同时又很少有胸怀万世之心,事实上他们往往是被眼前的事情所纠缠和困扰。看看世界上所有的王宫、总统府或各种最高决策机构吧,那都是一国最重要的权力中枢,警卫严密,设施完备,万众瞩目。然而围坐在宽大办公桌前的政治家们,尽管神情凝重,举止威严,但他们往往只谈论最现实的问题,却很少关注长远的东西,只关注最近的方案如何落实,甚至很少议论与本届任期无关的事情,更不会探究诸如地球第六次物种大灭绝到来的可能性以及如何应对等等务虚性的问题。当然,这的确是人类的大事,但不是某一国的议题,更不是政治家本人的责任,逻辑就是这么奇怪。

所以,揭开未来新篇章的往往不是显赫的政治人物。例如开创人类环保新时代的并不是本应负起责任来的美国政府,而是美国一位海洋生物学家雷切尔·卡逊。她在20世纪60年代就发现

---

① 《蒙田随笔全集》,译林出版社1996年版,第13页。

了化学农药残留严重污染环境问题,出版了划时代的著作《寂静的春天》。然而等待她的不是人们的感激,而是大公司的恐吓和社会的冷落,两年后她就因病去世了,但她的声音注定永不寂静,因为文化的长久影响总会超越政治的种种短视,"思想的寿命往往要比产生这些思想的国家力量长很多"①。政治家们以为可以利用自己手中的权力和资源稳稳地控制一切,策略地维护什么或掩盖什么,却往往把事情搞得更糟,只有无私的人文关怀和无畏的科学精神才更能关切自然的平衡,及时洞察未来的危险,而没有现实政治的顾虑。正是如此,多年后,时任副总统的戈尔才以美国政界迟到的谦恭承认:"作为一位被选出来的政府官员,给《寂静的春天》作序有一种自卑的感觉,因为它是一座丰碑,它为思想的力量比政治家的力量更强大提供了无可辩驳的证据。"②

政治人物善于调动一切可能的资源手段为其服务,甚至也想把文艺作为手段来实现其短期目标。曾获诺贝尔奖的爱尔兰诗人谢默斯·希尼在《诗歌的纠正》一文中即提到过,甚至连诗歌艺术也受到各种政治力量的牵扯:"如果你是第二次世界大战期间火线上的英语诗人,那个压力就会落到你身上,要你去为战争出力,最好是把敌人骂得一无是处。如果你是置身于1916年屠杀之后的爱尔兰诗人,那个压力就会要求你去痛斥那个杀人的国家的残暴。如果你是越南战争高峰时期的美国诗人,官方就会期望你在修辞上挥舞这场战争的旗帜。"③然而文化真正的贡献,不在于暂时的热

---

① 〔英〕巴里·布赞、杰拉德·西盖尔:《时间笔记》,山东画报出版社2002年版,第178页。
② 〔美〕雷切尔·卡逊:《寂静的春天》,上海译文出版社2009年版,序。
③ 〔美〕布罗茨基等:《见证与愉悦》,百花文艺出版社1999年版,第277页。

闹,而在于长远的影响;不取决于有否权势的支持,而在于有否新鲜的思想;不在于维持旧有的政治格局,而在于象征新的时代精神。社会学者刘易斯·科塞曾回顾说,20世纪初在美国纽约州格林威治村形成的波希米亚文学青年社群,聚集的都是些贫穷的文学叛逆者,"他们满脑子幻想,双手太弱,无法和世界的的要求配合"。但是谁能料到:"事实仍然是,倘若没有格林威治村的叛逆,无论是美国文学还是美国绘画,无论是美国政治还是美国社会改革,都不可能成为它们事实已经形成的模样。……格林威治村的反叛,推动了美国清教徒时代的结束。"①

中国人讲沧海桑田,又讲三十年河东,三十年河西,就是暗含着对文化力量的敬畏。看似不可一世的政治权势之所以无法与思想文化潜移默化的力量持久抗衡、等量齐观,也许正是由于这样两方面原因。

首先是政治之短与文化之长的时间维度使然。政治阵营之间的斗争是要讲势力强弱的,而文化与政治之间形成的角力最终是要看时间的长短。讲强弱,弱的一方自然容易被强的一方吞掉;讲时间长短,政治则显然拗不过文化。政治人物的权势虽然大到可以拥有生杀予夺之权,而杰出文化人物在世时则往往地位卑微、有求于人,甚至朝不保夕。但是当时过境迁、曲终人散,就会出现俄国女诗人阿赫玛托娃在研究普希金时注意到的一种现象——尽管普希金当年也曾周旋于上流社会、仰人鼻息、被权贵捧场或被诋毁,但当一切成为历史,"整个时代渐渐地被称为普希金的时代",而那些沙龙名流、政坛显贵慢慢地只有长眠在普希金著作的人名

---

① 〔美〕刘易斯·科塞:《理念人》,中央编译出版社2001年版,第121、128页。

索引中才能被人记住。① 同样,在苏联当代史上,克格勃首脑安德罗波夫之所以在文化史中常被提上一笔,也是因为他当年利用手中权力干预了俄罗斯最伟大的人文学者巴赫金一辈子都上不了莫斯科户口的问题,还安排他到克里姆林宫医院就医,这多少弥补了苏联当局不善待本国文化精英人物的恶名。

杰出文化人物之所以宝贵与其说在于他们有才华,不如说在于他们能够自成世界。加缪认为,"艺术家是那种非常困难地建立起自己秩序的人"②,他们在现实生活中痴迷地坚持自我追求,才能够不同流俗,有所成就。曹雪芹晚年穷途潦倒,连粥都喝不上,如果他当年精明地估算了成本,他就宁肯去做小买卖也不会去写《红楼梦》了,因为不仅没有一文钱稿费,连虚名也没有,那个时代的文人以科举应试为正途,连读小说都被视为下九流的事。但如今整个民族都要感谢曹雪芹,正因为有了他当年的我行我素、呕心沥血,我们今天才能说,中国也有可以与英国莎士比亚、法国巴尔扎克、俄国托尔斯泰相比肩的经典大作家。中国音乐家王洛宾,他编配、整理出中国最美的西部民间乐曲,一生却坎坷不断,屡遭牢狱之灾,对此他只说过一句"痛苦也会使人体会美",叫人心酸。对于这样一位不被珍重却还默默保护了人类对美的天然辨析力的音乐家,他所属的民族还能要求他什么呢?但真正的问题是,像王洛宾这样的文化人物太稀有了,当他们离去时就把自己独特的东西永远带走了,这是多大权势、多少财力也挽回不了的。

与此相连的还有一点,政治人物有敌人,而文化人物却很少有

---

① 〔俄〕阿赫玛托娃:《回忆与诗》,花城出版社2001年版,第258页。
② 〔法〕加缪:《艺术家及其时代》,载《局外人·鼠疫》,漓江出版社1990年版,第673页。

敌人,政治人物的作为总会触动一部分人的既得利益,而文化人物的成就越大,他的敌人越少。不是说他在世时没有过迫害他的人、敌视他的人,但从时间维度来看,不会持久。赫鲁晓夫在台上时曾蛮横地禁止帕斯捷尔纳克的《日瓦戈医生》出版发行,还把作家开除出苏联作家协会。但多年后他的儿子却觉得有必要替父亲表示歉意,说父亲当年偏听偏信,下台后读过这部享誉世界的小说后才感到懊悔。① 的确如此,如果连戕害者的子子孙孙到头来都要受惠于杰出作家所创造的文化成果,那么他最终又能成为谁的敌人呢?这倒让人想到,政治家固然不可以不设法谋取权力,但巩固权力后不可以不尽职尽责辅助文化创造以推动社会发展。而那种只为稻粱谋而不为天下想的人算不上政治家,只是没出息的政客。两者的根本区别正在于:或对或错,政治家总有为之执著奋斗的目标,而政客除了一己之私并无真正的追求。

其次,还有另一方面原因,使得政治腐殖土必须借文化之花才能化为神奇。因为人类文明之所以走到今天,其最艰难、最珍惜、最有建设性意义的社会行为还是文化事业的点滴积累和创造,而非政治方面的绝对权力、勾心斗角。所以,政治家再权倾一时,对文明、文化的尊重也是做人、做事应有的底线。而能够力所能及地辅助文化的创造,才算把权力用到实处,顺应了历史发展,自己也借此青史留名。一个生动的例子是,18世纪法国著名启蒙思想家狄德罗因生活拮据,忍痛以15000银币的价格变卖他的私人藏书。俄国女沙皇叶卡捷琳娜得知这个消息后,派出使者表示愿以16000银币买下这批藏书,不过有一个附带条件,就是要让这批藏书永远

---

① 参见陈为人:《七位诺贝尔文学奖得主的台前幕后》,山西人民出版社2013年版。

保存在这位大思想家身边。叶卡捷琳娜说:"让一位知名学者与他的书籍分开,那是很残忍的。"或许,这位女沙皇只是为了博得虚名,附庸风雅,但无论如何,她这件事做得很优雅,也很值得,一举扭转了欧洲知识界对俄国人的粗野印象,纷纷传言:"俄罗斯的这位小圣母只欣赏才华学识,而不知国界。"①显然,对于俄国皇室来说,形成这样的印象既是文坛佳话,又是精明的算计,堪称政治与文化的巧妙结合。所以说,政治家利用自己掌握的权力与资源,帮助推动人类文化的发展、创造,而不是陶醉于权势的短暂虚幻中,也是政治的题中应有之意。

五、政治动心机,文化动人心

政治决策的制定或政治事件的发生,从短期来看都有着明确的前因后果,渗透了人们对利害得失的考虑。然而从长远来看,人算不如天算,或好或坏,其后果的演变往往出人意料。约瑟夫·奈在《理解国际冲突:理论与历史》一书中曾举例说:1973年,美国为阻止国内粮食价格上涨,决定停止向日本出口大豆,日本转而投资巴西大豆生产,几年后当供需趋于平衡时,日本人从巴西进口的大豆更为低廉,而美国农场主则蒙受了损失。约瑟夫·奈告诫说:"我们在做出短期抉择的时候,一定要有长远眼光。"②

然而对于短期抉择而言,什么才能构成长远眼光呢?这话值得怀疑。因为政治的本质就是现实各方的力量博弈,取决于种种

---

① 〔俄〕瓦利舍夫斯基:《叶卡捷琳娜》,京华出版社2010年版,第229页。
② 〔美〕约瑟夫·奈:《理解国际冲突:理论与历史(第五版)》,上海世纪出版集团2005年版,第237页。

第三章 政治的短与文化的长

精明的算计或谬误的选择,而非长远的预测。因而,其实际后果的阴错阳差,与其说是决策者的短视,不如说是形势比人强。唯有一个因素有可能不仅把政治事件变成历史事件,也变成一个文化事件,从而产生长久的影响,取得丰厚的回报,这就是精神文化层面的作用。

也就是说,假如在某一历史事件中,政治的冷静计算也曾加进一些非功利的因素,当时看上去某些过于浪漫的道义、道德层面的考虑,也曾显著地影响到政治决策的抉择和政治事件的发展,那么当它越来越显示出其传奇性的一面,就可以说,一个政治事件不仅是作为历史事件,也有可能同时作为一个文化事件留存下来。因为它不会像许多史实那样被逐渐尘封,而是至今仍被人津津乐道,不仅融入新的传统,也仍源源不断地发生新的影响。而这一切又不可能是任何政治人物预先导演和操控的,而是在漫长的时间自然演变的,因而它是无比真实的,也是可遇而不可求的,这就是所谓"政治动心机、文化动人心"的真实意思。

实际上,在中美现代关系史上就有这样一个例子,让人生动地感受到,曾经泥沙俱下的世事是如何凝成一页传奇佳话的,错综复杂的政治交集又是如何逐渐形成和淘洗出文化的结晶的。这就是二战期间美国援华飞虎队的重要史实及在中国的长久影响。

陈纳德率领的美国志愿援华航空队(即飞虎队)及以后在此基础上扩编的美国航空兵第十四航空队与日军浴血奋战、开辟驼峰航线的故事,当年在中国家喻户晓,至今也流传不衰。值得注意的是,即使在两国关系最为敌对的时期,飞虎队在中国人心中也是一个正面形象,基本不受中美现实关系波动的影响。它长存于一代代中国人心中,既表现为官方媒体的善意,更体现在民间的好感之中。

20世纪80年代,当中国国门刚刚再度打开,美国老飞虎队员纽曼来到中国即感受到这种久违的热情。他回忆道,在桂林的路上偶遇一些青年工人,他们"翘起右手大拇指向我们致敬,并且喊道:'ding how,ding how!'(顶好,顶好)这想必是那年长的管理员告诉他们这样做的,这是1942年至1945年期间,中国人对我们美国大兵友善的表示。在'顶好!顶好'的声浪中,使我怀念起当年在桂林的那些日子,我几乎感动得流下眼泪!"①

美国老兵汉克斯也有同样的感受,他当年曾参与搜寻失踪的C53型美军运输机未果,1997年来到中国和探险队员一起跋山涉水,终于找到该机残骸,并拍摄了一部纪录片《重返驼峰》。片中这位80岁的美国老人感慨道,和他同行的都是战后出生的中国人了,他们对C53号飞机命运的如此关注令他意外和感动。

其实,每当在密林深处发现二战飞越驼峰时失踪的美军飞机残骸,中国官方媒体和民间都会涌起发自内心的关注和热情,尽管时光冉冉,岁月如梭,但文化记忆与传承作用仍然经久不衰。当年那些年轻的美国飞行员不远万里来到中国,把他们最好的年华、热血甚至生命留在这片苦难的土地,这是中国人民永远不能忘怀的。这个"永远"的意思就是一代一代传下去,经由文化情感不断迸射、释放出来,于是一段难忘的史实终于演变成不朽的英雄传奇。

譬如2009年出版的《飞虎队的"老头子"陈纳德》一书,作者在"前言"中声明:"陈纳德是我们心中的英雄。作为陈将军抗战时期率领美国援华空军长期战斗过的芷江机场边的作家,我们早就听

---

① 〔美〕格尔哈德·纽曼:《纽曼回忆录》,工人出版社2008年版,第198页。

说过他的英雄事迹,很想行诸于书,以表达中国人民对英雄的那一份深情、那一份厚爱!"仅仅因为生长在陈纳德将军战斗过的地方,就觉得有义务要写这样一本书,荣耀感中可以见出陈纳德在中国人的历史文化情感中所具有的传奇色彩和分量。再看书中的描写,当美国飞虎队小伙子训练时,陈纳德如何语重心长,言传身教,"那位飞行员一下扑在他的怀里热泪滚滚"等等。[1] 显然,这种想象和描写是中国式的,年轻作家也没到过现场,但他对英雄的崇敬却是真挚的,不管陈纳德是将军还是上尉,在美国军界受排挤还是被视为异类,他在中国人心中都是最值得尊敬的美国军人。所以,当陈纳德最终黯然回国时,他从昆明到机场的道路被改名为"陈纳德路"。

从二战史学的眼光看,这些充分证明了中国社会对二战时期中美联合作战的历史有着广泛共识和高度评价。而从文化层面来看,它又是美国在中国积累的一笔真正的文化软实力资源。正是由于那一段并肩作战的历史,中国人愿意相信并正面评价美国人的牛仔精神,赞赏他们豪爽、乐观、坚持正义的国民性,特别是他们前赴后继的英勇牺牲、击落2600架日机的辉煌战绩,让中国人不但能够包容他们不合中国传统的一些日常行为,甚至喜欢他们富于异国情调的个性,如坦言爱钱、喜欢女人的飞行员,桀骜不驯、性格强悍的指挥官等等。正是在这一过程中,历史变成了文化,有关飞虎队的传说作为美国人的正面形象一代代流传下来。

然而,随着当年中美政治、军事结盟内幕材料的不断披露和相关研究的深入,文化似乎又有可能还原为历史。人们看到,美国与

---

[1] 舒绍平、蓝雨:《飞虎队的"老头子"陈纳德》,中国文史出版社2009年版,前言、第19页。

中国的战略结盟关系充满着错综复杂的政治算计和利己考虑,并非像西方罗宾逊那样豪侠仗义。美国在东方长期奉行的是所谓"利益均沾、门户开放"政策,只是二战爆发后意识到日本的扩张威胁,美国政府才给陈纳德志愿援华航空队的最初100架战斗机开了绿灯。而当对日宣战后,美国援助中国的最大目的就是要让中国战场拖住日本,更不能让中国的丰富资源润滑日本的战争机器。由于两国国力相差悬殊,联盟目的和文化背景不同,中美战略盟友关系实际上始终充满了争吵、猜忌甚至破裂的可能。

这其实并不奇怪,克劳塞维茨在《战争论》中早就指出过,战争与其说是像某种技术,不如说像贸易,当然,更接近战争的是政治,政治也可以看成是一种更大规模的贸易。它们都与人类的利益关系和活动冲突有关,是非常实际的、世俗的。战争中的结盟也是如此,"一个国家对待另一个国家的事情像对待本国的事情那样认真,那是永远不会有的。当其他国家有事时,它只派出一支数量不大的援军;如果这支援军失利了,它也就认为尽到了义务,于是就尽可能地寻求便宜的脱身之计"。① 所以,国家间的联盟尽管会壮大声势,给人同仇敌忾的安全感,但文艺作品中那种高尚激情是不符合战争中的实用目的和实际情况的。

最近出版的美籍华裔学者齐锡生撰写的《剑拔弩张的盟友——太平洋战争期间的中美军事合作关系》一书再一次印证了这一点。书中有一节详细研究了1942年夏天中美盟友之间爆发第一次重大危机的背景材料,当时美国背着中国,把本来用于支持中国战区的少得可怜的空中力量也突然调往中东支持英国,这让

---

① 〔德〕克劳塞维茨:《战争论》第三卷,商务印书馆1978年版,第891页。

作为中国战区最高统帅的蒋介石非常愤怒,他只要求美国回答一句话——还需不需要中国盟友?"是"还是"不是"?并提出维持中国战场最低限度的三项军援要求。这次著名的危机在美国人的著述中也有所提及,不过有些轻描淡写:"类似'三个要求的危机'的事件在以后还有。美国的政策的制定者第一次开始意识到与蒋的关系的重要性以及中美联盟的松散,原因在于美国无力实现自己对中国的承诺。"

然而,学者齐锡生的著作以具体数字证明:"真正的理由并不是物资不足,而是美国人早就做出不多送物资援助中国的决定。所以中国在1942—1943两年,每年获得的租借法案物资的数量,各占当年美国输出总数的4‰。"而且,即使运到中国的物资,有80%也是供给驻华美军使用,中国人只能得到20%。威廉·凯宁的书中也承认现状的悲惨,"1942年年底,到中国的空中航线运输了并不算多的物资数目。如果没有中国人从滇缅公路给陈纳德的空军部队提供所需要的汽油、炸弹和枪弹,它早就中断了。实际上,1943年冬天,陈纳德的飞机因缺乏油料而在地面停了一个月"。①

其根本原因在于,学者齐锡生一针见血地指出:"从太平洋战争一开始,美国军方对中国战场的看法,就不是打算贡献人力物力和中国合作,而是经由史迪威孤身只影到中国运筹帷幄,指导中国领袖们进行作战。万一中国领袖们不愿顺从,关键秘诀也不是增加援助,而是增加压力和减少援助。"所以,全书的结论最后落在中国人自1840年以来就有的沉重感慨上:"中美同盟关系仍然摆不脱国际关系史上的一句老话,那就是,外交是国力的延伸。中国既

---

① 〔美〕威廉·凯宁:《飞越驼峰》,辽宁教育出版社2005年版,第48、50页。

没有足够的国力,外交上任人摆布当然就无足为奇。"①

然而,奇怪的是,尽管当年中美结盟关系的重重内幕和复杂政治算计不断公之于众,但这并未减弱中国人对美国飞虎队的传奇印象和良善感情,它依然是中国历史文化记忆中的一部分。例如2013年3月10日这一天的一则新闻报道说,昆明群众举行长跑活动纪念飞虎队,他们统一穿上印有"来华助战洋人,军民一体救护"字样的T恤衫,聚集在飞虎队当年的所在地——昆明巫家坝机场,此次活动原定200人,结果参加者超过了500人。

民间的历史文化情感和认识一旦形成便很容易恒定,它逐渐滤去了现实政治中的种种复杂算计,只把史实中最具重要性、最能打动人心的东西留存下来,化为历史文化传统的一部分。实际上,这种文化凝定作用,与现实生活是同步发生的,但刚开始并未意识到。譬如1942年12月20日,飞虎队在昆明上空首战告捷,英勇击落了来犯的10架日机中的9架,中国报纸便称之为"飞虎队"。这样一个传奇性的名字不胫而走,当时表达的只是中国人的由衷感激之情,但随后便凝进了中华民族的历史文化记忆中。

正是在这样的意义上,中美普通民众之间的日常交流也许要比中美高层的争吵更有意义,更能变为文化佳话而长久流传。一位驻昆明空军基地的美军士兵,他的母亲听说基地附近有个中国小女孩很可爱,便从美国寄来一个洋娃娃,但收到邮包时这位士兵已经移防重庆,他便转送给一位中国护士的小女儿。如果不是当时他拍了一张照片,如果不是半个世纪后有中国人来家里做客时偶然看到,那么谁会知道这个抱着美国洋娃娃、笑容灿烂的中国小

---

① 〔美〕齐锡生:《剑拔弩张的盟友——太平洋战争期间的中美军事合作关系》,社会科学文献出版社2012年版,第215—230、773、781、787页。

女孩的故事呢?① 然而可以想见,这个中国小女孩即使做了母亲、祖母,她也会永远记得那件开心事,并一遍遍地讲给她的后代听,而中美之间的友善感情也就这样像暖流一样默默流传下去。

这个故事,或说是文化软实力,难道是哪位高明的美国战略家当年预先算计和巧妙操控的结果吗?显然不是。那么它是不是一种不谙国际政治复杂算计的浪漫情感呢?当然也不是。尽管学者齐锡生揭示说,中美两国的民众情感当时并不是平等的,"一般美国民众都把美国与中国看成是父子关系。在这种主流心态宰制下,美国人领导,中国人服从,诚属天经地义"。但略过这些情感纠葛,被人记住的永远是事件结果本身的丰碑,而文化记忆中洋溢的感激之情,是经过历史考验的,是对中美联合抗战丰硕成果的准确反映和最终评价。其实齐锡生的最后结论也反映了这一点,他一方面认为,美国当然是合算的,"以如此微不足道的援助交付中国,美国争取到几年时间,从容准备它对日本的全力进攻"。但另一方面也坦承,中国也是合算的,苦撑八年,"以空间换时间",终于"能够和美国结为盟邦,这是中国所作的最重要政治和军事行动。这个同盟关系不但让中国避免了军事溃败和政治屈服,也避免了经济和文化的破产。最后,它更为中国赢得了一场远非本国能力所能奢望的胜利"。② 正是如此,它成为中美两国现代关系史上最美好的一页,无论以后有怎样的剧烈冲突,也会被这一份历史文化情感所牵扯、冲淡和柔化,例如当20世纪70年代中美关系趋向正常

---

① 〔美〕艾伦·拉森等:《飞虎队队员眼中的中国》,上海锦绣文章出版社2010年版,第77页。

② 〔美〕齐锡生:《剑拔弩张的盟友——太平洋战争期间的中美军事合作关系》,社会科学文献出版社2012年版,第755、716、710页。

化时,两国便表现出了深厚的民意基础。

所谓政治动心机,文化动人心,关键在于不管当初双方有过什么复杂算计和激烈争吵,但中美两国的合作并没有半途而废,而是并肩战斗,以鲜血、生命熬过艰难岁月,共同迎来胜利。正是这一主要史实凝结成历史丰碑,也永远融进了中国人的历史记忆和文化情感之中。

作为对照,抗战初期,苏联也同样派出了志愿援华空军与日军激战,同样流血牺牲,但为什么却没有像美国援华志愿空军那样演变成一页文化传奇呢? 也许主要有两方面原因:一是苏联志愿空军集中在武汉战区作战约两三年,于 1940 年后就开始撤出了,且与社会接触较少,英雄事迹没有来得及持续和传播,而文化的浸润是需要时间的。二是政治态度变化大,未做到有始有终。由于苏联西线来自纳粹德国的威胁严重,为缓解东线方面的日军压力,苏、日于 1941 年 4 月签署了《苏日互不侵犯条约》,心照不宣地承认日本人的"满洲国"傀儡政权,作为交换,日本人则承认苏联人搞的"蒙古人民共和国"。尽管这是苏联政府的权宜之计,但毫无疑问严重损害了中国国家利益,这不能不留在中国人苦涩的记忆中。但苏联 20 世纪 50 年代对中国现代化建设的大规模、全方位援助,则是留在中国人心中的一笔永远不可磨灭的文化软实力资产。

在人类历史上,战争与对抗也是跨文化交流的一部分,值得深入研究。尽管在今天的国际社会争端中人们越来越慎用武力,但漫长历史形成的暴力冲动和威胁仍然不可忽视。那么从政治之短与文化之长的角度看,如果战争不可避免,如果必须兵戎相见,双方也应尽量减少仇恨,特别是避免野兽般的杀戮行为。因为政治不像文化,文化留下来的都是精品,政治目标虽然是短暂的,但给后代留下的问题却往往是贻害久远的。从今天的角度看,像当年的南京大屠杀、卡廷惨案等战争暴行显得是多么野蛮之极、得不偿失。为了短暂地占领一座城池或控制一个国家,就留下无法洗净的污名,结下永世的仇怨,这是多么愚蠢。所以,不管在什么样的情况下,战争中的文明准则、绅士行为都是明智的,在当时能够保持人性与兽性间的起码距离,在日后也不至于成为沉重的历史包袱、难看的文化疮疤,让内心纠结,仇怨持续,无日无休。

正是人类生活洪流的无限长远,让一切短期政治目标都显得无足轻重,对于国家间的关系来说也是如此。亲疏总是暂时的,胜败也是暂时的,人们总是要长期合作,越来越需要合作,合作得越长久,"一报还一报"的长期策略就越有用,也容易打破合作中的"囚徒困境"。这种长期持续的交往关系不但有利于伙伴,甚至对敌对关系也有用,正像《合作的进化》一书的作者指出的,第一次世界大战堑壕战中甚至发展出了具有伦理性质的"自己活也让别人活"的合作关系,敌对双方会心照不宣地仪式性射击,如果误伤了对方就会主动道歉等。①

总之,毕其功于一役的想法显然是极其短视的,不顾一切争一日之短长最终等于一无所获,因为人类交往的历史是延续不断的,所以文明准则、道义精神才是最值得追求的,无论一时得失与否,都能立于不败之地。古老民族对此有更深的体会,所谓"塞翁失马、焉知非福",讲的正是时间的道理。

---

① 〔美〕罗伯特·阿克塞尔罗德:《合作的进化》,上海世纪出版集团2007年版,第40—60页。

六、康德说：政治与道德是一回事

"政治的短与文化的长"类似于一个模糊概念。正像我们知道天会亮，却不知道天亮究竟发生在早晨的几分几秒一样。同样，漫长的生活之流是由一件件转瞬即逝的具体事件构成的，可以一一历数的，可是我们却不清楚，究竟从什么时候起，短变成了长？现实趋近了理想？琐屑的日子进入了历史的画卷？政治权势让位于世道人心？守夜人式的警惕融进了夜莺式的向往？

然而，矛盾的是，人们一方面相信人类社会是在逐渐走向文明发展的高级阶段；另一方面，却又很少有人去当真论证。毕竟，这个世界听到最多的感慨是：理想是理想，现实是现实。记得当年雨果在议会辩论时愤懑质疑："每当我们从'良心'一词中去汲取我们认为应当汲取的一切时，总是不幸地要使一些伟大之至的政治家们发笑。"他们"善意地告诉我们还有国家的利益……我们对事理一窍不通，我们不懂政治，我们不是认真的人……他们对我们讲一句粗话，用他们所能找到的两个最粗鄙的字来骂我们，他们把我们叫做'诗人'……"[①]但如今，不会有这样的激情告白了，与其说是怕人觉得不深刻，不如说是怕人觉得不严肃，这便是当今时代最大的玩世不恭。

但是，充满了聪明人的世界，难道就是一个理性、平和、给人以安稳和尊严的世界吗？难道物质生活水平的提高就可以让今人傲于前人，以为科技的进步就会带来精神世界的进化吗？不一定。

---

① 〔法〕安德烈·莫洛亚：《雨果传》（下），人民文学出版社1989年版，第461页。

第三章　政治的短与文化的长

《欧洲中世纪史》一书的导言问得好:"中世纪的人早已入土,即使我们用'原始'来形容他们的习俗,用'粗野'来形容他们的生活方式,用'可怕'来形容他们的价值观,他们也无法起身抗议。他们的静默让我们得以安全地孤芳自赏,以他们的时代为参照,我们的时代才显得非常不错。说到底,有谁愿意生活在没有电、没有自来水、没有计算机的时代?而中世纪人也会说,有谁愿意生活在受温室效应威胁、布满核武器和超级都市的时代?"①的确,如果不是在思想深度和精神境界上有所创新和超越,那么挥舞着核武器、污染整个大气层的人类不是比所谓黑暗一千年的欧洲中世纪更危险、更怪诞、更了无希望吗?

建构主义理论代表人物亚历山大·温特在其名著《国际政治的社会理论》中描绘和构想了国际社会从霍布斯文化到洛克文化、再到康德文化的进步历程,富于创见地把社会文化理论引入国际政治领域,是一部给人希望的著作。可是,即便如此,对照康德《永久和平论》一书,你也会感到今人的谈吐要比康德时代谨慎得多,或者说犬儒得多,而两百年前康德的思考是多么英勇无畏、鼓舞人心。

温特主要是从无政府文化与集体安全的角度来汲取康德思想的,他指出:"多元安全共同体是康德文化的一部分,是比较容易由物质性强迫所解释的,方法是把解释服从洛克文化的理论延展之后用于解释康德文化。在洛克文化中,要防止的是国家相互毁灭,

---

① 〔美〕米迪斯·M·本内特、C·沃伦·霍利斯特:《欧洲中世纪史(第10版)》,上海社会科学院出版社2007年版,导言第1页。

而在康德文化中,就连国家之间的相互进攻都要防止。"①这样绵密的思维方式与表达方式,正是典型的当代学术话语。另外,今天吵得沸沸扬扬的所谓"民主和平论"也是从康德《永久和平论》派生出来的一个具体观点,即认为只有"共和的体制"才"得以防止战争"。然而,他们为什么不直接面对和阐释康德思想中最伟大、最激动人心的部分呢?

康德当年是怎样立言的?他根本就不用那么多谨慎的推理、琐碎的修饰,而是高屋建瓴:"他们说,我们必须把人类看成是他们实际的那种样子,而不能像对于世界孤陋寡闻的学究们或者好心的幻想家们梦想着他们所应该成为的那种样子。可是这种他们实际的样子也就是说:我们通过不正义的强制、通过政权随意炮制背信弃义的阴谋而把他们造成的那样子,那便是他们既固执不化而又反复成性;当政权稍微一放松它的缰绳,于是就确实会得出来这些自命聪明的国务活动家们的预言所证实的可悲的结果。"今天的学者也许会用两次世界大战的教训、核毁灭的前景等等来辩解他们的谨慎多虑,这当然不是没有道理,但是康德的伟大思想家气质使他始终能够分清大道理和小道理。

特别令人震惊的是,康德竟然认为道德与政治是一回事:"在客观上(在理论上),道德与政治之间根本就没有任何争论。反之,在主观上(在人类自私的倾向上,但它决不能称为实践,因为它并不是建立在理性准则的基础上),则它却可能并且还会始终存在着,因为它充当了砥砺道德的磨石。""因此真正的政治不先向道德宣誓效忠,就会寸步难行。尽管政治本身是一种艰难的艺术,然而

---

① 〔美〕亚历山大·温特:《国际政治的社会理论》,上海人民出版社2008年版,第293页。

它与道德的结合却根本不是什么艺术,因为只要双方互相冲突的时候,道德就会剪开政治所解不开的死结。"而这样的思想,今人连想都不敢想。康德不但说了,甚至还诗意地瞩望:"天意在世界的行程之中就由此而被证明了是正当的,因为人类的道德原则是永远不会泯灭的。"

对于今人而言,这些观点多么容易被看成是人文情怀的空洞抒发,经不起现实考验的虚幻理想。然而人类如果只看重现实,就等于预言了自己的命运。正是康德指出:"真正的热情总是在朝着理想的东西以及真正纯粹道德的东西前进的,比如权利概念,而不可能被嫁接到自私心上面去。"事实上,恰恰是这样高贵的理想情怀,才促使康德第一个提出"世界公民权利"和"世界公民社会"概念,并成为今天的"联合国"之父。

所以,有没有理想这个维度还是不一样的,如果你认为,人生不满百,何怀千岁忧,现实利益最重要,最值得追求,那你就精心谋取更多的东西,国际政治学说也就蜕变为马基亚弗利式的权谋学说。但这样走下去,人类的前途何在?这不仅是指文明与野蛮意义上的进化分途,更是指生存与毁灭意义上的现实前景。康德立论的根基,正是由人们朴素的生活真理构成的,充满了人间的温情,这充分反映在他在《永久和平论》的最后用休谟的话来告诫人们的:"当我看到目前各个国家互相进行作战时,我就仿佛是看见了两个醉汉在一家瓷器店里用棍棒互相殴打。因为他们必须慢慢地治疗他们相互造成的创伤,这还不够,而且事后他们还必须赔偿他们所酿成的全部损失。"①的确,当这一幕幕代价惨重的闹剧不断

---

① 〔德〕伊曼努尔·康德:《永久和平论》,上海世纪出版集团2005年版,第75、68、55、56、76、62、81、84页。

上演，当各个国家都武装到牙齿，当最后的钟声在不经意间敲响，毫无疑问，丧钟将为所有人而鸣。

  然而，即使思绪似乎已经完全为康德的伟大情怀所折服，内心里依然感到国与国之间关系所特有的那种巨大矛盾张力，它既不是个人的深邃所能消解的，也不是遗世独立所能无视的。因而本章最后，作者认为有必要再加上一句话以示忠告：无论如何，在守夜人与夜莺之间，在国家与个人之间，在政治的短与文化的长之间，也就是说在国际关系领域内理想与现实的谨慎权衡之间，其相互融合的极限、反复思考的结论最后也许只能是：抚今追昔，害人之心不可有；瞻前顾后，防人之心不可无。但不管怎样，人类历史上的文化光辉又常常使我虔信：斯巴达武装到牙齿并没有让它永存，永存的还是雅典。

第四章 软实力说核心概念辨析

究竟有没有一种文化既为本国利益服务而又能有利于其他国家的福祉,从而叫人心向往之呢?这是美国学者约瑟夫·奈提出软实力说以后引发人们兴趣的一个问题。毕竟,迄今为止,尤其是自威斯特伐利亚体系建立数百年来,按照主流国际关系学理论,国家间的交往首先是要维护本国主权和国家利益,利益大小依各自国家的实力强弱而定。而在目前无政府的国际体系中,各国间的竞争常常是非常剧烈的,难以取舍的,决定胜出的最后只能是实力。按照这一冷冰冰的逻辑,文化软实力就用处不多。但约瑟夫·奈如今宣称美国一直在"苦苦纠缠于如何将我们的价值观与他人的利益融会起来"①,并强调文化的作用。那么究竟是否会有一种新的文化黏合剂,既能增进本国软实力、改善国家形象,又能兼顾他国利益而两全其美呢?美国人在冷战结束后又为什么会忽然重视和探讨文化软实力在国际关系领域中的独特功用呢?约瑟夫·奈的软实力说挑起了人们的兴趣,却又未做明确回答。

---

① 〔美〕约瑟夫·奈:《软力量——世界政坛成功之道》,东方出版社2005年版,第62页。

一、文化与实力的创造性结合

在此以前,文化不是没有进入过国际关系学视野,但总的来看,它一向是作为国家实力的某种附庸或工具被看待的。也就是说,文化之所以在国际政治中被提及,往往是因为它有可能成为控制他人心灵的手段,而非出自共享的意愿。

古典现实主义学派代表人物汉斯·摩根索在他的经典巨著《国家间政治——权力斗争与和平》中早就意识到,"优越文化和更富有吸引力的政治哲学的说服力"显然要比诉诸军事、经济手段更有效,因为"它的目的不是征服领土和控制经济生活,而是征服和控制人们的心灵,以此作为改变国家之间权力关系的手段"[①]。但肯定文化的重要功用是一回事,能否真正感召他人,从而成功地影响心灵是另一回事。既然长期以来占统治地位的观点是把冲突与对抗作为国际政治的本质,而合作与调解不过是权力关系的表象,正像汉斯·摩根索认为的,人永远追逐自己的利益胜过关注他人,各国间对文化的重视就很难超出手段的运用,更难怀有对文化的虔诚之心。所以,长期以来,主宰国际关系的主要是政治、军事、经济等传统实力因素。

直到20世纪90年代初,约瑟夫·奈提出软实力说,才让文化因素登堂入室,至少从三个方面给国际关系研究带来新的变化。

第一,改变了国际政治有关实力构成的传统看法。

过去人们习惯于按政治、军事、经济、科技、文化等排序来划分

[①] 〔美〕汉斯·摩根索:《国家间政治:权力斗争与和平》,北京大学出版社2006年版,第98—99页。

实力,物质性的硬实力因素总是占大头。但现在,约瑟夫·奈首次将"软实力"提高到与"硬实力"并驾齐驱的位置上,明确地将文化、意识形态因素视为"力量的另一面"。①

约瑟夫·奈观念的转变显然与时代自身的变化密切相关。1990年他明确指出:"在确定当今的实力来源时,已不再强调那种作为过去时代特点的军事实力和对别国的征服了。"②所以,亟须某种柔性的方法来配合"命令式的实力运用方法"。约瑟夫·奈强调:"这种左右他人意愿的能力和文化、意识形态以及社会制度等这些无形力量资源的关系紧密。这一方面可以认为是软力量,它与军事和经济实力这类有形力量资源相关的硬性命令式力量形成对照。"③它显然不同于过去那种简单安抚、收买人心的做法,而首次将软实力与硬实力相提并论,这是以往国际关系学理论没有过的。毫无疑问,这一创见启发了人们对于实力概念的新认识。

第二,提出了有关软实力的运用方式及其作用效果。

软实力说绝不是美国传统外交实践中胡萝卜加大棒政策的翻版,约瑟夫·奈明确地将其统统归之于硬实力范畴。因为无论胡萝卜还是大棒,无论威胁还是利诱,都是要迫使或诱使对方屈服。而软实力不同,它不是简单地要人屈从,而是要发挥"同化式的实力",按照约瑟夫·奈的解释:"同化式实力的获得靠的是一个国家思想的吸引力或者是确立某种程度上能体现别国意愿的政治导向

---

① 〔美〕约瑟夫·奈:《美国定能领导世界吗》,军事译文出版社1992年版,第25页。
② 同上书,第23页。
③ 同上书,第25页。

的能力。"①即看重的是吸引别的国家来自觉自愿追随你的能力。约瑟夫·奈认为这很重要。他以家长教导孩子的方法为例,指出与其粗暴而愚蠢地管教孩子做你想让他做的事,不如巧妙地影响和确立孩子的信念与爱好,这样才能事半功倍,一劳永逸。同样,一个国家的强盛如果能够让人钦羡、仿效而不是引起敌视、畏惧,那么这本身就像一道无形的护身符,在实现本国国家利益时就不必消耗过多的硬实力,既文明,又合算。

第三,明确了软实力构成的核心要素。

约瑟夫·奈自1990年发表《软实力》一文及出版《美国定能领导世界吗》一书以后,十多年间陆续出版的《美国霸权的困惑——为什么美国不能独断专行》《软力量——世界政权成功之道》《理解国际冲突:理论与历史(修订版)》,及与基欧汉合著的《权力与相互依赖(修订版)》等著述,都对软实力说有所阐述。而在有关软实力的构成要素问题上,约瑟夫·奈在不同的地方也有不同的说法,大致提到了文化、意识形态、社会制度、制定国际规则的权力、决定别国政治议程的能力、国家形象、对外政策的道义性及合法性等多种因素,或繁或简,从未严格界定。但总体来看,有两个核心要素从来不可或缺,这突出体现在一个最简明扼要的定义里:"软实力,即我们文化和意识形态的号召力。"②多年来约瑟夫·奈对软实力说虽时有补充和丰富,但这一基本定义却从未改变。

显然,明确地把文化与实力相连,并将文化软实力提高到与硬实力分庭抗礼的位置上,既是对传统国际政治的一个创新,也需要

---

① 〔美〕约瑟夫·奈:《美国定能领导世界吗》,军事译文出版社1992年版,第25页。

② 〔美〕约瑟夫·奈:《美国霸权的困惑》,世界知识出版社2002年版,前言。

相当的理论勇气。因为,长期以来,对于社会学科,特别是对极其现实的国际关系学领域来说,文化自身的无限复杂性常常令人望而却步。文化影响如同空气,既无所不在,又含混不清,既须臾不可离开,又往往视而不见,既需要宏观把握的眼光,又需要微观透视的能力。所以,涉足文化对许多学者来说都如同进入一个迷阵,它常常是显露你学养不足的地方,而非驰骋博学之地。因而在不同学科的学术研究中,专家、学者们往往宁愿避开对文化因素的正面探讨,似乎没有文化的纠缠,才较易获得一个清晰的理论框架或分析模型。正如一位澳大利亚学者坦承的,在政治和经济学等社会科学领域中,常常是在建立于理性基础上的其他各种解释和分析均无效的情况下,研究者才会含含糊糊地提及文化的作用。①

  文化就像传说中的灰姑娘,总是最后一个才轮到试水晶鞋。但是,文化也不是那么好打发的,一旦登堂入室,它就会以其自身特性深刻影响国际关系领域的传统思维。实际上,文化软实力说已经引起了普遍而持续的关注,这恐怕就反映了当今世界对未来前景的期待,即在全球化背景下,如何让相对文明的文化竞争取代各国间赤裸裸的实力争夺,这既是维护共同家园的需要,也是一场思想变革。

  所以,关键在于国际政治传统逻辑的根本转变,否则,软实力说仍有可能挣脱不掉工具性命运,甚至会引发各国实力的空前动员与全面对抗。布热津斯基的《大棋局》即给人这种感觉:"核武器大幅度降低了战争作为政策工具或威胁手段的效用。国家间经济相互依存程度的增长使为政治目的使用经济讹诈不再那么有效。

---

① 〔澳〕罗伯特·霍尔顿:《全球化的影响》,载《全球化:时代的标识——国外著名学者、政要论全球化》,时事出版社2003年版,第139页。

因此,要在欧亚棋局中成功地使用地缘战略力量,现在主要的做法是随机应变、施展外交手段、建立盟友关系、有选择地吸收新成员加入联盟,并十分巧妙地部署自己的政治资本。"[1]书中同样肯定了因时而动的必要性,提出了软硬并举的政治策略,但总体来看仍像传统棋盘上的新玩法。

不过无论如何,今天相比于20世纪二三十年代国际社会弱肉强食的政治文化气氛已经大大进步了。文化软实力说的广受关注,既是寄寓了厚望,也激起了探讨的愿望,人们想弄明白,约瑟夫·奈为什么会提出这一创见?他心目中的文化概念究竟是什么含义?又如何能够融合到国际关系领域中来?鉴于文化一词也许是人类辞典上定义最为纷繁复杂的一个词汇,要准确理解约瑟夫·奈的见解,就只能到他本人的著作中去寻找。

二、约瑟夫·奈对文化观念的理解

一般来讲,对文化的研究集中于两个方面,一是从文化层面研究人性问题,因为文化既然是人类的创造物,所以人的本质同时也就是他的文化存在,这正是文化人类学或社会人类学致力于探讨的问题。二是探讨文化对人生价值和意义的深层次影响问题,即是我们常说的人生价值哲学,因为人不仅要衣食无忧地活着,还要证明自己为什么值得活着,正像两千多年前苏格拉底的那句名言:"未经省察的人生没有价值。"

翻阅约瑟夫·奈的主要著述,可以说,他提及文化的地方不

---

[1] 〔美〕布热津斯基:《大棋局》,上海人民出版社1998年版,第49页。

少,但上述两方面从未论述过。不仅如此,你还会发现两个特点:一是约瑟夫·奈几乎从未正面阐释过自己的文化定义或文化理念,而是一语掠过。二是文化观照素来有宏观、中观、微观层面之分,约瑟夫·奈在使用文化这一概念时,其含义时宽时窄,游移不定,让人很难准确把握。

首先,约瑟夫·奈认为:"文化是为社会创造意义的一系列价值观和实践的总和。"①这是对文化宏观层面的理解。广义的文化概念与自然界相对,凡属人类的活动都可以视为文化的,也就是人们平常说的"文化即人化"。文化正是以符号创造意义的独特功能,将动物变成人,将本能反应变为能动实践,将价值观赋予特定群体,最终构成了多样化的社会生活形态。

其次,约瑟夫·奈断言:"简言之,一个国家的文化具有全球性,它具有建立一套良好的规则和机制以约束国际行为的能力,是其力量的重要源泉。"②这可以视为中观层面的理解。它主要侧重于精神层面的创造,如思想信仰、意识形态等,通常也将物化了的生活方式、社会制度等包括在内,所以有时常以精神文化来统称。

再次,约瑟夫·奈又说:"深受自由主义和平均主义思潮影响的美国大众文化主导着当今世界的电影、电视和电子传播……一般而言,信息和美国大众文化的传播增进了美国观念和价值观在全球的认知和开放。"③这就是对文化微观层面的理解了,专指美国

---

① 〔美〕约瑟夫·奈:《软力量——世界政坛成功之道》,东方出版社2005年版,第11页。
② 〔美〕约瑟夫·奈:《美国霸权的困惑》,世界知识出版社2002年版,第11页。
③ 〔美〕罗伯特·基欧汉、约瑟夫·奈:《权力与相互依赖(第三版)》,北京大学出版社2002年版,第264页。

大众文化,而狭义的文化概念一般正是特指文学艺术等文化产品。

本来,以文化概念的形成时间之长、适用范围之广、定义阐释之多,学者们在不同的意义上使用文化一词是完全可以理解的,英国学者雷蒙·威廉斯即指出文化这个词"就是词义的变化与重叠才显得格外有意义,这种复杂的意涵,说明了复杂的关系"①。也就是说,文化的概念自身经历了长期繁复的演化,当然需要涵盖多方面的历史内容。所以,在将文化引入国际关系研究领域时,我们也不应强求其含义的单一性、精确性,倒是应当关注这一应用是否又为文化一词衍生出新的含义和用法。

不过,我们也有理由要求研究者在把握文化概念时显示出自己的观照角度。角度总是与问题相连的,而问题又总是自己的问题,亦即研究者终日萦绕于心的特定研究对象,这会决定他主要是在何种意义上来理解和使用文化一词的。

那么对软实力说而言,其观照点应当是基于如何以自己的文化更好地吸引别人,发挥同化作用。显然,宏观层面的文化观照在这里不适用,微观层面的文化观照不够用,最切近的应是中观层面的文化观照与理解——即对不同国家的文化竞争而言,最能显示其文化实力的,是一个社会的思想信仰、价值观念、生活方式、社会体制、教育程度、科技水平等综合性的精神文化力量。

但坦率地说,即使按这样的理解,约瑟夫·奈著述中对文化的理解也时有矛盾之处,又未做应有的说明。特别是在论及文化与价值观的关系时,他似乎显得有些随意,请看下面两段引文:

---

① 〔英〕雷蒙·威廉斯:《关键词——文化与社会的词汇》,三联书店2005年版,第107页。

第四章 软实力说核心概念辨析

当一个国家的文化涵括普世价值观,其政策亦推行他国认同的价值观和利益,那么由于建立了吸引力和责任感相联的关系,该国如愿以偿的可能性就得以增强。狭隘的价值观和民粹文化就没那么容易产生软力量。美国受益于其普世性的文化。①

软实力很多产生于我们的价值观。这些价值观通过我们的文化、我们在国内所实行的政策以及我们处理国际问题的方式表现出来。②

以上两段概述,前一段中,文化显然是涵盖价值观的。而在后一段中,文化反过来又成了体现价值观的工具。当然,约瑟夫·奈也曾间接解释过,为什么他在运用诸如"相互依存""民族主义""帝国主义""全球化"等政治词汇时经常含混不清,因为"政治家和分析家使用政治词汇的动机不一样。政治家希望自己的追随者越多越好,所以他们倾向于使用模糊语言,并且极力造成一种体现大家共同利益的印象"。③

但无论如何,理论框架的明晰性在任何学术研究领域中都是必要的。而且,要搞清文化与价值观在约瑟夫·奈心目中究竟是怎样一种关系,不仅是源于理论的兴趣,更是因为它关系到软实力说内在结构的严整性。既然这是研究者的核心概念,他就应当心中有数,有所阐释,并能够规范地运用相关概念来探讨问题。这就

---

① 〔美〕约瑟夫·奈:《软力量——世界政坛成功之道》,东方出版社2005年版,第11页。
② 〔美〕约瑟夫·奈:《美国霸权的困惑》,世界知识出版社2002年版,第10页。
③ 〔美〕约瑟夫·奈:《理解国际冲突:理论与历史(第五版)》,上海人民出版社2005年版,第236页。

像盖房子,同样的材料,我们不能一会儿说它是房梁,一会儿说它是椽子,它到底要当什么用呢?设计图纸上又是怎样规划的呢?

事实上,约瑟夫·奈语焉不详,至少从他的著述中提炼不出相对完整、明晰、系统的文化理念。他只是反复强调:"如果一个国家的文化具有吸引力,其他国家就会自愿地接受认同其价值观和选择。"事实上,他所说的文化,在很多时候并不是指文化学中那个抽象、复杂的文化,而是具体指美国文化,甚至可以说,当约瑟夫·奈断定"美国文化也是一种无须投入过多并且相当有价值的软力量资源"时①,他的脑海里在很大程度上想的就是美国大众通俗文化及其在世界上的广泛流行。从这个意义上说,约瑟夫·奈虽然前所未有地将文化引进国际关系领域,并将其与实力概念相连,但却没有能力进一步深入下去。他所说的文化更多是国际关系学者眼中常见的那个文化,是一种在实力较量中可以实实在在借重的力量,而不是引向深远哲思的对象。所以,在约瑟夫·奈的软实力说中,文化既像炫目的矿藏,又极少有迸发理想光耀的机会。

三、约瑟夫·奈对意识形态概念的理解

实际上,约瑟夫·奈对文化一词的实际把握和使用似乎还要小于通常的中观层面的理解。他更多的时候是喜欢将文化与意识形态这两个概念剥离出来,相提并论,而不是让前者涵盖后者。

按照通常的理解,意识形态一词应当是指某个社会集团进行政治斗争所依据的较为完整的思想信仰体系,在国际政治中大致

---

① 〔美〕约瑟夫·奈:《美国定能领导世界吗》,军事译文出版社1992年版,第92、160页。

包括对制定外交政策目标起主导作用的特定价值观和生活方式。1999年《美国外交政策百科全书（第二版）》也是以这样的中性理解来定义的："意识形态是一个人们所共有的信仰系统，它既可以是行为的动因，也可以被用来为行为辩护。它一般表明正式的价值，并包括构成原因的信仰。它解释事情如何发生，它意味着什么。"①

实际上，在美国的政治语汇中，意识形态一词的名声并不太好，因为它含有赤裸裸地为权力斗争服务的意思，特别是过去德国法西斯政权的意识形态化令人厌恶，后来冷战时期这个词又常被贬义地用在所谓铁幕后面的社会主义阵营对手身上。汉斯·摩根索就把意识形态这个词视为某种政治口号或思想伪装的同义语，因为他发现，无论国内国外的政治斗争，往往都是用某种堂皇的意识形态语言来掩盖权力之争的实质。况且美国历来坚持将自己的价值观、生活方式、外交政策和抽象的道义准则包装成普世价值向世界推销，所以也不大愿意承认某种特殊的意识形态对其外交活动及目标的重要指导作用。

那么为什么恰恰是意识形态这个词被从文化概念中剥离出来，成为约瑟夫·奈软实力说的另一个要素呢？简而言之，它涉及国家利益。对于锱铢必较的国际政治领域来说，文化毕竟是一个新词，意义过于宽泛、缥缈，人文色彩较强。所以，通过把文化、意识形态这两个词分开，就更能让意识形态这个词方便而准确地负载政治文化的特定内涵，同时也淡化文化所特有的人文色彩，凸显其工具特性。

---

① 周琪主编：《意识形态与美国外交》，上海人民出版社2006年版，第6页。

不管怎样,作为政治学者的约瑟夫·奈,他对意识形态概念的运用显然要比文化一词更得心应手,理解也更明确,即意识形态基本上就等同于价值观、生活方式,有时也体现为社会制度背后起支撑作用的无形力量,总之仍是在传统国际关系学框架内沿用的,具有鲜明的政治色彩,正如约瑟夫·奈直言的:"价值观乃是一种无形的国家利益。"①而美国人理解的国家利益,按照《美国政治词典》的说法就是:"一国安全与福祉的概念,用于制定外交政策。外交政策的国家利益视角要求'现实主义地'处理国际问题,作为权力使用的基础而与道德原则和价值区分开来。"②显然,用文化一词来标识国家利益太过泛泛,不好捉摸,而用意识形态或价值观一词来涵盖就很恰切。这也说明,对于国际关系学领域来说,文化确是一个很少使用、未经浸润的新词,若按一般的意义来使用,就往往有无所适从之感。

另外,意识形态虽然容易被等同于思想教条,但在约瑟夫·奈的理解中显然要宽泛些。从实际运用来看,意识形态这个词有时涵盖价值观,有时又有所区分,两个词共同对社会生活发挥影响,却各有侧重。意识形态更偏重于政治信仰方面,价值观则相对强调社会人生方面。这种相互交织、较为宽泛的思想意识既渗透和支配着日常生活,成为常识性观念,又会上升为某种学术观念,吸引学界来探讨,最终可以凝结为占统治地位的思想观念和法律条文。国际社会也是一样,特定的意识形态,也能够具有影响制定国际规则和主导国际机构的能力。这正是约瑟夫·奈所期望的:"美

---

① 〔美〕约瑟夫·奈:《美国霸权的困惑》,世界知识出版社2002年版,第149页。
② 倪世雄、王义桅主编:《中美国家利益比较》,时事出版社2004年版,代序第3页。

国在国际体系中比其他国家具有更强的同化能力,国际货币基金组织和关税及贸易总协定等管理国际经济的机构,就包含有自由化的自由市场原则,这些原则相当符合美国的意识形态和社会。"①这里显然包含了意识形态与价值观交织的双重含义。

通过对意识形态一词的梳理,不难看出,约瑟夫·奈所强调的"软力量依赖于一些共同的价值观"②,既不应做过于理想主义的理解,也不用把它神秘化。软实力说其实强调的就是一个事半功倍的道理:假如美国人的价值观同时也能够成为其他国家人们所认同的价值观,自然会产生某种同化性力量。它进而可以帮助美国继续主导世界,退而也可以更好地保护自己,这当然符合美国的根本国家利益。

当然,这需要自信,而约瑟夫·奈有这种自信。奇怪的是,即使美国历史上外交政策频频失败、政府表现低能,譬如美国的单边政策、双重标准等霸权主义的思维方式和行为方式历来为人诟病,约瑟夫·奈也承认:"在批评者眼里,美国外交政策声名狼藉,不值得依赖,美国反复无常,常常带有意识形态色彩的行为往往使得盟国困惑,不知所措,美国好像无法避免这一点似的。"③但约瑟夫·奈对于美国软实力的信心不减反增,这是为什么呢?因为他认为这些都不是美国的致命缺陷,美国的政府可以换来换去,美国的外交政策可以变来变去,但美国的社会繁荣与开放却一如既往,始终强

---

① 〔美〕约瑟夫·奈:《美国定能领导世界吗》,军事译文出版社1992年版,第158页。
② 〔美〕约瑟夫·奈:《软力量——世界政坛成功之道》,东方出版社2005年版,第121页。
③ 〔美〕罗伯特·基欧汉、约瑟夫·奈:《权力与相互依赖(第三版)》,北京大学出版社2002年版,第359页。

劲,像灯塔一样照耀,即使风高浪急也会引得别人不辞劳苦,纷纷前来。所以,约瑟夫·奈借用一位欧洲学者的话说,"确实,全世界千百万人都希望在美国生活"①,并进而呼吁保持这种"感召力",因为这里体现了美国社会价值观的真正魅力。这正是约瑟夫·奈自信的基石,所以他才会泰然强调:"在国际政治中,一个国家达到了它想达到的目的,可能是因为别的国家想追随它,崇尚它的价值观,学习它的榜样,渴望达到它所达到的繁荣和开放程度。"②

从这层意思上说,美国意识形态的自信实际上是植根于对其生活方式的自信中,因而既具有政治含义,也深具文化色彩。到目前为止,世界上也只有美国人能够用这样的口吻来谈论软实力,这是他们希望独享的软实力,既不但要保持对别人的吸引力,还奢望最彻底的精神认同。

四、穿越时代局限的思想命题

越是研读约瑟夫·奈的著述,越是感到惊讶,对于以权力限定国家利益、以国家利益确定外交政策目标的主流国际关系理论来说,约瑟夫·奈事实上也并未越过雷池一步。比如他对国家实力的基本理解是传统的:"力量是什么,简单地说,力量就是有能力实现你所需要的结果,并且如果有必要,令其他人改变态度以达到目的。"由此得出的定义也是传统的:"力量就是在人口领土、自然资

---

① 〔美〕约瑟夫·奈:《美国定能领导世界吗》,军事译文出版社1992年版,第161页。
② 〔美〕约瑟夫·奈:《美国霸权的困惑》,世界知识出版社2002年版,第9页。

源、经济实力、军事力量和政治稳定方面占有优势。"①事实上,对于软实力的解读,约瑟夫·奈当初并没有多少理想主义成分,他从一开始就申明了软实力建设要"有利于自己"这一首要原则和宗旨②,这也正是国际关系学者最不可撼动的着眼点。总之,他在国家利益等根本性问题上的看法仍然传统。

至于约瑟夫·奈为其软实力说所引入的文化概念,他曾经含糊地表示过:"在评价力量的文化来源时总会有出现偏见的危险。"③但坦率地说,约瑟夫·奈甚至还够不上产生真正值得研讨的文化偏见,因为他就文化发表的意见与其说是过于深奥,不如说过于零碎。与他对国际关系学概念术语的熟练运用相比,他对文化一词的使用显然是比较随意的、肤浅的,没有做过什么科学的界定,对于文化本体论方面的探讨更是付之阙如。当然,你可以说他只是国际关系学者而非文化研究学者,但就学术研究而言,一位学者反复强调的核心概念,通常总是他萦绕于心、深刻理解并感到有必要拿出来与他人分享或探讨的东西。这就引发了另一个问题,为什么一位对文化并没有多少研究素养的国际关系学者,却能创造性地把文化与实力相连并相提并论呢?这背后的原因是什么呢?

也许可以说,无论今天的反响如何,当1990年约瑟夫·奈提出软实力说的时候,他并非有独树一帜的意思,而只是源于学术圈内的一次论争,论争的焦点是:美国究竟在走向衰落还是仍然

---

① 〔美〕约瑟夫·奈:《美国霸权的困惑》,世界知识出版社2002年版,第5页。
② 〔美〕约瑟夫·奈:《美国定能领导世界吗》,军事译文出版社1992年版,第26页。
③ 同上书,第160页。

强盛?

  争论的一方是保罗·肯尼迪,他于1987年出版的《大国的兴衰》曾引起轰动,因为他借鉴历史上各个强国的兴衰史,认为美国也难逃这样的宿命。但约瑟夫·奈不同意他的观点,认为这本书只注重了总结大国扩张的历史教训,却没有洞察到国家实力构成的新变化。他强调政治性质的变化已经使无形的力量资源变得更加重要,"民族凝聚力、文化的全球性普及以及国际机构正在被赋予更深一层的意义"①。而美国正是在这些方面也占有优势,因而美国的运势并没有衰落,还将主导世界。

  约瑟夫·奈的这个见解要是早几年发表,堪称先见之明。因为保罗·肯尼迪写作《大国的兴衰》时,他面对的是20世纪70年代越南战争失败以后,美国社会内外交困的现实和普遍焦虑的心理。而就在这本书出版以后,形势突变:1988年苏联深陷阿富汗战争泥潭被迫撤军,1989年柏林墙倒塌,东欧剧变,苏联急剧由衰落走向解体,而美国却挟信息革命的声势东山再起。也就是说,约瑟夫·奈的软实力说与保罗·肯尼迪的美国衰落论虽然相隔仅仅数年,却划开了两个时代,面对着截然不同的国际背景。

  对于国际关系学研究来说,时间可谓是最神奇的变数,造化是无常的,变化是永恒的,能够准确预知未来天下大势当然是伟大的,但又通常是不可能的。特别对于国际关系学者而言,事关各自国家的命运,他们的研究风格注定是务实的、审慎的,需要面对一个又一个事件和危机,仔细分析前因后果,及时提出合理对策。即使有所前瞻,通常也是同一时代背景下的运思。也就是说,如同撑

---

  ① 〔美〕约瑟夫·奈:《美国定能领导世界吗》,军事译文出版社1992年版,第161页。

船绕过一个个急流险滩,势必关注眼前胜过长远,因而其逻辑推理往往只延伸到目力所及的地平线。它保证了行动的理性,当然也限制了遐思,这可能造成短视,但也许是必要的明智。

事实上,即使1990年世界大剧变的迹象已经如此明显,约瑟夫·奈的判断也仍然谨慎。他在《美国定能领导世界吗》一书中,并未预言苏联的解体,只是说"由于其经济、技术、政治和意识形态方面存在的问题,苏联对美国的领先地位而言,已不是一个崛起的挑战者"。并指出:"在本世纪中叶那种似乎对美国力量形成巨大威胁的共产主义思想,到本世纪末,看来已变成美国的对手们的一块绊脚石。"最后他含糊地断定:"美苏关系中的意识形态斗争大部分已经偃旗息鼓,苏联也正变成'一个一般的大国',从这一意义上讲冷战可能会结束。"①

实际上,随着冷战突然结束,主流国际关系理论及学者面临着最尴尬的局面——为什么各种研究专著浩如烟海,却几乎没有人预知到美苏冷战会以和平的方式悄然结束?正像建构主义学者彼得·J.卡赞斯坦所质疑的:明明80年代中期以来世界政治变化巨大,深刻改变了国际安全环境,但为什么"无论是主流理论还是批评理论,都不能帮助我们完整地理解一个看似平静的变革"?"更重要的是,国际关系专家们,无论其理论倾向如何,都不能准确地解释这些变革的后果。"②这当然是令人惊讶和尴尬的。

因而,约瑟夫·奈的软实力说也可以说是对上述质疑的某种

---

① 〔美〕约瑟夫·奈:《美国定能领导世界吗》,军事译文出版社1992年版,第108、115、198页。

② 〔美〕彼得·J.卡赞斯坦:《文化规范与国家安全》,新华出版社2002年版,中文版序言第3—4页。

回应。他一方面仍然对国家实力持传统的理解,一方面又加进些新的东西,即实力构成不仅包括有形的硬实力,也包括无形的软实力。这样一来,既可以沿用主流国际关系理论,仍然将冷战的胜利归结为东西方两大阵营实力较量的结果,又可以自圆其说地解释为何未费一枪一弹,因为攻心为上的软实力部分发挥了巨大作用。

由此可见,约瑟夫·奈的软实力说显然是在美国的力量和地位接近巅峰时刻产生的,它是应运而生的产物而非高屋建瓴的前瞻,它本意是对现有国际关系理论的某种丰富和补充,而非另起炉灶式的革命性突破。即使当约瑟夫·奈谈及普世价值时,着眼点也还是美国利益:"当理想变成一种重要的力量资源时,现实主义与自由主义之间的传统差别变得不明显了。若把注意力仅仅集中在硬力量资源方面,现实主义者就将丢失跨国思想的力量。"①

这让人们想到,开风气之先,不一定要在书房里先研究透彻,甚至不一定意识到自己在做什么。正像一位英国学者所著《文化研究导论》一书中所指出的:"任何一个政治变动的时期也将不可避免地是一个文化变动的时代。"②只要眼光敏锐,顺时而动而又机缘凑合,便皆有可能。约瑟夫·奈本想走进另一个房间,却无意中为人们打开了新的洞天。

奇怪的是,约瑟夫·奈的软实力说在主流学术圈子里一直处于边缘状态,美国权威的大学教科书《争论中的国际关系理论》即使在2001年的第五版中,也只是介绍了约瑟夫·奈与基欧汉的

---

① 〔美〕约瑟夫·奈:《美国定能领导世界吗》,军事译文出版社1992年版,第161页。
② 〔英〕阿雷恩·鲍尔德温等:《文化研究导论》,高等教育出版社2004年版,第241页。

"相互依赖理论",对软实力说只字未提。但在国际社会中,软实力的概念却越来越成为一个流行关键词,大有墙里开花墙外红之势,形成了鲜明的对照。

　　当一个思想命题穿越了特定时代而仍然不断被人提起,也许就说明它蕴含着某种内在的生命力。而一个好的思想命题,有时不一定在于它的革命性和颠覆性,而在于它的包容性和衍生性。即能够提供一个开放性的思想框架,启发人们新的思考,不断增添进新的东西,甚至是连倡导者自己也从来没有想过的内容或变异,通过这样的不断生长,最终把对具体问题的探讨上升为思想智慧。

　　因而可以说,约瑟夫·奈的软实力说尽管有这样那样的局限性,但当它引进了文化概念,就如同搭建了一个适于交流的思想平台。在这平台之上,人们既会各说各话,又会有所交流和融通。而随着论题的深入,它就很难再被某一特定研究领域或学术话语所限制,因为文化探讨的力量正在于其无限的开放性和理想主义的本质,它总是既植根于现实,又不放弃对未来的憧憬。所以,即使在极为现实的国际关系领域,人们最终关心的问题和得出的结论,也许远远超出了倡导者的初衷,却又像是题中应有之意。

第五章 "吸引"与"追随"

倾心吸引而意在追随,这正是约瑟夫·奈软实力说的主要目的和创新之处。因为他的理论中有一个出现频率很高的词"吸引",这在以往的国际关系学著作中是少见的,主流学界更愿意使用"影响"这个词来与"权力"概念直接相连。而按照美国权威教科书的理解:"权力是一个行为体根据其意愿来影响另一个行为体去做或不去做某事的能力。施加影响的行为体之所以能这样做,是因为该行为体拥有一定实力。"①

也就是说,所谓"影响"就是:有多大的力量就有多大的意愿,也才能体现多大的意志。这在国际关系交往中历来如此,没有什么好客气的。然而,约瑟夫·奈现在强调:"软实力是一种通过让他人做自己想做的事情而获得预期结果的能力,这是一种通过吸引而非强迫获得预期目标的能力。"②这就不仅是一种新的企望,也等于是给美国传统强权政治的做法出了难题。因为依靠实力地位

---

① 〔美〕詹姆斯·多尔蒂、小罗伯特·普法尔兹格拉夫:《争论中的国际关系理论(第五版)》,世界知识出版社2003年版,第23页。

② 〔美〕罗伯特·基欧汉、约瑟夫·奈:《权力与相互依赖(第三版)》,北京大学出版社2002年版,第263页。

对别国发号施令不难,威胁使用武力不难,甚至杀将过去占领对方国土也不难,难的是叫人服膺而不是服软。

鉴于国际关系史基本上就是一部弱肉强食的历史,那么约瑟夫·奈的软实力说如何才能够既确保美国在世界上的霸权地位,又能够叫这种霸权地位被人心甘情愿地接受呢?如果能够奏效,它究竟是由于精神力量的感召,还是仍然属于策略性运用的结果呢?这的确是一个有待探讨的问题。

一、"吸引"一词的文化与政治解读

至少在汉语的理解里,吸引这个词给人以很高的期待,又和"权力"概念毫无关联。它通常包含了两方面的含意:一是作为吸引主体的某种潜质,吸引力是自身具有的,自然而然的。二是吸引魅力的显现也总是有意无意的,而非刻意而为的。它有些像花草的香气、玉石的光芒,既不是出自什么特殊目的,也没有特定的吸引对象。

最理想的吸引也许来自两千年前的中国著名古诗《陌上桑》中。诗中借描写路上行人的种种反应来形容一位名叫罗敷的少女的惊人美丽。"行者见罗敷,下担捋髭须。少年见罗敷,脱帽著帩头。耕者忘其犁,锄者忘其锄。来归相怨怒,但坐观罗敷。"这堪称最完美的吸引,吸引者本人浑然不觉,被吸引者也情不自禁,双方均无所图谋,事先亦未曾预料,但吸引的魔力突然间发生,电光石火般令人神魂颠倒,却又是出自然的造化。

显然,约瑟夫·奈心目中的"吸引"不会这么纯粹和诗意。在文学艺术当中,写一首诗、作一幅画可以是自娱自乐,并没有什么功利目的,至多只能找到弗洛伊德式的潜在动机。因而有人捧场也好,无人追随也好,"桃李不言,下自成蹊"式的美感都是存在的,且是自足的。但在政治领域中,一切力量的发挥都有其明确的作用指向,没有特定的目标便不可能有所谓政治行为的存在;而不产生什么影响力的政治行为,既然达不到预定目标,也就无从彰显权力,这是其最显著的特征。约瑟夫·奈的软实力说,恰恰着眼于"一种通过吸引而非强迫获得预期目标的能力",渴望别人的"追随",既有特定的目的,也有明确的吸引对象,本质上属于政治学范畴,因而与影响力的含意相近。而正是目标与权力及影响力之间的这种紧密关系,令一些学者这样断言:"我们给国际政治下的定义是:一个国家或国际行为体以某种方式对另一国家或另一国际行为体施加影响的努力。"①可见,政治的作用总是为了某种实际目的而利用自身实力去试图影响别人的意愿和行动,这也正是政治行为与文化行为的最根本区别。

　　从这层意义上说,我们如果把约瑟夫·奈强调的"吸引"看做是"影响"的某种近义词似乎也无不可。软实力的发挥毕竟是有其作用目标的,即便倡导兼顾他国利益也首先是以美国利益为出发点的,这一点不会有多大歧义。所以,正像中国学者苏长和直截了当指出的:"就产生影响的手段而言,软实力是让别人在价值观念上尊崇你,行为上模仿你,通过潜移默化的方式让别人在无形中服从你。软实力意味着你可以通过制造情势,巧妙地将自己独特的东西变成更多人接受的比较普遍的东西。"他认为这就像公司推销产品一样,先要培育市场,逐步形成消费者对产品的依赖,才会有

---

　　① 〔美〕詹姆斯·多尔蒂、小罗伯特·普法尔兹格拉夫:《争论中的国际关系理论(第五版)》,世界知识出版社 2003 年版,第 23 页。

好的销路。所以,这位中国学者明确反对把这种推销式的软功夫过于理想化,以免对软实力的理解"沦为一个大而无当、空洞无实的概念"[①]。

  政治学层面的解读当然要比用文化原因解释来的实在,甚至也更切合约瑟夫·奈的原意。"吸引"一词在软实力说中的确没有多少人文理想色彩,或许只是为了强调其柔性特征,但当它进入语言交际环境后,却又只能按约定俗成的意义理解和使用。一个挥之不去的疑问是:约瑟夫·奈所说的"吸引",毕竟不是诱导,不是欺骗,也不是传统胡萝卜加大棒政策中那点晃来晃去的实际利益。那么它究竟是什么呢? 政治本质上是做交易,再大的实力筹码,也会满足于有限的政治目标。但是当约瑟夫·奈的软实力说明确表示"它依靠的是吸引力资本而非武力或交易"[②],甚至诗意地期待通过同化的作用来让别人"心甘情愿"地追随自己的时候,这种广大无边的追求就已经不仅是政治的企望,也是文化的企望了。事实上,"同化"一词正是文化学、社会学常用的概念,而非政治性词汇。那么,当文化因素进入国际关系学领域,它必然会以自己的特性,给这一充满意图预设和实力对抗的人为博弈之所,带来某些散漫无际而又意义深远的东西。这就不仅仅是用政治学逻辑能解释的了,甚至也已经超出了约瑟夫·奈的原意。

 [①] 苏长和:《国际制度与中国软实力》,载门洪华主编:《中国:软实力方略》,浙江人民出版社 2007 年版,第 113—115 页。
 [②] 〔美〕约瑟夫·奈:《软力量——世界政坛成功之道》,东方出版社 2005 年版,第 61 页。

二、吸引不是宣传

吸引当然是对人心的吸引,但它不应等同于"攻心为上"的古老策略。尽管2500年前,中国的《孙子兵法》已经达到了"不战而屈人之兵者,善之善者也"的认识高度,但那不是"以德服人"的吸引,而是期望事半功倍地控制对方,它重在驭人,而非克己,并不是要把自己变成某种值得仿效的典范。所以,对于人心的征服——这个被汉斯·摩根索称之为"最微妙又最重要的任务",古今中外的统治者从来没有真正完成过。因为不管以往的手段多么柔和,看重的还是控制的效果而非精神的感召,因而不可能对心灵产生真正的吸引力。

到了20世纪初,大工业时代的大众传播手段空前发达,使得针对千百万人的大规模宣传有了可能,正如约瑟夫·奈所回顾的:"20世纪30年代,希特勒和斯大林都曾有效地利用过宣传手段。"①但这仍然是手段的运用,而非精神的吸引。令人意外的是,20世纪现代科技水平的突飞猛进,不仅没有如19世纪乐观情绪所预言的那样促进道德水平的进化,反而催生了历史上最厚颜无耻的欺骗和胁迫。集大成者是希特勒,他在早年所著的《我的奋斗》一书中便明确把宣传视为"利剑",视为"达到目的的一种手段",声称"假如最残酷的武器能够得到最快的胜利,则这些最残酷的武器也就是最人道的"②。在为1934年纳粹党代会拍摄的宣传片《意志

---

① 〔美〕罗伯特·基欧汉、约瑟夫·奈:《权力与相互依赖(第三版)》,北京大学2002年版,第267页。

② 〔德〕希特勒:《我的奋斗》,黎明书局1934年版,第97页。

的胜利》中,"谎言重复一千遍就是真理"的纳粹宣传理念得到最毛骨悚然的体现。全片两小时,竟然没有一个表现个人日常生活的镜头,全部是旗帜、制服、党徽、趾高气扬的行进、万众欢呼的场面,充满了欺骗和恫吓。但又如同《世界纪录电影史》所说,这部片子从某种意义上也没有说谎,因为"没有任何一部影片把希特勒恶魔般的本质和把人类的自制心丧失殆尽的情况反映得如此淋漓尽致"①。所以,许多反纳粹题材影片都会到这部片子里来找素材。

相比之下,英美国家的宣传策略更重视广告式的循循善诱,而不是瞒天过海式的欺骗。不过,这与其说是英美国家的宣传策略高明,不如说和比较完备的市场经济及民主体制有关。在政治生活中,国民也如同市场上的顾客一样需要劝导,所以政治家们要像叫卖商品那样上台宣传自己的政治主张,接受人们的质疑,因此在宣传风格上经常采用说服的口吻,注重培育信任感。而市场经济最关键的资源是信誉。正是希特勒本人最早注意到这一点,指出英美国家的战争宣传有更大的可信度,因为英国人不像德国人那样直接鼓动战斗激情,而是刻意渲染战争苦难。当英美士兵投入战争,发现果真如此,就会相信他们的政府说的是真话,而不像德国人的宣传那样反而叫士兵失望。② 事实上,早在第一次世界大战期间,美国第一个官方宣传机构克里尔委员会就制定了旨在保持公众信任度的新闻审查方针,认为政府应当争取主动对战争定性、表述,开放信息,同时创建一套"爱国的"新闻出版伦理规则作为基本底线,让媒体自行约束。该委员会致力于以信息的透明消灭流

---

① 〔美〕埃里克·巴尔诺:《世界纪录电影史》,中国电影出版社1992年版,第101页。
② 〔德〕希特勒:《我的奋斗》,黎明书局1934年版,第99页。

言,以开放的态度获取信任,结果,在"一年六千多次的新闻发布中,只有三次被质疑"①。

但即使如此,传统的宣传从本质上看仍然是赤裸裸的控制而非其他。特别是在国际关系领域,对外宣传总体上属于"兵不厌诈"性质,只要能够瓦解敌方斗志,动摇军心,那么无论是夸大还是贬损,无论是造谣还是欺骗,都被允许,都可能使用,并没有什么道德负担。冷战时期的美国对外宣传,除了令人反感的优越感和说教性以外,更在于其曲折、隐蔽的战略目的。弗朗西斯·桑德斯在其所著的《文化冷战与中央情报局》一书中便声称,美国人心目中的宣传活动就等于某种"心理战",其含义是一个国家有计划地利用包括交流、沟通等各种手段,以求影响外国群体的观点、感情和行为,而其目的只有一个,"就是有助于国家达到既定的目标"。

总之,国家利益是至上的,为此目的可以不择手段,这正是以往国际政治理念的基石。即便像英美国家那样比较重视宣传的信任度,也是着眼于控制公众心理的有效性,并非有多少精神道德层面的高尚考虑。因而当第一次世界大战结束后,曾经成功地掀起过民众战争狂热的美国克里尔委员会,很快便遭到人们的普遍质疑。所以,传统的宣传策略往往给人带来阴险、非道德感的印象,根本谈不上有什么能够令人心向往之的地方。

三、吸引不是操纵

"吸引"不容易和"宣传"相混淆,因为它不同于赤裸裸的欺骗

---

① 国际关系学院国际公共关系研究所:《P. R. View》,2009 年第 3 期,第 15 页。

第五章 "吸引"与"追随"

和控制,需要精神上的某种应合。但奇怪的是,"吸引"却容易和另一个更邪恶的词"操纵"搅在一起,不易分清,特别是当约瑟夫·奈的软实力说总是把"吸引"与"追随"连在一起的时候。

即使我们相信约瑟夫·奈的诚意,他所说的"吸引"的确不是诱导,不是操控,而是一种比较光明正大的新的影响方式。但是,他拿什么来向我们说明,他所说的"左右他人的意愿""塑造他者偏好"的政治行为,的确不同于传统的操纵手法呢?毕竟,软实力说的所有用语,不管是"吸引"还是"影响",不管是"左右"还是"塑造",在一个根本点上是一致的,即都有所图,都想"对他人施加吸引力"或"影响别人选择的能力",从而让事情的结局按照有利于自己的意愿发展。有目的就有动机,就有行动,因而也就有控制的必要。约瑟夫·奈其实也承认这一点:"如果我能让你想做我想做的事情,那么,我就无需强迫你去做你不想做的事了。"[①]这话实际上不仅涉及控制,甚至让人觉得有操纵之嫌了。

操纵也是控制的一种,但从性质上说或许是更邪恶的一种。你以为自己的决定是出自自由意志,经过了深思熟虑的选择,但实际上仍然是被人暗中"左右"或"影响"的结果。正像丹尼斯·朗在《权力论》一书中所说的,"成功的操纵甚至可以'激起''自由选择'的感觉,从而激发热情和首创性"。自己已经成为了别人的提线木偶,却不自知,还自我感觉良好。这正是操纵最邪恶、最令人厌恶,同时也是与"吸引"的作用最难分清的地方。所以丹尼斯·朗形容"操纵"有着"魔鬼般的狡猾",因为"权力对象不知道掌权者意图,有时甚至不知道他的存在,所以不能公开予以拒绝。

[①] 〔美〕约瑟夫·奈:《美国霸权的困惑》,世界知识出版社 2002 年版,第 10 页。

没有明显的命令要他服从,没有可识别的敌手为维护自由而与之斗争"。也就是说,受害者不知道加害者的意图,甚至不知道有加害者存在,也就无从防范。"因此操纵似乎成为一切权力形式中最无人性的形式,甚至比使用武力更无人性,因为武力的受害者至少知道自己成为他人或被否定基本需要的目标。"①正是作为对付敌人的一种重要武器,美国中央情报局历来非常重视操纵手法的运用,认为"最有效的宣传"就是"宣传对象按照你所制定的方向走,而他却以为这个方向是他自己选定的"②。不过,操纵是如此邪恶,以至于它如同一把双刃剑,一旦被人识破,整个计谋便会一败涂地,臭名远扬。

从某种意义上说,为促进自己的权力而施行的一切控制手段或多或少都有操纵之嫌,这是政治的本质所致。掌权者为了掌控局面,极少会和盘亮出自己的真实意图。而保持信息的不对称,正是操纵和控制的前提,也是隐瞒与欺骗的基础。所以,正像法律案件中骗人钱财挥霍一空的骗子,即使写了借据也是诈骗,因为他隐瞒了真实的身份和用途。也正是在信息不对称的意义上,尼尔·波兹曼在其很有影响的《娱乐至死》一书中,甚至将电视时代制造出的"假信息"与情报机关炮制的"假情报"相提并论。因为对于电视观众而言,这些"假信息并不意味着错误的信息,而是意味着使人产生误解的信息——这些信息让人产生错觉,以为自己知道了很多事实,其实却离事实的真相越来越远"。尼尔·波兹曼声称他并不是指责电视新闻在故意蒙蔽观众,而是说"当新闻被包装成一种

---

① 〔美〕丹尼斯·朗:《权力论》,中国社会科学出版社2001年版,第34页—35页。
② 〔英〕弗朗西斯·桑德斯:《文化冷战与中央情报局》,国际文化出版公司2002年版,第5页。

娱乐形式时,它就不可避免地起到了蒙蔽作用"①。表面上显得平等,实际上还是诱导,关键在于信息不对称所产生的误导,这正是切中了操纵的本质。

不过,约瑟夫·奈断然否认他的软实力说有操纵别人的意思,直截了当地回答:"没有任何国家喜欢被操纵,即使被软力量操纵也不行。"②他专门讨论过信任与声誉的宝贵价值,指出可信度已经成了稀有资源,宣传色彩浓厚的信息反而可能损害国家的声誉,适得其反。他举例说,英国BBC即便在"谎言遍布"的冷战时期也在东欧享有声誉,今天才可能成为软实力遗产。③ 所以,约瑟夫·奈对别国诟病美国奉行双重价值标准的问题感到不安,指出,"让人一眼就能识破的伪善对于建立在信誓旦旦的价值观基础上的力量来说特别具有腐蚀性。那些因蔑视虚伪而蔑视我们的人不大可能帮助我们实现政策目标"④,最终还会削弱美国的软实力。

约瑟夫·奈的确认为对于他国的吸引力应当尽可能地提高到精神和文化的层面上来,而不是蓄意操纵和控制。他有一个别致的比喻,说今天各国的实力较量如同是在一张三维棋盘上下棋,如果像以往一样只注重军事和经济力量就可能输棋。因为"那些仅将力量定义为深思熟虑的指挥和控制行为的批评家们忽略了力量的第二个或者'结构上'的层面——不以威胁或者利诱迫使他人改

---

① 〔美〕尼尔·波兹曼:《娱乐至死》,广西师范大学出版社2004年版,第139页。
② 〔美〕约瑟夫·奈:《软力量——世界政坛成功之道》,东方出版社2005年版,第24页。
③ 〔美〕罗伯特·基欧汉、约瑟夫·奈:《权力与相互依赖(第三版)》,北京大学2002年版,第268页。
④ 〔美〕约瑟夫·奈:《软力量——世界政坛成功之道》,东方出版社2005年版,第56页。

变行为而如愿以偿的能力"①。由这个比喻可以看出,约瑟夫·奈对软实力说的作用确有独到考虑,哪怕是策略性考虑。他期望消解以往政治影响力中过多的操纵、控制的阴影,也不仅仅着眼于攻心为上,而是真的试图从精神层面上吸引别人,硬软实力双管齐下,尽可能地做到事半功倍,一劳永逸。

或许约瑟夫·奈认为自己说得够清楚了,人们应当在现实中而不只是在学术思辩中体会他的意思。但正是在实际操作中,人们感到他的企望仍然不够现实。既然他认为:以往的"政治家和学者往往将权力定义为让他者做原本不愿意做的事情(在其自身可接受的代价范围内)的能力",而"软权力是一种通过让他人做自己想做的事情而获得预期结果的能力,这是一种通过吸引而非强迫获得预期目标的能力"。② 也就是说,要达到的目标并没有变,手段上的难度却大大提高了,那么从强迫到自愿,什么样的精神磁场才能产生如此强大的吸引力呢?可行的路途又在何方呢?文化与实力的结合是一个创造,但也带来更多的困惑。特别是在现实感很强的、错综复杂的国际关系学领域,并不是竖起一座新的里程碑,前面就有路可走的。

不过,尽管如此,"吸引"与"操纵"之间也还是有本质的区别,就是在为自己利益打算的同时,是否也能为对方着想?如同医生处于主导地位,占有更多的信息,却能让病人对他的医嘱欣然接受,因为双方在一个大的目标上是共同受益的,病人治好病,医生

---

① 〔美〕约瑟夫·奈:《软力量——世界政坛成功之道》,东方出版社2005年版,第15页。

② 〔美〕罗伯特·基欧汉、约瑟夫·奈:《权力与相互依赖(第三版)》,北京大学2002年版,第236、263页。

获得好名声。在这里,"心甘情愿"是一个关键词,对武力不可能心悦诚服,只能臣服;对操纵和欺骗更谈不上心悦诚服,只有厌恶;即使说服也达不到这个效果,只能促使人们权衡利弊。所以,除非叫对方相信你既有良好的愿望,也能带来切实的利益,别人才可能被吸引,来追随。软实力说要想达到这一点,就必须寻找双方利益的结合点。

四、吸引与追随的结合点

尽管缺少理论上的阐释,约瑟夫·奈在他的零星论述中,还是大致表明了态度,认为这种共同利益的结合点还是可能存在的,但这需要美国人在观念上做必要的改变,即要"给我们的国家利益下一个广泛定义,涵盖他国的利益"[①]。

当然,国家利益作为传统国际关系学理论的最重要基石之一,约瑟夫·奈并没有想真正动摇这一根基。但是,你要想和他人寻找共同点,就必须设法在国家利益的壁垒之上搭建某种桥梁,而按照传统的看法,又几乎没有这种可能。因为,国家利益的定义取决于政治本质,或说是建基于人性的弱点之上——这就是争权夺利,适者生存,唯我独尊,自私的本性很难带来真正的公正和永久的团结。各个国家都是一样的,首先要为自己打算,一切变化的原因全在国家利益。你既不能无视潜在的敌人,也不能相信可靠的同盟,因而到处导致冲突和不公平,胜利的往往是实力而非正义。所以,无论是古典现实主义的看重权力,还是新现实主义的强调安全,抑

---

① 〔美〕约瑟夫·奈:《美国霸权的困惑》,世界知识出版社2002年版,第148页。

或是新自由主义的倡导合作,差不多都是从理性经济人的角度,将各自国家的利益最大化作为思考的最基本前提。显然,在这样一种角斗场般的生存竞争氛围中,各国更需要显示的是强大的实力,而不是迷人的吸引力。

约瑟夫·奈并没有提出诸如某种超国家利益的颠覆性见解,他只是小心翼翼地寻找松动的缝隙,对国家利益的概念有所修正或拓宽,以便与被吸引方之间有一个起码的共同基础。所以,他一方面仍然承认"所有国家都在外交政治中追求国家利益"的大前提,一方面又表现出"国家利益的定义及追求国家利益的方式可宽可窄"的灵活态度①,悄悄扩大了国家利益概念的内涵。

而其主要立论思路在于:我们既需要坚持传统的国家利益,关注"我们的继续生存所受到的威胁程度究竟多大",但又应该将"涵盖人权和民主这类价值观"也考虑在内。约瑟夫·奈认为这一精神性因素是至关重要的,因为价值观对于美国人的身份、对于"我们身为何人"的自觉意识关系重大,它本身就是一种无形的国家利益。所以,约瑟夫·奈明确提出:"如果美国人民认为,我们的长期共同利益涵盖某些价值并涉及在国外推行这些价值,那么这些价值观也就成为国家利益的一部分。"②也就是说,软实力的发挥也事关国家利益。除此之外,约瑟夫·奈还提到当前国际社会生活的变化也需要对国家利益的理解有所调整。诸如恐怖主义、金融动荡、全球变暖、海平面升高、瘟疫蔓延等新的非传统安全问题,这些都是超越一国边界的大麻烦,需要各国政府通力合作来解决,因而

---

① 〔美〕约瑟夫·奈:《软力量——世界政坛成功之道》,东方出版社2005年版,第61页。

② 〔美〕约瑟夫·奈:《美国霸权的困惑》,世界知识出版社2002年版,第149页。

也亟需将某种全球价值观融入到国家利益的观念中去。

这一切促使约瑟夫·奈确信:"一种广泛而且有远见的国家利益观念,是可以将全球利益融入其中的。"①他举例说:"英国维多利亚时代的文化在全球具有重要影响,由于英国在追求自己利益时使其他国家受益——例如对进口货物开放国内市场,剿灭海盗等,它在世界享有良好声誉。"②那么,美国要做的就是继续争当领头羊,即"美国要在造就公益方面发挥领导作用",为其他国家做出榜样,如果能够因此受到尊敬,美国发挥软实力、让人自觉追随的基础也就自然形成了。

显然,约瑟夫是面向未来说这些话的,但他举出的都是些过去时代的例子,又未做必要的阐释与引申。那么他究竟想说明什么呢?是说明他所倡导的兼顾别国利益的两全之策,在一百年前的英国就已经有了成功的范例?还是想说明,未来的政治构想可以从过去的时代里汲取智慧?但无论如何,有一点是可以肯定的,约瑟夫·奈与他们的英国前辈一样,都是用全球管理者的眼光来看待国际关系的,认为霸权国家除了依靠其强大的硬实力来维持某种世界格局外,也必然由于其提供的即成秩序惠及国际社会而获得某种合法性,这也正是霸权国家软实力的独特资源。所以约瑟夫·奈才会这样断言:"我们将霸权领导定义为'一个国家足够强大,可以维持管理国家间关系的核心准则并有意愿这样做'的情势。显然,霸权领导是一种可以提供公共物品——责任——的领

---

① 〔美〕约瑟夫·奈:《美国霸权的困惑》,世界知识出版社2002年版,第148、153页。
② 同上书,第17页。

导形式。"① 由这样一个定义出发,就可以基本把握住约瑟夫·奈的思想脉络了,即"我们的大战略首先要保证我们能生存下来,其次就是注重提供全球公益。采用此种战略,我们可以从中得到双重好处:一是公益本身,二是公益使我国实力在他国眼中趋于合法化"。约瑟夫·奈还列出了应当从19世纪大英帝国汲取的几点经验教训。② 这就有些像是新老世界霸主间的经验交流,在探讨霸权国家才能遵循的行为逻辑和独有的软实力。

那么,既在世界范围内抓住霸权地位不放,又通过允许别人搭便车以换取别国的支持与合作,这究竟是体现互惠互利关系的软实力呢?还是维护传统强权秩序的某种衍生品?这是一个耐人寻味的问题。约瑟夫·奈显然倾向于前者:"如果霸权国只是维护自身的优势地位,而无意征服他国,则他国也将从中受益。世人对'大英帝国治下的和平'常常赞誉有加。"③ 而"像美国这样的大国能从促进公共利益中双重受益:从利益本身获利,及作为主要供给者得以增强软力量并使之合法化"。④ 也就是说,在约瑟夫·奈看来,这正是一座能够让人心甘情愿追随的可行的桥梁,同时也就是一种吸引力,它类似于万有引力之间的关系,大的吸引小的,硬实力足够强大,就能够构建某种既有秩序,而软实力也必然依附其间。

---

① 〔美〕罗伯特·基欧汉、约瑟夫·奈:《权力与相互依赖(第三版)》,北京大学2002年版,第241页。
② 〔美〕约瑟夫·奈:《美国霸权的困惑》,世界知识出版社2002年版,第154页。
③ 〔美〕罗伯特·基欧汉、约瑟夫·奈:《权力与相互依赖(第三版)》,北京大学2002年版,第46页。
④ 〔美〕约瑟夫·奈:《软力量——世界政坛成功之道》,东方出版社2005年版,第62页。

第五章 "吸引"与"追随"

不过，约瑟夫·奈软实力说的一个新意在于，他探讨了英国人称霸时代还很少想到的一个重要内容，就是普世价值观问题。约瑟夫·奈明确指出这样一种可能性："当一个国家的文化涵括普世价值观，其政策亦推行他国认同的价值观和利益，那么由于建立了吸引力和责任感相联的关系，该国如愿以偿的可能性就得以增强。"① 但约瑟夫·奈并不是从普世伦理层面，而是主要从维护传统霸权的视角来看待精神感召力的，认为"一个国家文化的全球普及性和他为主宰国际行为规范而建立有利于自己的准则与制度的能力都是它软力量的重要来源"②。实际上，约瑟夫·奈谈到"普世"这个词时从不浪漫，而是带着政治家惯有的实际态度。特别是近年来随着美国颓势显现，他甚至开始考虑营造一个普及美式文化的世界对美国人抽身而退时的好处："应当利用软实力来建立一个与我们基本价值相一致的世界，以便来日我们的影响缩小时仍有利于我们。"③ 约瑟夫·奈也许倾心于文化的圣洁魅力，但他作为一位国际关系学者，特别是作为政府高级官员进行思考时，却总是倾向于把文化也作为某种实力手段来运用。

所以，约瑟夫·奈更看重的显然是掌握普世价值观主导权的现实好处，认为只要推行得当，大国、小国都能受益，因而吸引与追随亦成为可能。他举例说，挪威着意以和平缔造者姿态来定位的价值观成功地为别国所认同，因而使其政治影响力大于其军事和

---

① 〔美〕约瑟夫·奈：《软力量——世界政坛成功之道》，东方出版社2005年版，第11页。
② 〔美〕约瑟夫·奈：《美国定能领导世界吗》，军事译文出版社1992年版，第26页。
③ 〔美〕约瑟夫·奈：《美国霸权的困惑》，世界知识出版社2002年版，第104页。

经济实力。这证明一个国家"在考虑国家利益时涵盖一些具有吸引力的目标"①,非常有助于其精神形象的改善。而如果忽略这一点,强国也会吃亏。"在强国看来维护公共物品治安的行为可能被弱国视为帝国主义的恃强凌弱"②,这显然得不偿失。再强大的国家也有筋疲力尽的时候,因此不仅需要利爪,也需要鲜花,才能软硬相兼地维持既有秩序。这就需要用心采撷,编织花环。而"当霸主的社会和文化具有吸引力时,人们对它的恐惧感就会降低,以致认为没有必要组织力量加以抗衡"③。如果在别人眼里,你在谋求本国利益的同时能够兼顾他国利益,因利益分红而能天下太平时,世界霸主的位子就真的坐稳了。这恐怕正是约瑟夫·奈倡导软实力说、期望吸引别人来追随的最重要动机,而这样的念头在19世纪大英帝国推行全球炮舰政策时几乎还是没有的。

五、是否有人自愿追随

倾心"吸引"而意在"追随",这是软实力说最在意的一点,正像约瑟夫·奈一再强调的:"软力量取决于心甘情愿的受方。"④但这样的想法既浪漫又现实,浪漫在于手法,现实在于目的。一方面暗自认为没有获得追随者的吸引是失败的吸引,约瑟夫·奈曾经耐

---

① 〔美〕约瑟夫·奈:《软力量——世界政坛成功之道》,东方出版社2005年版,第9页。
② 〔美〕罗伯特·基欧汉、约瑟夫·奈:《权力与相互依赖(第三版)》,北京大学2002年版,第241页。
③ 〔美〕约瑟夫·奈:《美国霸权的困惑》,世界知识出版社2002年版,第18页。
④ 〔美〕约瑟夫·奈:《软力量——世界政坛成功之道》,东方出版社2005年版,第129页。

第五章 "吸引"与"追随"

人寻味地提到过:"必须将左右其他国家的能力和左右最终结果的能力区别开来。"①但另一方面又坚持说追随者不能被胁迫,也不是被诱惑,只能被感召,这显然形成矛盾。而"感召"这类精神活动现象往往是文学艺术、宗教信仰等领域所独有的,现在也奢望于国际关系领域。但在实际生活中,有这样心甘情愿被感召的"受方"吗?什么样的行为才够得上是自愿追随?它有无先决条件?有无时效性?既然在国际交往中没有永远的敌人,也没有永远的朋友,只能依各自的国家利益而定,那么又怎样确保从别人那里得到永久的、无条件的支持?这样一系列脱口而出的疑问,约瑟夫·奈实际上也没有正面回答,他只是举出了一些例子供人琢磨,间接表露自己的看法。

约瑟夫·奈举的最著名的一个例子是二战结束后美国马歇尔计划的实施。由于这项大规模经济援助计划对当时欧洲经济复苏所起到的重要作用,美国人的确为自己赢得了空前的好感,正像约瑟夫·奈所引一位欧洲人士的话说:"把美国 20 世纪后半期在欧洲的成功比作受邀请的帝国。"②但是,实际上,贯穿于整个历史过程中的复杂利益纠葛和特定的时代机缘不易被简单化,这并不是一个行善和感恩的文学故事,而是既涉及当时美国与苏联冷战的需要与地缘政治目标,也关系到美国试图控制欧洲市场的巨大利益需求。总之,原因复杂得多,造成的结果常常也扑朔迷离。而一本研究著作曾经令人信服地揭示过国际关系交往中常有的知觉与

---

① 〔美〕约瑟夫·奈:《美国定能领导世界吗》,军事译文出版社 1992 年版,第 146 页。

② 〔美〕约瑟夫·奈:《软力量——世界政坛成功之道》,东方出版社 2005 年版,第 61 页。

错觉:"当对方的所作所为符合自己的希望的时候,行为体几乎总是认为这是自己施加影响的结果。"①但这往往是反映了某种心理偏差。因为当时的决策者们不可能像历史学家那样已经掌握了双方的意图及全面的情况,他们只能揣测,试图找出比较令人满意的解释。而人们又往往习惯于站在自己的视角,琢磨自己的行为可能导致的对方行为的后果,因而容易过高估计自己的影响程度,却忽略了其他一些重要因素。历史一再证明,国际形势的发展并不像在试验室里做动物刺激—反应理论试验那么直接、简单。即使表面上如此,事后也会发现实际情况要复杂得多。事实上,即使在今天,学术界对马歇尔计划实施的历史评价也尚无定论,无论如何,它不应当被简化为一个美国式慷慨让欧洲人感激涕零、乐于追随的范例。

约瑟夫·奈所举的另一个例子,是说美国人权政策在20世纪70年代遭到阿根廷军政府的抵制,因而影响到两国外交关系。但没想到20年后,曾被军政府关押的那批人掌了权,因而无意中成就了美国在阿根廷的"可观的软实力"。②这个例子比马歇尔计划要典型些,有助于印证软实力说的观点。一是它涉及对外政策的道义性,即不是仅仅着眼于当前的实际利益,还要体现本国的基本价值观。二是在对外交往中坚持树立正面的国家形象,尽管当时可能带来损失,终究也会有所收获。但问题是,即使如此,一个因而对美国抱有精神好感的政府,也不等于整个国家在外交活动中甘愿对美国做无条件的追随和支持。事实上,无论哪个国家,何种

---

① 〔英〕罗伯特·杰维斯:《国际政治中的知觉与错误知觉》,世界知识出版社2003年版,第361页。

② 〔美〕约瑟夫·奈:《美国霸权的困惑》,世界知识出版社2002年版,第77页。

第五章 "吸引"与"追随"

文明,价值观的认同和文化上的好感都是以不损害本国国家利益为基本前提的。特别对于小国、弱国来说,坚持大国小国、强国弱国一律平等的原则,同样属于根本的国家利益。而对于大国、强国来说,认同这一根本原则,不恃强凌弱、强人所难,如同当年孟子对齐宣王说的,表现出"大事小以仁"的智慧,其国家形象才可能令人心悦诚服,有道义感。

约瑟夫·奈还提到在普通民众中培养文化亲近感的重要性。他举例说巴基斯坦穆沙拉夫政府虽然愿意在反恐战争中与美国加强合作,但是国内民众的广泛反美情绪让他举步维艰,而"如果美国对巴基斯坦的民众更具吸引力,我们就能看到更多的让步"。同样,2003年美国对伊拉克发动的战争,也是由于在土耳其等国民众中不得人心,"以至于亲美的立场成为该国内政的死亡之吻,政治领袖们就不可能做出让步来帮我们"①。约瑟夫·奈的本意也许是说,软实力吸引的主要对象应当指向那些国家的普通民众,因为他们是最终左右政府决策的强有力因素,而没有民意的广泛好感,也就不可能有一个国家的自觉追随。这个认识本身应当说是正确的,但从约瑟夫·奈的着眼点来看,他同时表现出了作为政治学者和政府官员的精明与谬误。他以为"人心向背"就像搞公共关系,平时关系好、印象不错,关键时刻就有可能拉上一票,却忽略了在大是大非背后的人类良知。这是任何国家、民族与文明集团都不会缺少的,因为这既是人之所以为人的起码前提,也是文化影响力有可能发挥作用的真正基础。

所以,在国际社会中要想让别国自愿追随,有两个最重要的支

---

① 〔美〕约瑟夫·奈:《软力量——世界政坛成功之道》,东方出版社2005年版,第142页。

点,一是就国家而言,坚持大国小国、强国弱国一律平等的原则,尽可能注重双赢而非赤裸裸博弈,才易令人信服。二是对民众而言,在大是大非面前恪守人类良知,其行为准则才可能具有普世价值,赢得人心。但这对于坚持在世界上的霸权地位、常常实行双重标准的美国来说,无疑是根本性的挑战,也是很难迈过去的坎。从近年来的一些情况看,特别是随着"巧实力"概念的提出,美国版的软实力说越来越有向工具性倾斜的趋向。实际上,约瑟夫·奈早就有过"聪明的力量"的提法,肯定"聪明的力量意味着更好地懂得将硬、软力量结合起来使用"①。而在2009年美国《外交》双月刊7—8月号上,他发表《变高明》一文更指出,软实力资源并不自动产生有效的外交政策,还需要善于开掘。具体来说实力就是能力,还要靠三种基本手段来实现:强制、酬劳和吸引力。一个国家如果能将这三者有效结合,特别是重视吸引力资源,就能省去许多的大棒和胡萝卜。显然,力图把硬实力与软实力资源充分动员并结合起来加以使用,越来越具有操作性,这正是"巧实力"概念的核心内涵。那么,一个根本性的问题仍然是:吸引别人自愿追随的力量,究竟是在于精神上的感召力,还是约瑟夫·奈所说的"聪明的力量"呢?提出在维护本国利益的同时也兼顾别国利益,这究竟是具方向性意义还是只具工具性实质呢?总之,人们看到的是新的路标还是新的手段呢?不管怎样,从某种意义上说,对这个问题的回答,将决定美国版文化软实力说的生和死。

---

① 〔美〕约瑟夫·奈:《软力量——世界政坛成功之道》,东方出版社2005年版,第31页。

第六章　美国大众文化的历史渊源

由约瑟夫·奈的软实力说来看美国大众文化,我们与其说得到了什么新的洞见,不如说面对一个问题,那就是为什么看似粗浅无根的美国大众文化能够长久地风靡世界,具有独特的影响力?

这不仅是我们的问题,也是美国人的问题。布热津斯基在《大棋局》一书中的矛盾态度颇有代表性:"在文化方面,美国文化虽然有些粗俗,却有无比的吸引力,特别是在全世界的青年当中。所有这些使美国具有一种任何其他国家都望尘莫及的政治影响。"① 作为一名国际关系学者而非文化学者,约瑟夫·奈和一般美国政界人士也差不多,对美国大众文化及其影响的态度都是既评价不高又乐见其成,既有些莫名其妙又沾沾自喜。在 1990 年出版的《美国注定领导世界》一书中,约瑟夫·奈即认为,令大众文化得以流行的"大众行为不乏浅薄和追求时髦的因素"。但同时他又注意到,"一个支配着大众交往渠道的国家也有更多的机会传递自己的信息并影响着其他国家的爱好",因而肯定这也是"一种无须投入

---

① 〔美〕布热津斯基:《大棋局——美国的首要地位及其地缘战略》,上海人民出版社 1998 年版,第 32 页。

过多并且相当有价值的软力量资源"①。显然,这是一种实用主义态度。

不过,尽管存在着认识的浅见和政治的功利,美国大众文化的独特影响力却并不像表面看上去那么浮光掠影,无足轻重。一个无法忽略的史实是:美国大众文化的成长是与美国建国的历史互为因果,相辅相成的。美国文化的独具个性,正在于美国作为一个国家的与众不同,现在又由于美国超级大国的地位及国际社会的多重解读而成为重要的软实力资源。当然,要想从历史、文化与国际政治的结合点上准确、深入地对这一论题作出阐释,也并不容易。

一、美国文化的两个独特之处

一般来说,具有悠久历史的国家和社会,往往会在文化形态上呈现出某种雅俗相对的基本架构。两者间既是泾渭分明、相互制约的,又是平行发展、相对稳定的。欧洲社会世袭传统造成的贵族文化与平民文化的分野,以及中国社会向来就有的庙堂与江湖之分的文化传统,都是如此。

体现在观察视角上,就是无论得出什么结论,这种将雅俗对立起来的内在思维方式则是一致的,潜移默化的。譬如20世纪30年代的德国法兰克福学派,对大众文化的探讨非常具有启发意义。但作为一个欧洲学派,不管是倡导社会批判理论的霍克默尔,还是反对"文化的商品拜物教"的阿多诺,他们都将矛头指向现代工业

---

① 〔美〕约瑟夫·奈:《美国定能领导世界吗》,军事译文出版社1992年版,第160页。

文明,指责它导致了文化的粗鄙化,乃至社会组织的法西斯化。他们认为文化本来就是指高雅、经典的思想艺术之作,只是因为工业化社会的不断扩张,才有了日常文化消费品的概念,也才有了所谓大众文化、流行文化、商品文化之说。即使看法较为宽容、低调的洛文塔尔,也认为大众文化是对艺术美的某种否弃:"体验美就是从自然对人的强大控制中解放出来。但是,在大众文化中,人们则通过抛弃所有东西,甚至包括对美的崇敬,以从神话力量中把自己解脱出来。"结果就是:"人们从美的王国步入娱乐的王国。"①总的来说,欧洲学派一般认为现代大众媒介不仅不利于文学艺术的发展,还以其无孔不入的广告效应,成为更有效地控制群众思想的某种手段。今天的现代主义理论虽然有所变化,空前注重和容纳了大众文化的客观存在,甚至也想抹去高雅与通俗之间的这条传统界线,如同著名波普艺术理论家苏伦斯·阿洛维所宣称的:要"把波普文化带离'逃避现实''纯粹娱乐'及'放松'等范畴,赋予它艺术的严肃性。"②但这种力图合二为一的意图,说明那条心理界线依然存在,知识精英的独特眼光和心态仍然在发挥作用。

但耐人寻味的是,别的国家通常所见的精英文化与大众文化、高雅文化与通俗文化、知识分子文化与流行文化相对立的这种两极模式,在美国却很少见到。美国文化引人注目的个性正在于:它虽然是丰富多彩,甚至光怪陆离的,却又是浑然一体、难以分割的,并不像别的国家那么雅俗两分,高下立见。事实上,美国社会的文

---

① 〔德〕洛文塔尔:《大众文化的定义》,引自陶东风主编:《文化研究精粹读本》,中国人民大学出版社2006年版,第254页。
② 〔英〕约翰·斯道雷:《记忆与欲望的耦合》,广西师范大学出版社2007年版,第185页。

化似乎主要体现为大众文化这一种形式,或说是高雅文化与通俗文化在其中更多呈现着交融渗透的形式。以至于我们凭直觉就能感受到,当人们提起美国文化时,在潜意识里涌现的差不多都是美国大众文化的林林总总。而当人们探讨美国大众文化的特点时,似乎就是在触及美国文化精神本身。约瑟夫·奈本人的论述也有助于加深这种印象。尽管他一脸严肃地把美国文化往"价值观""软实力"这样的大概念上引,可我们顺着他手指的方向看时,看到的只是美国大众文化及其在世界上的广泛流行。譬如他说苏联与美国对抗,可苏联的青少年却穿着蓝布工装裤,热衷于搜寻美国录音磁带;美国影片产量不到世界电影产量的10%,却占据了世界银幕播放时间的50%;而美国电视节目的出口量也比第二位出口国——英国多出7倍等等。因为在美国社会中,大众文化占据了最主要成分,雅俗相对的两极文化构架并未稳固形成,也缺少相应的观念意识,所以美国文化通常可以用"美国大众文化"的概念来统而论之。正是从这一层意思上说,美国大众文化虽然是追求娱乐精神的,却又是可深可浅的;它的发展历程与欧洲故乡的文化传统相比的确很年轻,却也植根于美国独特的建国历史和精神成长的内在意蕴中。

  美国文化还有一个与众不同之处,就是欣赏别的国家的文化,人们通常会倾向于用"美还是不美"这样的经典性原则来品评高下,表达喜欢或不喜欢之意。但唯独对于美国文化,人们却极少用"美不美"的尺度去衡量,而是更习惯用"新不新"这样的标准去评价。因而有些评语,如优美、典雅、深邃、厚重、博大等,与美国文化似乎是绝缘的,很少用到。而有些评语,如新奇、感性、通俗、热闹、刺激、激动人心,甚至是贬义的浅薄、粗俗、放荡、堕落、惊世骇俗等等,却又像是为评论美国文化而专用的。但奇怪的是,无论如何褒贬不一、众说纷纭,世人还是被新奇的美国文化所吸引,甚至有某种随波逐流般的迷恋。约瑟夫·奈也看到这一点:"总体来说,民意调查显示,我们的流行文化使美国被他国视作'令人兴奋、具有外国情调、富饶、强大、有吸引力、引领潮流——处于现代化和创新的前沿'。这种形象'在人们向往体验美国方式的美好生活的时代特别吸引人'。"①那么究竟是为什么,别的国家的文化如果被斥为浅薄粗俗就等于判了死刑,而美国大众流行文化即使被贴上这样的标签也照样魅力独具呢?这个问题的答案也只能从美国独特的历史中去寻找。

二、全民参与的大众文化

不管 20 世纪的美国社会发生了多大变化和分化,在 18、19 世纪之交,建国初期的美国如同一张白纸,这里只有一片待开垦的辽阔国土,和几乎站在同一起跑线上的人民。特别独特的一点是,这里从来没有过贵族精英阶层,也没有悠久、精致的文化传统,差不多所有的国民都是平民,一切都要从头开始。人们首先要做的是垦荒劳作,求得基本生存,然后才能顾及精神文化层面的需要与创造,谁都不可能仅仅因为专门从事精神活动而高人一等,因而不可能形成像欧洲那样的阶级分层,以及雅俗对立的文化结构和意识。约瑟夫·奈对此并没有做过系统的阐述,但他有一句话是很精辟

---

① 〔美〕约瑟夫·奈:《软力量——世界政坛成功之道》,东方出版社 2005 年版,第 12 页。

的:"美国历史是一部平民参与的时起时伏的历史。"①这也是一部不得不自己去开创的历史。尽管美国最早的欧洲移民充满思乡之情,对欧洲文化传统十分眷恋。但新的天地必然要催生出新的文化精神,正如美国著名学者威尔·杜兰特指出的,"在这个欧洲式的美洲,盎格鲁－撒克逊的灵魂朴实而典雅,而新民族的心灵好动而嗜新,其间矛盾尖锐"②。所以,美国人远离他们欧洲祖先的生活方式之时,也就注定了要开创一种属于北美大陆的新的生活道路和文化精神。

不过,建国伊始,美国人只是在政治上表现出鲜明的独立意识。如1776年的美国《独立宣言》:"我们认为下述真理是不言而喻的:人人生而平等,造物主赋予他们若干不可让与的权利,其中包括生存权、自由权和追求幸福的权利。"③这样有力的表达昭示了一个崭新国家要与欧洲世袭等级社会决裂的时代呼声。但在文化自觉方面,虽有本杰明·富兰克林所说的"黄金时代永远是现在的时代"④,已经见出美国式文化精神的个性,但还远远没有达到深刻认识和自我表述的程度。譬如这种新的豪迈气概源自何处?有何新的意蕴?新型的美国人究竟是什么人?有什么理想?为什么自豪?要贡献什么样的文化价值观?对于这样一些深层次的问题,美国人在很长时间里并没有深刻的思考和系统的表达,不得不借助欧洲知识分子的眼光来反观自己。而在欧洲人的评价中,美国基本上就是一种野蛮、粗俗、没文化、暴发户般的国家形象。叔本

---

① 〔美〕约瑟夫·奈:《美国霸权的困惑》,世界知识出版社2002年版,第131页。
② 〔美〕威尔·杜兰特:《哲学的故事》(下),三联书店1997年版,第329页。
③ 〔美〕戴安娜·拉维奇编:《美国读本》(上),三联书店1995年版,第49页。
④ 同上书,第13页。

华曾毫不客气地批评道:"从这个国家的物质繁荣里,我们究竟发现了什么?最为突出的感觉就是,卑贱的功利主义大行其道,还有与功利主义形影不离的孪生兄弟——无知。"①这样居高临下的指责比比皆是,甚至到了1863年,美国建国已近百年,英国维多利亚时代文坛上的一位重要人物约翰·拉斯金还这样评判美国:"贪图和迷信财富;庸俗地追求大而全,不尊崇高尚典雅;永无休止地、自以为是地追求一时的虚荣。"②

欧洲知识分子之所以对美国文化不假思索地报以轻视,正因为他们习惯于从雅俗相对的社会结构和文化视角来看问题。当他们只看到美国大众白手起家、热火朝天地劳作、熙来攘往地追求财富,却没有看到他们沉思默想、闲情逸致、享受精神生活的一面时,便自然会产生文化上的倨傲感,鄙夷美国人"功利""庸俗""不尊崇高尚典雅",认为这正是美国社会和文化生活处于原始、野蛮、蒙昧阶段的明证。

不过,最初帮助美国人真正认识和定义了自己国家,因而令美国人世代感激的也是一位欧洲人,他就是法国青年政治家托克维尔。他于19世纪30年代初对美国社会进行了考察,随后便出版了经典名著《论美国的民主》,第一次将一个与众不同、令人耳目一新的美国展示于世人面前。托克维尔原本是想探究美国社会为何迅速繁荣致富的,没想到研究结论却令他震撼和深思。他发现,美国经济的活力是有其独特的价值理念和精神内涵支持的,这是一个相当开放的、允许自由创造的社会。既不存在贵族的根基,也没有

---

① 《叔本华论说文集》,商务印书馆1999年版,第541页。
② 〔美〕孔华润主编:《剑桥美国对外关系史》(上),新华出版社2004年版,第239页。

精英权威，却有着无穷的机遇和与生俱来的天然民主形态，而新教教义也使美国人能够坦荡地把辛勤赚钱作为人生的主要意义和基本道德，美国人因而享受着人类历史上空前的自由和自尊。这种赋予美国社会活力的文化价值观，正是古老的欧洲社会所缺少的。对比之下，托克维尔的钦羡逐渐被深沉的思索所取代。

《论美国的民主》是一本充满思想原创和激情的著作，而且因其写作年代贴近美国建国时期而具有很高的史料价值。因为那时的美国偏于世界一隅，尚带着文化谦卑，与人们熟知的20世纪哈哈镜中的这个自我膨胀的美国大不一样。体味早期的原汁原味的美国社会，有助于人们更清楚体认其独特的历史源流和精神潜质。那时美国人的社会地位基本上是平等的，生活方式简单，生活水平相似，因而参与文化创造的方式也相近，大多是在劳作之余满足一下自己在精神文化方面的兴趣，并没有过多的企求。如同托克维尔抵近观察到的：美国那时即使有"搞所谓纯文学的人，也大部分兼搞政治或从事其他职业，只是偶尔抽暇去体验精神上的享乐。因此，他们从未把这种享乐视为生活中的主要妙趣，而看成是对终生劳碌的一种暂时的和必要的排遣"①。的确如此，在欧洲贵族社会传统中，阶层凝滞，知识界人士囿于自己的圈子，完全与群众相隔离。而美国则明显不同。19世纪一位波士顿商人的书信就曾透露说，他所在的商人俱乐部是由一个叫做爱默生的人为主要撑台人的。而爱默生正是那位曾在《美国学者》中喊出"我们仰人鼻息，在学术上长期当别国学徒的日子快要结束了"的最著名的美国知

---

① 〔法〕托克维尔：《论美国的民主》（下），商务印书馆2008年版，第579页。

识分子。① 谁能想到这样一位大学者会屈尊和生意人整天泡在一起呢？但这就是美国当初的文化气氛。所以，托克维尔感慨道："在这里，五行八作，三教九流，都要求在智力活动方面满足他们的希望。这批爱好精神享乐的新人物，并没有受过同等的教育；他们的文化水平不等；他们不但与父辈或祖辈不同，而且他们本身也时时刻刻在变化，因为他们的住所、情感和财富都在不断变动。"这样的社会很难有固定的阶层之分，"而作家就是从这群其貌不扬和容易激动的人们当中产生的，并且是依靠这些人而发迹和成名的"②。从这样一些早期文献中我们看到，美国大众文化最初的确是一种全民参与意义上的文化，具有浓郁的乡土气息，你可以说它鱼龙混杂，粗俗不堪，但却生气勃勃，机会很多。

美国文化从一开始就注定是一种平民文化，美国人在基本审美趣味上因而也会有很大的相似性。因为创作者是业余的，欣赏者也是业余的，全体国民又差不多都是平民大众，他们普遍需求的是茶余饭后的愉悦消遣，而非智者学人的那种沉思默想，因而必将造成他们在欣赏品味上的某种一致性：趋向于追求文化产品的通俗性、娱乐性和新奇性。正像托克维尔指出的："他们喜欢价钱便宜、很快可以读完和浅近易懂的书籍。他们所要求的美，是使他们一看就入迷和可以随时欣赏的浅显的美；他们特别需要的，是使他们感到新鲜和出乎他们意料的东西。"③显然，这样的审美趣味，不适合用"美不美""深刻不深刻"这样的标准去要求，也是喜欢追求

---

① 〔美〕格林沃尔特：《美国商人的文化》，载《美国没有童年》，工人出版社1988年版，第95页。
② 〔法〕托克维尔：《论美国的民主》（下），商务印书馆2008年版，第578页。
③ 同上书，第579页。

典雅的欧洲人所难以接受的,但它作为一种暗含现代消费潜质的大众文化,却有可能影响世界。

三、市场化的大众文化

可以想见,在建国时期的美国,一片广袤的国土,一样地位平等的平民,他们要靠劳动谋生,还要交换自己的产品,就只能靠社会,靠市场,才能达到目的。因为除此以外,新生的美国既没有什么约定俗成的传统,也没有任何精英权威能够足以把平民大众各自的生活有机地联结起来。

作为美国最有生气的一个历史时期,建国时期的美国社会如同一个气氛活跃的大市场,平民大众在其中都有自己的一份交换权利,文化产品也和其他物质产品一样平等地参与交换。交换成功了,劳动者才能继续生存下去,他的技艺也才最终被认可。而且市场是如此重要,美国人不但靠市场来进行交换,还靠市场来检验一个人的生存奋斗能力。所以,托克维尔惊奇地看到,在美国,"读者大众对待作家的态度,一般说来就像国王对待他的宫内侍臣。读者大众使作家发了财,但看不起他们"。① 正因为精神文化产品也是同样由市场渠道交到消费者手中的,由市场来检验其价值的,因而市场行为有助于消除以往人们对精神劳动产品的神秘感,使创作者与欣赏者在很大程度上处于平等而单纯的社会关系中。

所以在美国,能够合法地通过自己的本事在市场上成功获利,不管什么本事,都是一种英雄行为,被视为美国式个人奋斗的典

---

① 〔法〕托克维尔:《论美国的民主》(下),商务印书馆2008年版,第582页。

型。美国著名学者布尔斯廷在其三卷本巨著《美国人》中指出:"美国人对那种深奥孤僻和'纯粹'的聪明人是缺乏热情的。"因而"美国式的文化人士,不是骚人墨客,而是新闻记者,不是文笔优美的散文作家,而是实用手册的写作者,不是'艺术家',而是宣传鼓动家。他的读者,不是在沙龙之中,而是在市场之上,不是高墙深院内的隐者居士,而是理发店里或寻常人家火炉旁的平民百姓"①。总之,美国人对于任何凌驾于大众之上的思想力量和精神权威都本能地敬而远之。反而是那种能够让自己的作品获得市场上广大读者认可的作者才会被美国人视为功成名就,销量的飙升会转化为由衷的尊重。正是如此,卡内基那本推销演讲术的著作《怎样赢得朋友和影响别人》,尽管受到某些文学人士的嘲笑,布尔斯廷却很推崇,认为"戴尔·卡内基在一个有着能人的传统的国家里,成了能人中的能人。他靠出卖推销术而名利双收"②。因为他的书有朴实无华的风格、最能打动人的广告稿的优点,以及心理大师的经验之谈。

市场主宰着作家名声的兴衰,也主宰着写作的风向。欧洲知识分子那种遗世独立、不惜代价追求真理和自我完善的精神传统,在美国即使有,也从不占据主流位置。布尔斯廷在三部曲之一《民主的历程》一书中专门有一个章节,标题为:"社会发明家为市场而发明"。以爱迪生的发明工厂为例,"虽然这个工厂办在一个与世隔绝的村庄里,但它的目的不是要成为一个研究所或者科学思考

---

① 〔美〕丹尼尔·J·布尔斯廷:《美国人——殖民地历程》,上海译文出版社1997年版,第249、392页。

② 〔美〕丹尼尔·J·布尔斯廷:《美国人——建国的历程》,上海译文出版社1997年版,第681页。

的退隐地"。相反,欧洲只有单干的发明家,却没有美国爱迪生这样有组织地为市场进行发明的发明家,而这种新奇事只在美国才有。① 事实上,美国文化偶像的转换也反映了市场风向的变化。法兰克福学派一位学者曾对1890年至1940年间美国流行刊物上的传记文章进行了考察,发现早期传记主要描写"工业和金融首脑",而在后阶段则让位于越来越占优势的电影明星、歌星访谈。这其间存在着一种"偶像"的转换,即从"生产偶像"到"消费偶像"的转换,它反映的是文化工业较之传统工业不断膨胀的实力和影响力。如今,人们关注的是定位于上层建筑领域的大众文化英雄。②

市场还有一个特性,就是人无我有,人有我优,尽量保持产品的创新性,才能立于不败之地,至少也能在市场上获得一席之地。在美国,文艺与实用的界线是模糊的,艺术通常被视为给他人提供愉悦的某份工作,是供人们享受娱乐的精神奢侈品。正像英国学者哈维兰对那些善于利用别人激情的人所慨叹的:"精明的商人和政客意识到艺术可以操纵人类激情,搞市场营销大可借鉴,而政治家鼓动群众的时候也不会错过。"③因而,标新立异在美国文化中一直是被推崇的一个特质。但不是为了孤芳自赏,也不是为了"语不惊人死不休"。恰恰相反,是为了吸引公众,推销自己,以便成功地脱颖而出。因为美国人没有余荫可庇,没有权威可恃,没有老本可吃,一切只能靠个人奋斗,靠市场认可。中国著名社会学家费孝通

---

① 〔美〕丹尼尔·J·布尔斯廷:《美国人——民主的历程》,上海译文出版社1997年版,第770页。

② 陈立旭:《重估大众的文化创造力——费斯克大众文化理论研究》,重庆出版集团2009年版,第367页。

③ 〔英〕威廉·A.哈维兰:《文化人类学》,上海社会科学院出版社2006年版,第22页。

1945年在美国考察后曾经生动地对比了欧洲与美国的文化和历史:欧洲旧大陆是在一种"生了硬壳的文化中,除了安心在壳里求存,有什么别的生路呢?"而"北美这个文化的真空",则是从欧洲封建社会中释放出来的新生力量,它不定型,但却新鲜,有活力,是一种年轻的文化。"在这里知识才是力量,才是财富,才是生活。"①而市场恰恰是一个最充满活力、想象、变数和相对能为个人奋斗提供公平竞争的地方。

四、作为生活方式的大众文化

美国人心目中的大众文化所包含的范围极为驳杂,显然要比从雅俗相对的那种社会架构和文化视角所理解的大众文化概念更为广泛。其中最主要的原因是,美国建国时期只有一种全体国民参与创造的平民性质的文化,而不是像欧洲旧大陆那样存在着两极结构,通俗文化只是其中之一。所以说,美国大众文化既是一种文化现象,也是一种生活现象,差不多涉及和渗透于美国社会生活的方方面面,塑造了其独特的生活方式。

例如美国早期杂志就显示出斑驳陆离、轻松热闹的特点,不重纯文学性,而看重通俗性,包含了各种各样的娱乐性内容和对生活的教导。按照布尔斯廷的说法是,因为"在美国诞生时,亚文学的读者就已存在了"。不像同一时期的英国杂志,常常带有文学界小圈子的气息,因为杂志是为少数人办的。而美国大众文化的追求趣味和实用的混合型特点,使得"最早的印刷版本带有美国的特

---

① 费孝通:《美国与美国人》,三联书店1985年版,第33—35页。

点,它们不是以文学形式出现,而是以'亚文学'形式出现"。① 的确,这样的通俗化、实用性特点,在今天的美国报刊杂志上也清晰可见。

更重要的是,美国大众文化的概念不仅是指被全体国民认可的文艺作品本身,而是涵盖性更广,基本接近于美国大众创造的广阔的社会生活方式本身。它经过日积月累,既形成了历史传统,也变成一种文化个性。

你看看布尔斯廷的《美国人——民主的历程》第三卷第七编,在"大众文化"的标题下,作者甚至把美国的法人是如何成为"财产民主化的一种手段";分期付款信贷的普及如何削弱了节俭的旧道德观念,以至成为美国生活水准的新象征;以及特许经销业务的推广如何使美国人生活中新奇事物急剧增加;包装策略和超级市场的结合如何促进了"即兴购买"的"心理经济学"等等,都拿来在大众文化的名义下进行讨论,这是令人惊异的。因为在别的国家,这明显应视为经济生活层面的事,但美国人却仍然认为事关大众文化,其对大众文化理解的宽泛性可见一斑。

美国大众文化的概念,显然要大于一般的理解,它并非仅仅指某种通俗的、流行的文化娱乐形式,也包括社会大众参与的生活方式,及其日新月异的变化本身。只要是新的,具有创造、引领潮流意义的事物,不管它是出现于经济生活还是别的领域,美国人都习惯于把它也当做一种文化现象来看待。

美国人对这一点看得很清楚:"欧洲文化同美国文化的显著差异之一是,较老的文化传统上依赖于少数人的重大成就,而这新生

---

① 〔美〕丹尼尔·J·布尔斯廷:《美国人——建国的历程》,上海译文出版社1997年版,第313、512页。

的文化——散射漫溢,扑朔迷离,着眼效果——则更多地立足于多数人的新颖而又不断积累的方式。"①正是这一区别让我们明白了美国文化何以更适合用"新不新"而非"美不美"的标准来衡量的原因,也让我们想起约瑟夫·奈说过的一句话:"有生气的文化是变化中的文化。"②传统精英文化总是渴望以思想的永恒和艺术的美来抗拒时间,占据空间,而社会生活的本质则是变动不居,永远着眼于新的。当这一力量传导到大众文化中来,自然就给人以炫目、兴奋的感觉,这也正是大众生活给人的既泥沙俱下而又气象万千的那种特有感觉。

最深邃的洞见往往是从显而易见的事实中抽象出来的。美国独特的地理历史环境决定了美国文化面貌的独特性,约瑟夫·奈对此做了几方面归纳:"从地缘政治上解释就是西半球的地理位置赐给美国人的那种自由","从文化方面解释就是孤立的自由主义文化的那种乐观和天真","从制度上解释就是被18世纪的美国宪法奉为圣洁的多元论和权力分享"。③所以,美国早期移民即使羡慕他们古老故乡的欧洲文化,也无法原样克隆过来,种种因素促使他们必须开创新的生活和新的文化。正像《剑桥美国外交史》概括的,"19世纪的美国文化是整个西方文明的一部分","然而,从某种意义上讲,美国又是独一无二的,或者至少可以说是与18世纪末期的欧洲有着重大的不同,那就是在没有封建主义、既定教堂、

---

① 〔美〕丹尼尔·J·布尔斯廷:《美国人——殖民地历程》,上海译文出版社1997年版,第198页。
② 〔美〕约瑟夫·奈:《美国霸权的困惑》,世界知识出版社2002年版,第102页。
③ 〔美〕约瑟夫·奈:《美国定能领导世界吗》,军事译文出版社1992年版,第181页。

君主体制以及其他既得利益阶层的情况下,美国的整个社会更具团结和凝聚力"。① 通过对美国文化的历史溯源,我们看到,当国运维艰的时候,美国人的这种新的文化个性和底蕴,逐渐成为美国社会前进的动力和保障。而当大的历史机遇来临时,它的内在张力又会迸发出惊人的活力,这便是20世纪美国文化在世界范围内的巨大影响与主导地位。

---

① 〔美〕孔华润主编:《剑桥美国对外关系史》(下),新华出版社2004年版,第9页。

第七章　美国大众文化的当代影响

美国与众不同的建国历史,孕育了独特的美国大众文化,并形成了三个重要特点:一是拓荒期的美国移民社会只存在一种平民性质的文化,而不像历史悠久的国家、社会那样具有雅俗相对的稳定文化构架。二是美国大众文化从一开始便基于市场,优胜劣汰,适者生存,商业气息浓厚。三是由于美国大众文化介入美国社会生活既广且深,它的概念也更为宽泛,不仅是指大众娱乐,也几乎涵盖了美国生活方式本身。

不过,今天的美国如果仍然处于世界边缘地位,那么美国文化再有特色也只是独树一帜,不会举世瞩目。但世间的一切不是可以预测的,只要有了适宜的土壤、水分和阳光,一颗再稚嫩的种子也可能很快长成参天大树,变化只在冥冥之中,曾经长期孤悬一隅的美国大众文化在 20 世纪的全球性影响正是如此。

一、从独特性到普世性

美国新兴文化的独特价值一直被欧洲人所忽视,直到 19 世纪 30 年代法国人托克维尔的名著《论美国的民主》才为人所知。但即使托克维尔也没有料到,美国文化会在未来一个世纪里席卷全球。他一直是把美国当做难以复制的特例,因为"美国人的命运是特殊的:他们从英国的贵族那里取来了关于个人权利的思想和地方自由的爱好,并能把两者保全下来,因为他们用不着同贵族进行斗争"①。

但是,2004年,当另一位法国人贝尔纳-亨利·莱维重走托克维尔当年的美国之路时,他的口气全变了,几乎是用朝圣的口吻说,从新大陆第一代拓荒者到今天拉斯维加斯的惊世骇俗,美国就像从创世纪跃入后现代。特别是,这位法国作家不再怀着当年欧洲人那种屈尊俯就之心,而是像仰望高塔一样关注着"在当代美国给欧洲——它的文化和价值观——保留什么样的角色的问题"。他甚至用"罗马将继续是一个希腊化的国家"来比拟美国与欧洲今天的文化继承关系。即便对美国社会提出质疑,也是因为它关系着"投给我们的影像不是我们的过去,而是未来的生活景象","它告诉我们,'这是你将要去的地方及你将创造的世界'"。② 美国文化地位的今昔巨变由此可见一斑。

美国人对精神价值观的自我认知也发生了变化,从当初强调独特性转向普世性。20世纪以前,美国人的天定命运说、山巅之城说、上帝选民说及美国例外论等,主要强调的是与欧洲旧大陆的不同,在地缘政治和文化等方面一直保持着孤立主义倾向。但随着20世纪美国实力超群,美国人越来越看重美国精神文化的普世性价值。像约瑟夫·奈强调的,"美国大众文化有可能被其他文化背

---

① 〔法〕托克维尔:《论美国的民主》(下),商务印书馆2008年版,第850页。
② 〔法〕贝尔纳-亨利·莱维:《美国的迷惘》,广西师范大学出版社2009年版,第7、197页。

景下的青年理解为是极重要的新的价值观和生活方式"①,在20世纪以前美国人是很少这么说的。这一变化有其连续性,塞缪尔·亨廷顿认为,普世论实际上是美国例外论和美国民族主义的极端的结合:"美国例外特殊,不是因为它是一个特殊的国家,而是因为它已成为'普世的国家':由于世界各国社会的人都到美国来,美国的大众文化和价值观又被其他社会所接受。"②其基本逻辑就是,美国既然是世界上最强大的国家,美国生活方式和精神价值观既然对美国是好的,那么对世界就也是好的,应该大力推行。

反观历史,任何一个庞大帝国要长期维持其统治,都需要辅之以某种共享的信仰和文化。布热津斯基在《大棋局》中指出古罗马帝国的优越文化地位,"不仅使罗马的统治合法化,并且使它的臣民愿意受到同化和被包括在帝国的框架之中"③。值得注意的是,美国政治学者经常把古罗马与今天的美国相提并论,其用意和雄心不言而喻。他们认为,就文化影响而言,20世纪就是美国的世纪:

> 当21世纪的历史学家回顾冷战时代与冷战对他们生活于其中的世界的影响时,超级大国造成的死亡和破坏给他们的印象肯定没有美国文化的影响和美国模式的成功带给他们印象更深刻,其明显的表现将是遍及世界的麦当劳、比萨屋和肯德基的特许连锁及蓝色牛仔装和摇滚乐。更重要的表现将是推进世界相互依赖进程的计

---

① 〔美〕约瑟夫·奈:《美国霸权的困惑》,世界知识出版社2002年版,第95页。
② 〔美〕塞缪尔·亨廷顿:《我们是谁》,新华出版社2005年版,第221页。
③ 〔美〕布热津斯基:《大棋局》,上海人民出版社1998年版,第14页。

算机和传真机。①

　　这些具有 20 世纪特征的物质文化产品不仅出自美国，也代表美国的形象，象征着美国的强大、富有和活力，人们不管亲美还是反美，都要浸润其中。用一位挪威人的话来说，"美国文化正成为每个人的第二文化。它并不一定排斥当地传统，但它确实激活了某种文化双语现象"②。那么，从独特性到普世性，一向个性独具的美国大众文化又是如何为今天的世界所理解的呢？

二、全民参与的大众文化与平等的标识

　　平等观念一直是美国政治文化极其重要的部分，也是美国人的精神高地。从 1776 年《独立宣言》中"我们认为下述真理是不言而喻的：人人生而平等"③，到 2004 年塞缪尔·亨廷顿最后一本新书《我们是谁》中重申："美国信念"的核心是"人作为个人享有必不可少的尊严，人人享有根本的平等，在自由、公正和机会平等方面享有一定的不可剥夺的权利"④。美国人谈起自由平等来总是充满了道德激情，连大众媒体也是如此。如 2011 年美国独立日这天的《波士顿环球报》："美国的成立之所以卓尔不凡，在于它是第一个基于'人类以及政府本质'的哲学理念成立的国家。它致力于一个基本的真理：所有人生而平等。"

---

① 〔美〕孔华润主编：《剑桥美国对外关系史》（上），新华出版社 2004 年版，第 484 页。
② 〔美〕约瑟夫·奈：《美国霸权的困惑》，世界知识出版社 2002 年版，第 75 页。
③ 〔美〕戴安娜·拉维奇编：《美国读本》（上），三联书店 1995 年版，第 48 页。
④ 〔美〕塞缪尔·亨廷顿：《我们是谁》，新华出版社 2005 年版，第 123 页。

的确,托克维尔当年在《论美国的民主》绪论中开宗明义即承认,在美国,"身份平等是一件根本大事,而所有的个别事物则好像是由它产生的,所以我总把它视为我的整个考察的集中点"①。美国人非常尊敬托克维尔,经常从他那里引经据典。《美国宪法的民主批判》一书的作者即引用托克维尔这段话,以论述美国对世界的两大贡献,一是有维护长久民主的成文宪法,二是使之成为现实:"在一个巨大的、成长中的、多样的、进步的和繁荣的国家,民主和政治平等的观念和理想能够如此深刻地影响其政治生活、信念、文化和制度,而在此之前,从某种程度上说,这一直被认为是远远超出凡人所能及的范围的。"②正是在这样的精神优越感之上,美国大众文化曾经是一个历史事实,现在则变成精神的象征,曾经是由全体平民共同创造的产物,现在则变成平等的标识。

当然,能够在实际生活中实现平等原则是令人向往的,但当年托克维尔谈到美国人享有的平等时并没有多少理想主义成分,他只是感慨美国人得天独厚:"美国人所占的最大便宜,在于他们是没有经历民主革命而建立民主制度的,以及他们是生下来就平等而不是后才变成平等的。"③的确,"人生而平等",对于欧洲人来说是千百年来前赴后继、梦寐以求的理想,对于美国人来说则是与生俱来的日常生活状态。因为美国作为一个移民国家,在类似于《鲁滨逊漂流记》的洪荒环境中,只能从平等开始,白手起家。尽管美国人谈起平等来总是充满了圣徒式的神圣感,好像卢梭的当然

---

① 〔法〕托克维尔:《论美国的民主》(上),商务印书馆2008年版,第4页。
② 〔美〕罗伯特·A·达尔:《美国宪法的民主批判》,东方出版社2007年版,第21、142页。
③ 〔法〕托克维尔:《论美国的民主》(下),商务印书馆2008年版,第629页。

继承者。但实际上,卢梭在《社会契约论》中以肺腑之力喊出的那句名言"人生而平等,却无往不在枷锁中",美国人是很难感同身受的。因为美国人是"生来就平等"的,而欧洲人是经过长期奋斗才"变得平等"的。美国《独立宣言》就像在白纸上自由绘制蓝图,法国《人权宣言》则要经过残酷的革命洗礼。卢梭深知打破历史枷锁之难,故而才口气悲壮,境界崇高。

正因为欧美走过的历史道路不同,今天的欧洲社会显然更注重社会平等的权利,因为那是来之不易的伟大政治成果。但对美国人来说,身份平等只是生存的自然前提,只有自由,包括平等竞争的自由,以及享有竞争成果的自由,才是最值得珍惜的。托克维尔当年已经觉察到这一点,他一方面赞扬美国不像欧洲,即使服务行业人员也"不会由于想到自己领取工资而觉得下贱,因为美国总统也是为了领取薪俸而劳动的"。① 但另一方面他也不安地看到:"平等使人产生了追求享乐的观念,但它没有向人提供满足欲念的方法,所以这两者之间的永远相背,经常使人感到苦恼和受尽折磨。"②正因为美国没有欧洲社会那样的森严等级,人人机会均等便意味着欲望无限,当人人摩拳擦掌投入竞争时,最初的平等带来的必定不是伊甸园式的平静,而是出走伊甸园之后丛林的喧嚣。

19世纪的美国正是这样一个充满剧烈竞争的社会。据美国学者查尔斯·蒂利在《民主》一书中考察:"当我们仔细地考察19世纪的美国政治,我们发现大量的种族主义、本土主义、偏见、暴力、残酷的竞争和腐败。"譬如"19世纪美国的消防公司声名狼藉,不同的公司常常为争夺不同的目标而大打出手。消防水龙带公司争

---

① 〔法〕托克维尔:《论美国的民主》(下),商务印书馆2008年版,第687—688页。
② 同上书,第669页。

夺离火源最近的消火栓,消防公司则争抢主要的水龙带的位置,而扑灭大火的荣耀常常是打走其他竞争者来得到的"。[1] 中国社会学家费孝通20世纪40年代考察美国后也感慨道,美国早期"竞争"如同"械斗",经历过一个可怕的时期。[2] 一位美国学者则通过对"势利"因素的剖析呈现出美国社会的真实状况:"在美国,势利的含义比较特别。早期建国的时候,它的含义很微妙,因为每个人的社会定位都不清楚,大家都在试图模仿更高级的生活方式。所有人都是暴发户、野心家和新贵……往上爬,不会像在欧洲那样被指责为社会犯罪。期望获得社会地位并不算什么了不得的罪行。"[3] 所以,尽管人们平时津津乐道:"在欧洲,大家想知道你是谁;而在美国,大家想知道你是干什么的。一个明显的区别是,欧洲人觉得你的族谱你的家庭背景是重要的资料,而美国人觉得你的职业决定了你是什么样的人。"但实际上,即使不比身世比才能,美国人也不见得比欧洲人更高尚,因为势利无时不有,无处不在,"在美国,你的职业决定你的社会地位,这也常常是带着势利眼光的"。来自美国《大西洋月刊》的一段评语更是透彻:"一个社会越是平等与民主,它的人民也就越势利,一个社会的等级疆界越是容易变动,势利的心理也就越发微妙,美国社会不幸也是如此。"[4]

经过两百多年的竞争,今天的美国社会早已分出阶层。一本题为《格调》的美国社会学著作揭示,如今美国富人有自己的期刊

---

[1] 〔美〕查尔斯·蒂利:《民主》,上海世纪出版集团2009年版,第94、82页。
[2] 费孝通:《美国与美国人》,三联书店1985年版,第85页。
[3] 〔美〕艾本斯坦:《势利——当代美国上流社会解读》,社会科学文献出版社2007年版,第11、33页。
[4] 同上书,封底。

读物、电视节目；美国穷人也有，但那上面充斥着名流私生活的报道，这既满足了读者的窥视欲，也迎合了他们想要跻身富人阶层的愿望。① 作者认为，"民主要求它所有的公民生而平等，平等主义则坚持所有公民死而平等"。而等级嫉妒恰恰是对平等主义的报复。书中引述一篇讽刺小说的情节，在未来的平等社会，为了消除人们"对美丽外貌的偏见"和嫉妒，政府派出的整容外科大夫负责把每个人都变得相貌平平。② 美国著名政治学家乔万尼·萨托利在其《民主新论》一书中说得更直白："起点上平等，并非终点上也平等。不仅如此，假如结果已被预先决定，就根本没有什么机会能被提供。"③显然，美国人骨子里认同的还是机会均等，而非终点平等、永远平等。

另一方面，美国文化中的平等观念不会有利于柏拉图所说"哲学王"的产生。正像我们在前一章讨论过的，"美国人对于任何凌驾于大众之上的思想力量和精神权威都本能地敬而远之。反而是那种能够让自己的作品获得市场上广大读者认可的作者才会被美国人视为功成名就，销量的飙升会转化为由衷的尊重"。托克维尔在考察中也发现："只要身份趋于平等，大家的意见就会对每个个人的精神发生巨大的压力，包围、指挥和控制每个个人的精神。"④《光荣与梦想》的作者威廉·曼彻斯特对这段话恭敬地表示赞同，认为在没有经历过独裁制度、一向强调平等主义的美国社会，人们

---

① 〔美〕保罗·福塞尔：《格调》，中国社会科学出版社1998年版，第204页。
② 同上书，第10页。
③ 〔美〕乔万尼·萨托利：《民主新论》，上海人民出版社2009年版，第385页。
④ 〔法〕托克维尔：《论美国的民主》（下），商务印书馆2008年版，第809页。

像对待宗教一样信任舆论,结果就造成了"他向的美国人"。① 这同样也影响到美国大众文化的主流趋向,以市场论胜负,以多数人的趣味为准绳,宁愿如叔本华所说众人相聚必取平庸,也不愿被精英意识所左右。

当然,对此问题的多方探讨,并非要证明平等权利在美国徒有虚名,而是想借此指出,即使像美国这样有"生而平等"传统的国家,要想有始有终地"平等"也并非易事。正如乔万尼·萨托利提醒人们的:"作为表示抗议的理想,平等是有感召力的,也是容易理解的;但作为提出建议的理想,以及作为一种建设性理想,我认为没有什么能像平等那样错综复杂了。"②也就是说,把平等作为一面正义旗帜挥舞很容易,但要真正落到实处却很难,因为太复杂了,牵扯到人性欲望、利益博弈、社会体制和时代变化等多方面因素。

但奇怪的是,这样的道理在社会学领域中好理解,在国际关系实践中却未必说得通。因为更常见的情况是,在不同的社会里,举起别人的旗帜是为了追求自己的目标,并不在乎对方的真实状况。一位加勒比海诗人的激情告白颇有代表性:"人们来到这里是因为美国代表着一种理想。在历史上没有任何国家能像美国那样如此令人神往。不是因为钱,而是因为那句充满着理想色彩的话:人人生而平等。"③考虑到《独立宣言》中当初写入这句话的时候,并不

---

① 〔美〕威廉·曼彻斯特:《光荣与梦想》第四卷,商务印书馆1979年版,第1094—1095页。
② 〔美〕乔万尼·萨托利:《民主新论》,上海人民出版社2009年版,第371页。
③ 〔美〕比尔·莫耶斯主编:《美国心灵——关于这个国家的对话》,三联书店2004年版,第578页。

包括黑人和印第安人,甚至不包括女人。① 考虑到衡量美国梦成功的主要标准恰恰是金钱,移居美国的电影明星、前州长阿诺·施瓦辛格就说,美国奉行的是"成功的哲学,进取的哲学,致富的哲学"②;发明呼啦圈的人之所以进入《光荣与梦想》一书,也是因为他居然赚到了一亿美元。③ 特别是考虑到诗人说这话时已是20世纪八九十年代,应该能够借助各种媒体了解真实的美国社会,他为什么还会如此一厢情愿呢?

也许,有意误读正是文化交流间的普遍现象。它一般分两种,一种是纵向的,如欧洲文艺复兴对古希腊罗马时期文化精神的重新解读,意在恢复人文精神。另一种是横向的,如1789年法国大革命前伏尔泰等著名思想家对中国古老文明的颂扬,意在否定神本主义。可见,一种文化对另一种文化的巨大兴趣,往往起始于内部的需要。人之所有,己之所无,或人之所长,己之所短,便容易将对方理想化,欲借助外在文化力量来推动本社会的变革,而很少源于纯粹好奇,也不在乎是否符合真实。国际社会生活中更是如此。譬如美国国会花很大精力讨论妇女有没有堕胎的权力,同性恋者可不可以使用"结婚"一词,这令美国民众感到厌烦,但国外却有人在用心倾听,对比之下感到新鲜,得出美国人凡事都很民主的印象。再比如,美国离婚率上升,既可以理解为社会衰败的表现,也可以理解为公民自由的进步,关键在于"不同的价值判断会导致不

---

① 〔美〕罗伯特·A·达尔:《美国宪法的民主批判》,东方出版社2007年版,第20页。
② 〔美〕斯特兹·特克尔:《美国梦寻》,中国对外翻译出版公司1984年版,第177页。
③ 〔美〕威廉·曼彻斯特:《光荣与梦想》第四卷,商务印书馆1979年版,第1455页。

同的结论",连约瑟夫·奈也感到困惑,"不清楚上述文化判断是怎样与国家力量联系起来的"。① 可见,在国际关系领域中,一种文化若要具有吸引力,并不完全取决于自己是否有意推动,而在于别人的社会到底缺什么,要什么,怎么看。毕竟,理想的生活永远在远方。

三、市场化的大众文化与自由的标识

在20世纪大部分时间里,随着世界被划分为资本主义与社会主义两大阵营,一个国家以市场经济还是以计划经济为导向,就不单是经济运行模式问题,也越来越标识着对自由的信仰。约瑟夫·奈概括的美国"民主、自由市场和人权的基本价值观"②,"自由市场"一项能够单列其中,说明自由市场经济与美国大众文化及其价值观之间的联系深刻而内在。

"自由"作为一个抽象名词,包含了其现实性和潜在性的含义,因此,当它被用来描述经验世界时,很容易被混淆和夸大。不过,政治学意义上的自由,尽管不同时期、不同派别有不同的理解,但概念还是相对明确的。而文化意义上的自由,则更具昭示和象征意义,像是用来感受而不是讨论的,如同纽约港口默默矗立的自由女神像。

今天,美国大众文化的全球影响正是主要通过潜移默化的市场主导而非通过政府操控来进行的。有数字表明,美国"目前已经

---

① 〔美〕约瑟夫·奈:《美国定能领导世界吗》,军事译文出版社1992年版,第167页。

② 〔美〕约瑟夫·奈:《美国霸权的困惑》,世界知识出版社2002年版,第105页。

控制了世界 75% 的电视节目和 60% 以上的广播节目的生产和制作","美国文化工业的产值占 GDP 的近 1/5,其音像制品出口超过航空航天业,是全美第一大出口贸易产品,占据 40% 以上的国际音像市场份额"①,以至于人们越来越担心美国人通过市场搞文化侵略,包括欧洲发达国家在内。在 20 世纪 90 年代关贸总协定谈判中,法国就与美国发生过"文化例外"之争。美国人认为文化产品也是普通商品,应当列入一般性服务贸易,不应额外设限。法国人则坚持文化领域不适用 WTO 贸易原则,提出"文化例外"的六条标准。同一时期,法国右翼党派还提出过一个"杜蓬法案",意在把美国俚语从法语中清除出去,并限制英语在国家行政部门和私营大公司等的使用。

不过,要说美国有一个以文化独霸世界的阴谋也许言过其实。事实上,美国人的确有一种把包括文化产品在内的商品投入市场竞争的持久热情。从根本上来说,美国人的这种偏爱,还在于美国社会早期各国移民只能通过市场交换将各自的劳动和生活联系起来,在竞争中确立位置并形成传统。它当初催生出一个锐意求新的多元化社会,今天则通过超级市场、汽车社会、信用卡、快餐、可口可乐、个人电脑、互联网等不断涌现的创新事物把美国大众文化的活力传导给世界。

约瑟夫·奈也主要是从自由竞争的角度来肯定美国文化的力量的,他领悟到"蕴含在产品和交往中的美国大众文化具有广泛的感召力"②。并比喻说:"在自由市场中,人们的决策是被一只看不

---

① 沈壮海主编:《软文化真实力》,人民出版社 2008 年版,第 7、9 页。
② 〔美〕约瑟夫·奈:《美国定能领导世界吗》,军事译文出版社 1992 年版,第 160 页。

见的手所引导。在思想的市场上,我们的决策通常为软力量所左右。这种不可触及的吸引力劝服我们——在未受任何明显胁迫或者进行交易的情况下跟从别人的目标。"①也就是说,受制于"看不见的手"的美国市场经济模式,其繁荣、开放本身又成为另一只"看不见的手",最终会左右别国的思想观念和政策导向,从而令美国受益。即所谓:"一个国家有可能在国际政治中获得其所期望的结果,是因为其他国家仰慕其价值观,模仿其榜样,渴望达到其繁荣和开放的水平,从而愿跟随其后。"②这实际上就是约瑟夫·奈软实力说的最准确含义,非常实用理性,并没有更深的哲学内涵。

市场取向的美国大众文化所标识的自由精神,主要体现在两个方面:一是文化产品的自由竞争,二是个人消费文化产品的自由权利。在早期,市场竞争和社会需求之间还是平衡的,在维护传统道德观念的基础上激发了美国人生机勃勃的创造精神。但在今天,随着美国大众文化的商业气息越来越浓,当市场饱和以后就要刺激消费,为了刺激消费又要制造新的时尚,于是异化时代就来临了。丹尼尔·贝尔在《资本主义文化矛盾》一书中指出,二战以后,美国"文化不再与如何工作、如何取得成就有关,它关心的是如何花钱、如何享乐。尽管新教道德观的某些习语沿用下来,事实上五十年代的美国文化已转向享乐主义,它注重游玩、娱乐、炫耀和快乐——并带有典型的美国式强制色彩"。③ 而在这样的趋势下,大众文化的取舍标准也就越来越脱离价值判断而追逐实利。《势利》

---

① 〔美〕约瑟夫·奈:《软力量——世界政坛成功之道》,东方出版社2005年版,第7页。
② 同上书,第5页。
③ 〔美〕丹尼尔·贝尔:《资本主义文化矛盾》,三联书店1989年版,第118页。

一书认为正是在20世纪五六十年代,"美国清楚地划分出了年轻的文化和不那么年轻的文化;年轻人的文化总在不断变化",道德是非底线被满不在乎地践踏,"新奇才是最有价值的。新即正确"。通过他们的音乐、特殊的衣着、甚至毒品等来炫新耀奇、寻求刺激。为了追求新奇,衣服和鞋类的生产商和设计人员还深入城市不同街区,寻找孩子们认为是酷的打扮。"中上层白人社会的孩子也追随黑人孩子的衣着文化,尤其是在运动鞋方面",因而让"黑人年轻人的文化引领了青年文化的潮流"。① 但对封闭社会的人来说,这就会容易认为是自由、民主精神的体现,却想不到还有市场一只"看不见的手"在操控。高雅艺术在市场中也变味了,一味追求特立独行,并非出自艺术创见,而是要赚取别人的眼球。正如丹尼尔·J·布尔斯廷所说,过去"它是公认的美的体现,其中上等的作品都经过艺术学会和多少代人的确认和鉴定,而在现代美国,艺术却成了一大堆标新立异、令人莫名其妙的东西"②。大众消费文化的趋利性和媚俗性对传统生活观念的消解也是势不可挡,以至于新闻学者汤姆·沃尔夫感叹说:"我们正进入一个需要重新学习那些在75年前每个人都知道的观念的时代。"③

而且,自由竞争并不就意味着平等精神的体现,市场因素完全有可能造成自由权利事实上的不平等。斯图亚特·霍尔对市场经济条件下"舆论自由"的探讨颇令人玩味。这位被誉为当代文化研

---

① 〔美〕艾本斯坦:《势利——当代美国上流社会解读》,社会科学文献出版社2007年版,第231—232、171页。
② 〔美〕丹尼尔·J·布尔斯廷:《美国人——建国的历程》,上海译文出版社1997年版,第731页。
③ 〔美〕比尔·莫耶斯主编:《美国心灵——关于这个国家的对话》,三联书店2004年版,第84页。

究之父的英国学者认为,舆论自由能够摆脱权威控制是一回事,但要在市场上真正兑现自由则是另一回事。因为兑现是需要资本的,而事实上,"这种形式上的'自由'也有其自身非常明确的局限。庞大的资本积累被用于一种报纸的拥有、出版、发行、资本化以及维持,而绝大多数人民的自由只是表现在他们可以自由地消费别人提供的观点"①。即是说,在市场经济条件下,由于没有自由竞争的资本,大多数人很难自由发出自己的声音,即使想做个自由的看客也不行,因为只能被动选择,消费别人制作好的东西。舆论自由是这样,思想艺术自由也同样,市场并不是万能的。

还有一个问题,大众文化虽然达不到很高的境界,却能够对高雅文化造成严重威胁,即通过让经典之作为商业效力而剥夺它的精神魅力。试想,如果把贝多芬和巴赫作品当做餐饮业的背景音乐,把康德和弗洛伊德的书放在酒吧里供人消遣,那么再伟大的作品也会变成某种不同于自身的商品,虽然这也是一种自由。而且,大众流行文化的消费性质和工业流水线的产生方式,会有力地"动摇艺术品作为稀有商品的神圣地位"②。过去,一场很难搞到票的古典音乐会是高雅的,这既是精英文化的特权,也保持住它的真谛,还往往成为上流社会附庸风雅的盛事。但今天,当艺术大师的音乐光盘像摆地摊一样被叫卖时,它就失去了神秘性和稀缺性,这也造成精英文化观念的失衡和失落。

实际上,以市场为导向的大众消费文化,很难具有恒定的核心

---

① 陶东风主编:《文化研究精粹读本》,中国人民大学出版社2006年版,第270页。

② 〔英〕尼克·史蒂文森主编:《文化与公民身份》,吉林出版集团2007年版,第147页。

价值,尽管它强调大众也有权利享受文化,但它的文化价值观实际上是由消费者不断变幻的需求塑造的,这些需求又受到广告宣传的操纵,而广告宣传往往诉诸人的初级神经系统,倡导时尚品味,却不会谈论具有永恒价值的智慧与美。所以提出美国"黄昏说"的莫里斯·伯曼坦言道:"美国文化处于危机之中。"因为商业公司的贪婪、人们消费的狂热和反知识现象已经严重侵蚀了智性文化。他劝诫人们摆脱"麦克世界",抛弃商业口号和时尚话语,努力实现启蒙运动的价值。他怀念往昔:"如果每个人都只读经典作品,生活就会美好得多。"①的确,如果大众文化消费产品只为商业牟利的流水线所驱动并泛滥时,这就不只是文化的肤浅,而更是心灵的异化,彻底的空洞。

四、美国大众文化的意识形态化

由于历史的原因,美国大众文化不仅承担娱乐功能,也渗透在广阔的社会生活中,紧密联系着美国人的衣食住行和喜怒哀乐,因而易于成为美国生活方式的象征。20世纪以前,美国大众文化作为一种"孤立的自由主义文化",主要彰显美国的特殊存在。而如今,正像约瑟夫·奈所宣称的:"美国文化的全球影响有助于增加我们的软实力——即我们的文化和意识形态的号召力。"②在这一战略目标影响下,美国大众文化也越来越被意识形态化。

要达到这一目的,美国人必须解决一个难题,即如何打破那种

---

① 陈安:《美国知识分子》,当代中国出版社2010年版,第220—221页。
② 〔美〕约瑟夫·奈:《美国霸权的困惑》,世界知识出版社2002年版,前言第5页。

把文化潜在地分为"阳春白雪"和"下里巴人"的思维定势。按照这一观念,大众通俗文化的票房价值再高也被限定在娱乐层次,而经典之作曲高和寡却被视为人类精神文化的精粹,独占大雅之堂。

平心而论,作为美国社会主流文化,美国大众文化其实也是雅俗并包的,并不刻意拒绝西方传统中优雅、优美、精致、雅致、舒适等因素。美国也有世界一流的交响乐团、芭蕾舞团。好莱坞电影渲染的生活情调和梦幻色彩令人着迷。纽约大都会歌剧院的建筑标准和艺术音响要求之高,据说在舞台上扔一个硬币,剧院任何一个角落都能听见。美国政治学者也注意到,有时候,"与流行文化所展示的政治重要性相比,高雅文化交流对政治的影响更加一目了然"。特别是当社会主义阵营人士来访时会产生疑问:"堕落的西方怎么会有这么出色的乐团?"①

不过,无论美国高雅艺术水平多么像欧洲,真正体现美国文化特色的,还是美国大众文化的时尚魅力,而非思想潜力,这也是一直令欧洲人惴惴不安的。早在20世纪30年代,奥地利著名作家茨威格就在《世界正变得单调》一文中抱怨,美国人"总是发明新的艺术媒介,像电影院、收音机,好用随大溜的食品来喂养饥饿的思想"。但又惊呼,如此单调的美国文化却能借大众传媒之手无孔不入,威力空前。假如纽约街头时兴短发,一个月后全世界就会有上亿女人自愿剔成马鬃头,如此雷厉风行,服服帖帖,连历史上皇帝、可汗的威力都达不到。茨威格警告说,"当代是从美国征服欧洲时开始的","实际上,我们正在变成美国物质生活和生活方式的殖民

---

① 〔美〕约瑟夫·奈:《软力量——世界政坛成功之道》,东方出版社2005年版,第47—48页。

地,正在变成机械的、与欧洲格格不入的观念的奴隶"。①

但在冷战时期,美国学者的态度还是比较谨慎的。约瑟夫·奈在与罗伯特·基欧汉合著的早期代表作《权力与相互依赖》中承认,"并非该文化的所有方面对所有人都有吸引力"。只是指出:"深受自由主义和平均主义思潮影响的美国大众文化主导着当今世界的电影、电视和电子传播。"②意即美国大众文化并不奢望一统天下,它主要针对平民大众,通过市场和寓教于乐来增强其全球认同感。

但自20世纪90年代冷战结束后,约瑟夫·奈似乎有些沾沾自喜了:"不管我们做什么,美国的大众文化都具有全球影响。好莱坞、有线新闻电视网和互联网的影响无处不在。美国的电影和电视节目宣传自由、个人主义和变革(还有性和暴力)。"③他甚至公开质疑知识界对大众流行文化的轻蔑,认为"这种蔑视不合时宜,因为流行娱乐往往包含个人主义、消费者选择和其他具有重要政治效应的价值的潜意识形象和信息"。他甚至引用一位作家的评价说,"美国文化包括浮华、性、暴力、无聊和物质主义,但这并非是全部。它同时也描绘了开放、流动、个人主义、反对墨守成规、多元化、自愿、以民为本和自由等特征的价值观"④。

约瑟夫·奈的底气显然来自于苏联阵营不战而溃的意外结

---

① 《茨威格散文精选》,人民日报出版社1997年版,第25—28页。
② 〔美〕罗伯特·基欧汉、约瑟夫·奈:《权力与相互依赖(第三版)》,北京大学出版社2002年版,第264页。
③ 〔美〕约瑟夫·奈:《美国霸权的困惑》,世界知识出版社2002年版,前言第5页。
④ 〔美〕约瑟夫·奈:《软力量——世界政坛成功之道》,东方出版社2005年版,第49页。

第七章 美国大众文化的当代影响

局。作为西方政治学者,他也需要做出相应的解释,而他的回答就是软实力说,认定苏联集团的瓦解正是因为"西方文化形象在柏林墙倒塌前就对其进行了渗透和破坏,锤子和压路机也不会管用"①。21世纪初俄罗斯人拍摄的一部文化片《俄罗斯音乐祭》似乎也佐证了约瑟夫·奈的这一观点。影片旁白说:在苏联时期,美国文化长期被看做是"没有根基的大众文化"。苏联年轻人却趋之若鹜,官方痛心疾首,"看看他们怎么跳舞,毫无廉耻,整天不读书,通宵跳舞。我们为这种讽刺画面上时髦的牺牲品感到羞耻,别忘了冷酷的阴风是从哪里刮过来的"。②虽然饱受抨击,但年轻人照样我行我素,而且越是特权阶层出身的孩子,越是把这当做一种炫耀。当年流行的一本苏联小说《你到底要什么》正是这一现实的艺术写照。所以,约瑟夫·奈充满信心地肯定:"流行文化的吸引还对美国另一重要的外交政策目标——获取冷战的胜利——做出了贡献。"③其潜台词是:美国大众文化如果不是负载着优越的西方价值观,难道仅凭无聊的娱乐、疯狂放纵和露骨的商业性,就能扳倒苏联这一强大的意识形态对手吗?

那么,美国大众文化为什么具有一种似乎能化腐朽为神奇的魔力呢?为什么人们记住的总是猫王、迈克尔·杰克逊这样能够激起万众狂欢的歌手呢?为什么麦当娜一曲《物质女孩》中"只有那些有钱的男孩对我来说才真正具有魅力……我是一个物质女孩

---

① 〔美〕约瑟夫·奈:《软力量——世界政坛成功之道》,第51页。
② 俄罗斯文化影片《俄罗斯音乐祭》第4集"遥望东方,眺望西方",中国普罗艺术公司翻译发行。
③ 〔美〕约瑟夫·奈:《软力量——世界政坛成功之道》,东方出版社2005年版,第51页。

儿"的表白,如此赤裸裸地拜金,却依然能够撩动人心呢？从文化研究的角度看,大众文化与高雅文化、精英文化等主流文化历来是相伴而生的,边缘性便是它最重要的特征。按照福柯的观点,权力总是产生对于其效果的反对和抵抗。所以,大众文化在娱乐的同时,在特定时代环境下,也可以理解为被统治和边缘化的社会群体利用文化进行抗议的一种形式。① 这种象征性反抗在年轻人的亚文化中尤其鲜明,即便不存在明显的社会不公,他们也有宣泄压力和释放激情的需要。反抗性的情绪亢奋还有助于艺术创造性的勃发,正如英国学者在《两种文化》一书中所说的:"想象是有活力的,但你只能在自己的私人空气中呼吸到。"②而那些在大庭广众之下披着长发、嘶声嚎叫的流行歌手正是在想象中和观众的潜意识中成为了文化英雄,掀起一场场集体狂欢,却忘了这也是成功的商业演出。

当然,美国大众文化的独特魅力还在于它是一种年轻的文化,比较开放包容,贴近日新月异而又泥沙俱下的生活本身,因而具有一种粗俗、新奇、痛快淋漓的炫目感,更适合用"新不新"而非"美不美"的标准来衡量,也非常适合年轻人表达自我、寻求刺激的特殊心理需求。而另一方面,苏联僵化的文化政策又极好地配合和强化了美国大众文化的冲击力,起到了类似于回音壁的共振效果。苏联体制强行禁止年轻人接触西方文化,生硬灌输僵化的官方文化,结果适得其反,把年轻人原本对西方流行文化的狂热追逐,演变成了一种政治对抗行为,再加上西方媒体的作用,很容易被罩上

---

① 〔英〕阿雷恩·鲍尔德等:《文化研究导论》,高等教育出版社 2004 年版,第 266 页。
② 〔英〕C·P·斯诺:《两种文化》,三联书店 1995 年版,第 117 页。

第七章　美国大众文化的当代影响

各种神圣的光环。这就不仅把丘吉尔当年预言的"铁幕"变成了闭关锁国的柏林墙,还自我形成了闭目塞听的文化政策,结果让丘吉尔另一预言随之应验:"俄国害怕我们对它友好甚于害怕我们同它为敌。苏联独裁政权经不起同西方自由交往。"①一位西方学者回顾历史认为:"共产党政权没有搞明白的是,流行音乐的吸引力恰恰就在于它的'禁果'地位。共产党官方发表长篇累牍的文章攻击流行音乐,结果只能是刺激东德的青年人去收听来自另一种意识形态领域的流行音乐。"②

的确,越封闭,越会激发对自由的想象。20世纪五六十年代美国"垮掉的一代"文艺流派影响极大,也曾让八九十年代的中国年轻人目瞪口呆:"在他们的头脑里,几乎没有什么东西是不可列入文学描述的范围的,从裸体的睡者,吸毒的流浪者,太空的未来战士,正在逐渐腐败的脸;到同性恋者颤抖的内心;到染病的向日葵,一直到母亲的私处。"然而,震惊过后是钦羡:"'垮掉的一代'代表真正地道的美国文学,它所表现的是开放的人生,是欢畅的、没有道德和文化禁忌过多约束的自我表达。"③自己没有接触过的东西才会少见多怪。相形之下,美国大众文化在当时的西欧和一些并不发达的国家却没有激起这样大的政治和心理波澜,为什么呢?因为这些地方文化氛围相对开放,交流比较顺畅,构不成回音壁似的封闭环境,不会过于放大美国大众文化的能量,甚至把它神圣化。约瑟夫·奈也明白这一点:"苏联体制的封闭性及对资产阶级

---

① 〔美〕理查德·尼克松:《真正的战争》,新华出版社1980年版,第341页。
② 〔加〕马修·弗雷泽:《软实力——美国电影、流行乐、电视和快餐的全球统治》,新华出版社2006年版,第202页。
③ 李斯编著:《垮掉的一代》,海南出版社1996年版,序。

文化影响的长久排斥意味着苏联放弃了流行文化之争,它从未挑战美国在电影、电视和流行音乐的全球影响力……美国音乐和电影渗入苏联并影响深刻,但苏联本土的产品从未找到海外市场。世界上没有社会主义的猫王。"①的确,为什么社会主义国家就不能容忍猫王的存在呢?这个问题发人深省,即使狂欢有失体统,禁欲也不是社会主义。

不过,美国大众文化的全球影响即使达到无远弗届的地步,它也有很难达到的地方,这就是人的内心。它毕竟不够深邃厚重,因而让人怀疑:它是否真的能够成为一座意识形态的山巅之城? 可以满足人性欲望的东西,是否也能满足人对精神美感和升华的隐秘渴望? 宣泄、放纵、践踏一切、尽情享乐是否就算是尽享生命? 是否等同于建设性工作? 能否为那些遭遇重大变故、悄然退出集体狂欢的个人提供免于内心崩溃的精神力量? 所有这些疑问,即使在人们最耽于欢乐的时刻,也会像鬼打墙一样转回来,悄悄啃噬着内心,并且把一个最古老的感悟带给人们,这是苏格拉底经过沉思默想说出的:未经省察的人生没有价值。

---

① 〔美〕约瑟夫·奈:《软力量——世界政坛成功之道》,东方出版社2005年版,第82页。

第八章 美国梦与最大公约数

不同社会文明之间的高下一般是难以横向比较的，因为人类文化的多样性是不同种族、文明适应不同生存环境的产物，都有独特价值，承载着人类文明发展的宝贵经验和基因，不可替代。正像只有一两种动植物生存的星球是怪诞的，只被一两种文化所控制的人类社会也是可怕的，那不是和平，而是死寂。地球需要一个生机盎然、良性循环的生物圈，人类社会也需要一个多样性文化环境，才能生生不息，丰富多彩，这是跨文化交流的基本道理。

但是国际关系领域有所例外，尽管各国民众生存环境不同，历史不同，语言不同，精神信仰也不同，可一旦发生联系，大家心目中的不同社会文明间的高下优劣其实还是可以横向比较的——那就是一个国家的经济生活水平、社会富裕程度，以及个人发展机会等。这是各国民众最易拿来相互比较的东西，如同竞争中的一个最大公约数，是全球公民基本上都认可也乐于去追求的共同生活目标。

这是因为，无论身处何种文明、社会和体制当中，人们总是首先要维持基本生存，同时又梦想更好的生活，对于物质财富的创造、追逐和占有，必然会贯穿于所有家庭、个体的日常生活内容中。

正是如此,一个国家的富裕与发达,会被视为实实在在的成果,产生长久吸引力,让人倾羡和效仿,甚至自动产生某种制度示范效应。

当然,从人生哲学的高度上来讲,人生在世,财富不是一切,而只是生存的基础。但作为全球人普遍认可的人生之梦的底线来说,富足安乐的生活基本上就是一切。这自然会导致不同社会间的持久竞争。俗话说,人往高处走,水往低处流,人们天然地向往富裕的社会、高品质的生活,如同牛羊追逐牧草、水源一样。更为实际的是,人们一般不问原因、只看结果,会仅仅因为生活的诱惑而非什么意识形态原因而远走异国他乡,成为用脚投票的人。哪怕是最愚钝、最没有见识的人,他也会很快比较出谁穷谁富,做出自己的选择。

所以,一个矛盾现象是:各国民众虽然本能地抵制外国强权想要通过政治压力、军事干涉、经济封锁等改变本国社会现状的粗暴行为,但却很容易受到外来先进科技、优越生活水准、时尚文化活力的甜蜜诱惑。如果说,战争的威胁使人同仇敌忾,不惧强敌,那么经济发展水平的巨大差距和长期滞后则容易使人气馁,无所适从,甚至不战而溃。从美国历史的前世今生来看,美国梦真正的磁石吸力正在这里。

一、最初的美国梦是淘金梦

无论今天对于美国梦的阐释怎样被意识形态化,可以肯定的是,当初美国梦在美洲大陆浮现时,仅仅是一个有关生存的梦想,而不是可以坐享其成的金山银山。相对于历史悠久、文明灿烂的

第八章 美国梦与最大公约数

欧洲旧大陆来说,那时的北美地区如同世界边缘的一片洪荒。因而20世纪以前的美国梦相对单纯而感性,明显带有某种人生赌博的大梦气质,对于许多欧洲移民来说,这不过是一次改变命运的机会。

不过,美国梦也有很真实的一面,足以让一切不甘心现状的人动心:一是那里有无限的资源可供开采;二是那里人们的社会地位和宗教信仰基本平等;三是那里有最自由开放的经济和并不强势的政府;四是美国也是唯一能够向大规模移民敞开大门的梦想国度。

关于美国梦的最初状况,19世纪30年代赴美考察的法国人托克维尔在《美国的民主》一书中留下了真实的纪录:"美国人居住在一个令人感到奇妙的国土上,他们周围的一切都在不停地变化……人的努力,好像到处均无天然的止境。在他们看来,没有什么办不到的事情,而是有志者事竟成。"而且,这逐渐凝成一种新的国民性:"这种运气好坏的经常反复,这种推动美国人一致向前的感情冲动,这种公共财富和私人财富的变化莫测的起落,全部汇合在一起,对于一个美国人来说,人的一生就像一场赌博,就像一次革命,就像一个战役"①。这样的奋斗与变化,对于社会阶层早已固化的欧洲人来说是不可想象的,但却是构成美国人个性中最独特、最自由的质素。

托克维尔还注意到,尽管当时美国社会已经贫富分化,但富人、穷人对于淘金梦的迷恋是一样强烈的:"我在美国遇到的贫穷公民,没有一个不对富人的享乐表示向往和羡慕……另一方面,我

---

① 〔法〕托克维尔:《论美国的民主》(上),商务印书馆2008年版,第471页。

在美国见到的富人,没有一个对物质享乐表示傲慢的轻视。"为什么呢?因为"美国的富人大部分曾是穷人",贫富虽已分出,但阶层并不固定,这激励人们勉力向前,以免在持续不断的竞争中落后。因而,"喜爱物质生活的享乐,正在变成全国性的和居于统治地位的爱好。人心所向的这股巨流,正把所有的人卷进它的狂涛"①。美国国民这种相当一致的文化心理取向,是欧洲贵族社会无法理解的。

由此可见,美国梦有两个重要特质在建国时期已经显现:一是强烈的物质欲望,二是狂热的冒险气息,它们作为美国梦特有的文化基因,一直流淌在美国人的血液里和日常生活中。当年欧洲人普遍持鄙夷态度,而托克维尔却以超前近一个世纪的洞察力指出:"这种追求物质享乐的激情,本质上是中产阶级的激情。"②唯其不是由贵族特权阶层所独有,才能激起广大人群的热烈追求。唯其能够变成一些致富成功的真实故事,才能激发经久不息的淘金热。尽管在人生赌博中能够美梦成真的永远只是少数人,但相对于历史上其他人类社会而言,新兴的美国毕竟第一次向人们展示了这样的机会:在这片拓荒的土地上,只要你肯投入,敢冒险,一切皆有可能,命运就在自己手上。这也正是美国梦当初最独特、最迷人的地方。

二、20 世纪美国梦是否发生实质变化

但是到了 20 世纪,特别是在二次世界大战后美国成为超级大

---

① 〔法〕托克维尔:《论美国的民主》(下),商务印书馆 2008 年版,第 661 页。
② 同上书,第 660 页。

第八章 美国梦与最大公约数

国和西方阵营的盟主,美国梦的含义显然有了很大不同,其中最重要的变化是"自由"取代"淘金"而成为新的关键词。

这首先体现在冷战期间美国人一以贯之的政治宣传中。从1963年肯尼迪总统到刚刚竖起的柏林墙边大声呼唤自由,到1988年里根总统在莫斯科直截了当地呼吁苏联"迈向更大的自由",自由乃至"投奔自由"成为20世纪世界各国人们耳熟能详的一个词,也几乎成了美国梦的同义语,它带有浓重的政治意味,而不是仅指淘金梦与冒险热。

回顾美国历史,自由的呼声的确此起彼伏,不绝于耳,但是它能够作为美国梦独特而基本的质素吗?

一种是呼吁摆脱殖民统治、争取民族独立的政治自由,它以帕特里克·亨利在1875年美国独立前夕喊出的"不自由,毋宁死"的口号为最著名。这口号虽然振聋发聩,但它并非美国所独有,任何一个反抗外来压迫、争取自由解放的国家、民族,都会表现出决绝的战斗意志。

另一种则是黑人呼吁摆脱奴隶命运的自由斗争,它以1843年全国黑人大会上喊出的"宁可死为自由人,不可生为奴隶"的口号为象征。其正义性正如当年一位黑人作家在美国国庆日时愤怒质询的:"你们的7月4日对美国黑奴有何意义?我的回答是:一年之中,没有哪一天比今日更使他们感到让自己无时不被沦为牺牲品的那种滔天的不公和残忍了。"一位黑人妇女在美国妇女争取自由权利大会上也曾走上讲台质问:"那么,我就不是女人吗?我生过十三个孩子,眼睁睁地看着大多数孩子都被卖做奴隶。当我带着母亲的悲哀哭泣时,除了上帝以外,谁也没听到我的哭声!那么，我就不是女人吗？"①可悲的是，当初签署《独立宣言》的人并未意识到作为奴隶主的不平等，并没有将在英美之间争取平等与黑人受白人奴役这两者相提并论，奴役在当时是合法的社会惯例，《宪法》起初也只把一名奴隶当做3/5的人看待。② 所以，反对白人蓄奴制和种族歧视的自由斗争虽然具有美国特色，但这显然不能为美国梦增光添彩。

长期以来，自由既然并不是美国社会生活的普遍现实，也就不可能成为美国梦的核心内容。而且，美国人今天越是向世界高调宣称杰弗逊当年所言的"真理不言自明"的那种自由，就越是让人从美国历史中感受到有某种双重道德标准之嫌。

当然，有一种对自由的追求的确可以视为美国梦的独特贡献，这就是美国最早移民在到达新大陆之初，就决心不再把欧洲贵族制度、专制教会那一套照搬过来。他们以小政府、大社会的思路，通过层层分权、高度自治等措施使政府不再成为压迫民众的官僚机构，因而才有了三权分立的独特制度安排，这可以说是美国政治文化的独特贡献，也是美国梦中有关自由的质素。

但是，如同社会中法律与道德的关系，法律永远只关注社会行为主体的最低底线，而非最高境界。同样，在日常生活中，广大人群的人生之梦永远是朴实的，偏于物质化的，如一位社会学家所言："物质主义者是被这世上的纷繁诱惑的人。这世上各种物质东西的罪过在于，它使人们的注意力从诸如艺术、思想、美好的生活

---

① 〔美〕戴安娜·拉维奇编：《美国读本》（上），三联书店1995年版，第260、277、202页。

② 〔美〕莫蒂默·阿德勒：《西方名著中的伟大智慧》，海南出版社2002年版，第172页。

等等这些崇高的东西上转移开了。"①正是如此,美国梦的根子从一开始就扎根在早期移民发财致富的欲望中,新的社会理念和制度安排既不是他们漂洋过海的目的,也不会成为他们日常奋斗的目标,而只是开拓致富的必要保障。

所以,对于任何一种生活梦想的解读,作为个人来说尽可以达到很高的境界,赋予很深的思想内涵。但当涉及大多数人的看法时,必然首先是与追求富裕的生活、发达的经济和个人成功的机会联系在一起的。在任何地方、任何时候都是一样,在国际关系领域更是如此。

三、国际关系领域竞争的基础是物质生活水平

人类在地球上分为不同的社会群体,这些群体也有着千差万别的文化形态,但生存需求是一切人类社会和日常生活最基本的动机。人们最初结为各种氏族部落、社会集团,就是为了争取占有和分配尽可能多的生活资源,以作为可靠的生存保障。这种为了谋求更好的生活而争先恐后、彼此竞争的人类本性,既体现在各个国家对权力、利益的不懈追求上,也反映在人们基本一致的生活态度和情感取向中。既然世界各国的民众都更乐于使用自来水、抽水马桶,而不是自己去井里汲水或是到野外方便,那么,无论哪一种文明形态或精神信仰,都更容易在这些基本的生活设施面前表现出共同的追求。

国际关系领域正是这样一个很实际的领域,它被世界各国大

---

① 〔美〕艾本斯坦:《势利——当代美国上流社会解读》,社会科学文献出版社2007年版,第88页。

多数人的生活意志所左右,相互间的看法也就自然比较势利。英国学者爱德华·卢斯在《不顾诸神——现代印度的奇怪崛起》一书中曾指出一个矛盾现象,着迷于古老文化的西方人会对印度充满敬意,而对现实贫富差别敏感的人则对印度感到不屑。德国哲学家叔本华、法国作家安德列·马尔罗曾毫无保留地赞扬印度有着人类最温雅和善的古老文明。而制定过印度第一部刑法典的麦考利勋爵则鄙夷地说:与西方人的成就相比,整个印度的文学与哲学全都不足挂齿。具有铁腕政治家一面的温斯顿·丘吉尔,对于印度的评价更为恶劣,说那"是一个有着野蛮宗教的野蛮国家","就像赤道那样,它根本就不是一个国家"。不幸的是,持有这种冷峻看法的人还不在少数。所以,爱德华·卢斯想问问那些浪漫的西方来访者,他们对印度的这种精神崇敬是否会因为看到印度有如此众多的贫困人口而动摇过?[1]

如果说物质的贫穷会掩抑精神的光环,那么相反,一个国家经济发展的成功,往往也会在精神文化方面显示其优越感,甚至被人们做过于意识形态化的解读。有学者指出:"纵观历史,凡是最富和技术上最先进的人都以为自己的生活方式是最好的,最顺乎自然的,是受到上帝恩赐的,是灵魂得救的最可靠手段,至少是世上通向幸福的快车道。"[2]人本来就如康德所说是天生注重因果律的社会动物,别的国家的民众在羡慕不已之时,也会自动去寻找其内在原因。那种宣称美国梦的普世意义只在于按照美国精神价值观和制度模式发展才能取得物质成功的说法,无疑是逻辑的颠倒。

---

[1] 〔英〕爱德华·卢斯:《不顾诸神——现代印度的奇怪崛起》,中信出版社2007年版,引言第4页。

[2] 〔美〕亨廷顿等主编:《文化的重要作用》,新华出版社2010年版,第218页。

实际上，一个国家对他国民众的吸引力与其说是被论证出来的，不如说是来自老百姓的日常生活感受和评判。

这并不是一个深奥的道理，中国古代的智者管子很早即明白："凡治国之道，必先富民。"①而20世纪美国前总统罗斯福极有号召力的"四大自由"，也是把富裕与自由联系到一起，明确肯定"不虞匮乏的自由"，认为这"意味着保证使每个国家的居民过上健康的和平时期生活的经济共识——在世界每一个地方"②。美国政治家和美国学者对此应该说是心知肚明，约瑟夫·奈在其软实力说中经常用到"诱惑"这个词，也把美国梦、美国价值观与美国优越生活水平的内在关系说得很明白："物质上的成就会使得一种文化和意识形态具有吸引力，而军事和经济上的落后则会导致自我怀疑和认同危机。"③布热津斯基在《大棋局》一书中则说得同样坦率："美国强调政治民主和经济发展，这两者结合在一起传达了一个简单的对很多人有吸引力的思想信息：寻求个人成功会产生财富，同时还会促进自由。"④事实上，经济发展与物质生活水准对人们精神向往的影响是如此直接和重要，以至于《剑桥美国对外关系史》一书这样断言："我们以为，我们发现的新生事物乃是'民主改造世界'。"但按照一位历史学家的看法，真实的逻辑"却是'富足改造世界'"。正是根据这一观点，该书很好地解释了为什么冷战胜利了，美国人民却没有狂欢庆祝民主的胜利，而是显得萎靡不振，其中最

---

① 管仲：《管子·治国第四十八》。
② 〔美〕戴安娜·拉维奇编：《美国读本》（下），三联书店1995年版，第661页。
③ 〔美〕罗伯特·基欧汉、约瑟夫·奈：《权力与相互依赖（第三版）》，北京大学出版社2002年版，第264页。
④ 〔美〕布热津斯基：《大棋局》，上海人民出版社1998年版，第39页。

重要的原因在于:"他们发现,他们的生活质量实际上在不断下降而非日益改善,他们的经济,也就是苏联、东欧以及第三世界艳羡的对象,已经陷入困境。"①这一事实有力地证明,对于最广大人群而言,国际关系领域的竞争基础,永远在于社会经济发展和物质生活水平本身,而并非是由于某一种意识形态或精神价值观的先天优越性。

四、"厨房辩论"的启示

在国际关系领域,一个值得探讨的现象是,不同国家间的政治、军事对抗会令界线分明、同仇敌忾,即使实力悬殊也会群情激奋,凝聚力大增。而经济竞争却恰恰相反,如果长期落后,与其他国家反差巨大,则会涣散人心,最终不攻自溃。

特别是20世纪以来,世界范围内跨文化交流日益普遍,各种交通、通信及大众传播工具空前发达,各国社会发展状况和生活水平更易于比较,因而享有世界最高生活水准的国家总会成为各国民众一致倾慕和持久向往的对象,这显然不是精神的感召,而是人性使然。但这也是正常的,正如一位学者在《第二天性:人类进化的经济起源》一书中论证的:"经济学家看待自私就像水手看待风一样,既非罪恶也非美德。"他还引用亚当·斯密的话来说,我们每天所需要的饮食,不是出自屠户、面包师的恩惠,而是他们自利

---

① 〔美〕孔华润主编:《剑桥美国对外关系史》(上),新华出版社2004年版,第16、468页。

的打算。所以人性的自私"既是推进力量,有时也是毁灭性的力量"①。

通俗地说,人们在日常生活中就是本能地选择趋利避害,过好各自的日子,而不会像在战争中那样,时刻保持战斗状态和献身精神。你可以抱怨人们对于物质层面孜孜以求,缺乏精神升华动力,但决定一国软实力的恰恰是人性本能的愿望,而非某种理想原则,这对于任何国家和文明来说都是一样的。因而,国家间冠冕堂皇的精神抗衡,实际上最终取决于日常生活水平的较量,也就是说取决于柴米油盐酱醋茶的数量和质量。1959年发生在赫鲁晓夫与尼克松之间的著名的"厨房辩论"便是生动的一例。

这场厨房辩论看似偶然,当时在莫斯科国家博览会上,时任美国副总统的尼克松把当时的苏共总书记赫鲁晓夫带到美国厨房样板间参观。那里塞满了各种自动化家用电器,这给了尼克松一个炫耀美国资本主义舒适物质条件的机会。当时记者还"设法拍了一张赫鲁晓夫端起百事可乐的照片登在报纸头条。这不仅把资本主义的商品兜售给了赫鲁晓夫,也让可口可乐在广告宣传上怒不可遏,打了败仗"。②

但从更深的时代背景看,这场厨房辩论显然又并不偶然。头一天,也就是展览会开幕式上,尼克松的演讲题目是《自由对我们来说意味着什么》,但全篇内容并不讲言论自由,也不讲政治体制的不同,而是大谈特谈美国的"不同寻常的高生活水平",并具体列

---

① 〔美〕哈伊姆·奥菲克:《第二天性:人类进化的经济起源》,中国社会科学出版社2004年版,第64页。

② 〔加〕马修·弗雷泽:《软实力——美国电影、流行乐、电视和快餐的全球统治》,新华出版社2006年版,第265页。

出美国有5600万辆汽车和5000万台电视机等一系列数字,然后宣称,美国已经做到了苏联人只能梦想的事情——"在一个无阶级社会中的、所有人共同享有的繁荣"。当光顾展览会的苏联民众对"洗衣机、洗碗机、吸尘器、汽车和电冰箱提供的自由"羡慕不已时,美国人已经成功地把辩论的焦点由政治军事的对抗转变为生活品质的较量,即"两种制度间的竞争不是在政治理想或军事力量方面,而是在于谁能提供更大程度的物质富裕"。① 这正中苏联的软肋。

生活差距的难堪现实,在信息公开的时代往往会像炸弹一样在人们心底静静地爆炸,产生持久而又难以察觉的冲击力。约瑟夫·奈对此一语中的:"苏联人在观看非政治主题的美国电影后至少了解到西方人不用排长队购买食品,不用住在公社的房屋里,拥有自己的车。这都使苏联媒体的负面宣传归于无效。"②

关键在于,经济竞争优胜的一方具有奇特的道德优势,即他是在把真相而不是把谎言亮给对方,因而显得特别坦然,有说服力,难以辩驳,因为谁不懂得什么叫好日子呢?谁又不想过好日子呢?优越生活水平一旦成为人们注目的焦点,那么对于物质繁荣和舒适生活的向往,就会逐渐将发展长期滞后的敌对一方的斗志瓦解掉。

当然,不是说,一个国家在精神层面上不可能做到"人穷志不穷",但你不能长期贫困下去,没有改变。你总要拿出一些实实在在的物质成就鼓舞人心,作为支撑,否则长此以往,只能是"人穷志

---

① 〔美〕埃里克·方纳:《美国自由的故事》,商务印书馆2002年版,第381页。
② 〔美〕约瑟夫·奈:《软力量——世界政坛成功之道》,东方出版社2005年版,第51页。

短"。20世纪50年代,苏联尚有拿手的东西可以和美国抗衡,这就是高科技领域的竞争优势。英国学者霍布斯鲍姆在《极端的年代》一书中曾回顾这段历史:"这个时候,资本主义的西方国家正充满着危机感,觉得自己在经济上节节败退,输给了50年代突飞猛进的共产经济。如今看来实在很难想象,但是在当时人的眼里,你瞧,苏联在卫星、太空人上的惊人成就,岂不证明它在科技上已经胜过美国?"①1957年苏联第一颗人造卫星率先飞上太空时,赫鲁晓夫甚至兴高采烈地宣称,苏联正像生产香肠一样生产能够打到美国本土的远程弹道导弹,这让美国人感到紧张和沮丧。约瑟夫·奈也曾回顾当时美国人的感受:"苏联在战后重建的早期的高经济增长促使它宣称将超越西方。"许多美国人也对赫鲁晓夫宣称的"苏联有朝一日将埋葬美国的豪言壮语信以为真"②。而苏联民众也正是因此可以自豪地容忍一下自己生活水平的明显落后:"你们美国人的生活水平比我们高。可是,美国人就只爱自己的汽车、冰箱、房子。他不像我们俄国人,热爱自己的祖国。"③但没想到,仅仅两年以后,实力天平就翻转过来了,美国也成功地发射了人造卫星,在生活水平优越的同时,又创造了和苏联人同样的高科技成就。这让苏联人感到沮丧,开始怀疑自己社会的发展道路,曾经引以为傲的国家高科技成果,越来越像是以牺牲老百姓的生活水平为代价换来的。显然,如果是奉行某种禁欲的"经济斯巴达主义",

---

① 〔英〕霍布斯鲍姆:《极端的年代》(上),江苏人民出版社1999年版,第364页。
② 〔美〕约瑟夫·奈:《软力量——世界政坛成功之道》,东方出版社2005年版,第51页。
③ 〔美〕威廉·曼彻斯特:《光荣与梦想》第四卷,商务印书馆1979年版,第1109页。

那么这种社会主义奋斗目标就不值得老百姓去追求。一旦个人生活水平改善的前景显得没有奔头了,人们的普遍失望情绪也就开始悄悄蔓延了。

五、投奔自由就是投奔繁荣

50年代那场著名的厨房辩论,其含义是深刻的,它给美国式的消费赋予了神圣的意义,即把"对富裕的承诺变成了冷战的一件武器"①。这倒也符合冷战设计师乔治·凯南的心愿,他几乎是把美苏冷战看做是一场带有上天旨意的机会,使得美国人能够借此投身于一个比只是无止境地消费更有意义一些的目标。与二战之前不同,美国人从此极力宣称,投奔自由是为了追求某种更神圣的意义,但对于世界上绝大多数急于改善生活水平的人们来说,美国梦的真正吸引力其实没有根本改变。繁荣的原因也许可以有各种各样的解释,但对于拖家带口的老百姓来说,唯有繁荣本身才是追求中最真实、最不可或缺的东西,它是东西方长期冷战期间,对铁幕另一边民众最大、最持久的吸引力,因而可以说,投奔自由就是投奔繁荣。

历史的较量是无情的。1959年,赫鲁晓夫访美时曾经高调宣布"我们将埋藏你们",他指的是,苏联经济将在十年至二十年之间全面赶超美国,从而将在经济竞赛中彻底战胜资本主义,而不是仅仅通过军事威胁达到目的。也是在这一年,英国首相麦克米伦正是靠着"你可从来没有过这么好的日子吧"的大选口号,保住了他

---

① 〔美〕埃里克·方纳:《美国自由的故事》,商务印书馆2002年版,第455页。

的首相宝座。可见当时经济繁荣成为各国政治家优先致力于达到的目标,因为它也是各国民众最容易懂得的语言。可是志满意得的赫鲁晓夫做梦也没有想到,30年后,他的苏联社会主义共和国会全面解体,甚至连他的儿子也宣誓成为了美国公民。① 更令人惊愕的是,苏联最高统帅斯大林的儿子当年在德国纳粹战俘营里宁死不降,而斯大林的女儿却是在战后和平年代里自动改换门庭,成为宿敌美国庇护下的政治难民。这对于产生过陀思妥耶夫斯基,对于苦难有着惊人忍耐力和理解力的俄罗斯民族来说是难以想象的,也是有着深刻原因的。

至少在国际关系领域,人们对于经济发达国家的向往,对于国界以外优越生活水平的倾羡,不能简单地斥为浅薄的物质享乐主义和丧失意志、尊严的行为,而应视为经济基础决定上层建筑的必然结果。既然社会经济发展水平与富足的生活是各国间最容易比较的东西,最符合普遍人性,因而也就最具有持久杀伤力,凡是在这方面竞争失败、仰人鼻息的国家、社会,自然会产生无望的自卑感。尽管作为特权阶层的一员,斯大林的女儿斯维特兰娜·阿利卢耶娃不会过贫寒的生活,但她同样会因同胞的贫穷而心灰意懒,从而对自己的社会失去信心,也就使国家的生存窘境上升为民族的精神危机。这在她的《致友人的二十封信》中吐露得很清楚:"人们想要幸福,利己主义的幸福,他们要求鲜艳的色彩,明快的声音,五彩缤纷的礼花,火一般的热情。还不只这些,我知道:他们还要文化与知识;他们要求俄罗斯最终也能有欧洲式的生活;他们想讲世界各种语言;要看一看世界各地,对此他们如饥似渴,急不可待。

---

① 〔美〕罗伯特·基欧汉、约瑟夫·奈:《权力与相互依赖(第三版)》,北京大学出版社2002年版,第299页。

他们想要舒适,想要漂亮的家具和衣服,不要土里土气的箱子,不要俄式粗呢上衣。他们要换上一切外国的东西:衣服、发式、理论、艺术、哲学思潮统统都要,对自己的成就,自己的俄罗斯的传统,则都无情地予以抛弃。过了这么多年清教徒式的生活,斋戒之后,当这一切都显得那么自然的时候,难道能对这一切加以谴责吗?"①是的,苏联人的最终失败可以说是"对富裕的承诺"的失败。首先是精英阶层的溃败。如果连最上层的人物都产生了这样的疑问,精神上全线瓦解的那一天怎能不迟早到来呢?约瑟夫·奈也认为,苏联精英阶层在思想观念上对美国物质成就的服膺,最终成为导致苏联体制不攻自溃的内在原因。这也从另一个方面印证了美国梦的实质及其巨大杀伤力所在:奔向自由就是奔向繁荣。

作为对照,20世纪五六十年代,苏联人在美国人面前总有些气馁,不太敢炫富、逞强。但当中苏开始意识形态论战时,苏联人却是以刻薄的话来讽刺中国人的贫穷的。一本俄人写的《俄国熊看中国龙——17—20世纪中国在俄罗斯的形象》一书曾回忆说,有位访华回来的苏联高官,调侃中国人民公社的"理想"是:"到了共产主义,每个家庭都将有一块肥皂、一双鞋子、一辆自行车和一个闹钟。"②这和赫鲁晓夫说中国人穷得只能两个人合穿一条裤子的著名嘲讽一样,反映了俄国人在生活水平上的居高临下心态。所以说,由于以民众的看法为最大公约数,国与国之间的优越感自然主要来自于物质生活水平的比较,而非任何一种意识形态原因。

---

① 〔俄〕斯维特兰娜·阿利卢耶娃:《致友人的二十封信》,中国社会科学出版社1979年版,第18页。
② 〔俄〕亚·弗·卢金:《俄国熊看中国龙——17—20世纪中国在俄罗斯的形象》,重庆出版社2007年版,第213页。

事实上,整个20世纪美国人称霸的过程,也主要是以物质生活的繁荣而非仅靠价值观的优越和军力的强大征服世界的。早在20世纪初,美国物质生活水平就已遥遥领先,"即便是在20年代,世界在物质和大众文化方面的美国化也不是一个新现象,……享受着世界上最高生活水准的美国人是世界各地的羡慕对象,他们似乎代表着物质繁荣、舒适和一种摆脱了旧世界混乱的生活方式,大战之前绝大多数国家还没有大量出现的电器、汽车、电话等现代化的产品在美国已经成为极其普遍的物品。"①正是有了如此丰厚的物质基础,才容易掳获别国民众的心,用约瑟夫·奈含蓄些的学术语言来说就是:"在国际政治中,一个国家达到了它想达到的目的,可能是因为别的国家想追随它,崇尚它的价值观,学习它的榜样,渴望达到它所达到的繁荣和开放程度。"②

六、中国人的今昔感受与民族自信

无论什么样的社会政治制度、价值标准或文化形态,由于各国同在一个世界,谁贫谁富有目共睹,谁过得好还是不好,老百姓眼光最亮,心里最有数,所以现实生活感受要比任何理论说辞都要硬气。而物质生活水平高低对于民族自信的深刻影响,这一代中国人的今昔感受和体会最深,也最有说服力。

特别是在"文化大革命"时期,那种唱高调的时局和极度贫穷,傻乎乎的矜持与孤陋寡闻、窒息、沉闷、绝望,正是这种感觉而不是

---

① 〔美〕孔华润主编:《剑桥美国对外关系史》(下),新华出版社2004年版,第104页。
② 〔美〕约瑟夫·奈:《美国霸权的困惑》,世界知识出版社2002年版,第9页。

别的什么,在漫长岁月里默默蹂躏着中国老百姓的自尊心。一部反映那一时期社会生活的长篇小说《放逐》,真实记录了中国人渗透骨髓的寒酸感和辛酸感。书中有一个人物女知青徐清扬,从小在北京城里长大,聪慧敏锐,但如果不是她的外公从美国回来探亲,门卫根本不会让她踏进北京饭店的门。果然,她一进饭店就被富丽堂皇的景象惊呆了:"北京饭店,这就是北京饭店!在外公和母亲他们办手续、聊天的时候,徐清扬的注意力几乎全都集中在对北京饭店本身的注视和思考中。从一踏进饭店的大门开始,徐清扬就被这里令人肃然起敬的整洁和高贵氛围所震慑了。"在贫富悬殊的对照中,惊愕感很快上升为民族失败感:"坐在北京饭店宽大的软得发腻的沙发上,徐清扬对过去的一切仿佛都发生了怀疑。楼里楼外,咫尺天涯,世界是如此之大、如此之丰富呵!我们是那样在生活,而有的人竟然是这样在生活。像我的外公,他竟然是那样坦然地几乎是毫无知觉地享受着这一切,面对如此豪华的宫殿一样的住所,他是怎样能够做到这样无动于衷的呢?只能解释为他对这一切已经习惯了。他已经习惯了!而我却刚刚第一次见到,并且是因为他住进了这里我才得以见到!想到这里,徐清扬觉得自己今天处境的寒酸而深深感动了,情到浓处,不禁溢出了泪花。"①不出所料,1980年,当中国国门刚刚开放,徐清扬便移民美国了。

这不是艺术夸张,而是现实的缩影。"文化大革命"期间德国前总理施密特的访华回忆也可以作为印证。他当年尽管走马观花,但也看出:"这种贫困在中国的每一个角落都可以清楚地看到,

---

① 刘方炜:《放逐》(上卷),电影出版社1997年版,第109—110页。

人们只拥有最最必需的东西。中国的内部政局我们都不清楚。引起我们注意的,首先是贫困,那种群众性的贫穷。然后是众口一词的对问题的表达。在我们看来,这是一种让人几乎无法忍受的精神上的单调。"随行的德国作家弗里施更为感性地记录下他的最深印象:在中国的街道上,"有人步行,有人坐大巴,大多数人骑自行车。对'群众'这个概念,我看到了一幅前所未有的图景。人人都穿着蓝、灰、绿的衣服。差不多都戴着人们熟悉的那种帽子。劳动群众处处都有,但在这里却构成了主要的街景……总而言之,人们的第一印象是准确的:灰、绿、蓝是基本色调,服装式样单一,像是我们熟悉的职工工作服。'群众'和'人堆'的区别何在?"①

　　经济决定政治,感受决定态度,这是千真万确的。不要以为贫穷、悲伤而无望的日子对知识精英阶层的影响不大,其实他们的生活欲求更强烈,感受也更敏锐。如果富国普通工人的收入水平会让穷国的教授学者汗颜,那么这种落差越大,后者的震惊与屈辱感也就越强,而且他们不仅仅会发牢骚,还会把它带进文学作品或学术研究中,不仅表达屈辱的感受,还会自觉不自觉地把目前生活境遇的失意论证为整个国家社会制度、精神文化的失败。法国学者多米尼克·莫伊西《情感地缘政治学》一书的回忆令人印象深刻,她说1985年第一次来到中国时,外交部门派来的导游明显"把自己看做是一个失败者,当他陪着我回到为外国人准备的豪华宾馆,看到我的房间比他全家人住的房子还要大时,他几乎愤怒得要爆发"。② 这样的压抑感带有普遍性,个人的贫困窘迫是很容易上升为民族失败主义情绪的。正是那个时代,许多刚刚从绝望、封闭中

---

① 〔德〕施米特:《理解中国》,海南出版社2009年版,第26页。
② 〔法〕多米尼克·莫伊西:《情感地缘政治学》,新华出版社2010年版,第34页。

挣脱出来的中国知识分子都曾被美国人写的四卷本《光荣与梦想》震撼过,那本书里描述的富有而又放荡的美国社会令人震撼,但合上书页,却又合成了一个令人肃然起敬的印象——自由。不要小看了这一符号的隐喻作用——选择的自由,放纵的自由,乃至于为自由的自由,特别对于年轻人来说,这就像青春期人性的荷尔蒙,而且越是来自于禁欲、压抑、单调的社会,越会有某种天然向往、孤陋寡闻和低人一等的感觉。21世纪初拍摄的《俄罗斯音乐祭》,俄国人也在反思为何看似无根的美国大众文化生活当年风靡了苏联一代人。

为什么丰富多彩的世俗生活总是令人想往,并且会与精神自由扯上关系呢?我想正是邓小平说的,"贫穷不是社会主义",富裕生活才值得去追求,它在中国人心中激起的共鸣很快便掀起了改革开放的大潮。尽管问题成堆,危机重重,但生活的欲望毕竟可以主动追求了,生活的差距与外界逐渐缩小了,至少别人能够享受到的东西我们不再陌生。在这一向世界开放的过程中,中国知识分子的物质追求表现得与求知欲望同样强烈。特别是20世纪八九十年代,有学者回忆说,即便在名牌大学,出国任教也被视为增加收入、改善生活的重要途径而令大家积极争取,不少公派留学、讲学教师甚至逾期不归,这一现象当时在各个学校相当普遍。[①] 同一时期,国内艺术团体到国外演出,最让领导头疼的也是演员不辞而别的"跑人现象"。郭米克所著《力与美的星群》一书披露说,有的杂技团跟国外签了商演合同,人半途跑了又不能不演,结果最后连随团翻译都顶班表演了。[②] 这显然不是什么精神信仰问题,而主要

[①] 孙玉石:《寻觅美的小路》,北京大学出版社2010年版,第65、100页。
[②] 郭米克:《力与美的星群》,黄河出版社2011年版,第219页。

是生活抉择的问题。对于中国的发展来说,这是一段痛苦的经历,也是必经的过程。

21世纪初,时任美国国会参议院外交委员会主席的拜登来中国访问。他一到访学校就居高临下地对中国大学生说:"你们刚刚20多岁,已经忍受了共产党专制统治20多年。我今天来这里对话的目的,就是要让你们想一想,现在中国这样的政治体制是最落后的政治体制,必须予以改变。所谓的社会主义和资本主义能够'和平共处'的话,完全是空话。你们能给我举出一个现在社会主义和资本主义'和平共处'的例子吗?在未来20年里,你们应该得到民主和自由,生活在一个更为幸福的体制中。如果那样,你们就可以大胆地像我们美国学生一样批评我,和我自由对话……"话音刚落,一个中国学生站起来满有底气地回答:社会主义和资本主义完全可以"和平共处",而且可以共处得很好。您今天晚上就可以到上海街头去,繁荣商业区和你们资本主义国家没有什么两样,甚至还有更为灯红酒绿的娱乐区。①

拜登讲话中的真正关键词是"幸福",而中国学生强调的关键词是"繁荣",他们是在同一个语境里对话的,谁也没有误解对方的意思。当年让徐清扬黯然出国,而今天又让这位中国学生理直气壮的是同一个东西,就是社会经济发展与物质生活繁荣与否。我们一般称之为民族自信心,美国人则喜欢归结为美国梦。当今天美国人越来越担心自己的经济出问题时,他们同样表现得不淡定:"对富裕的承诺成了冷战的一件武器。"而在新世纪到来之时,"美国式的生活标准——这个曾对20世纪自由的语言来说如此重要

---

① 孙哲:《崛起与扩张》,法律出版社2004年版,自序。

的概念——此刻却成了美国社会享受不起的一种奢侈"①。这里的关键词同样不是"自由"而是"富裕",但如果"享受不起"就成了"奢侈",而这比过惯了穷日子更难受。

七、外国人的反应与制度示范效应

假如说金币是硬通货,那么对于埋头过日子的人们来说,握有金币的多少就是全世界人们最容易读懂的数字、最容易交流的语言和最容易沟通的情感。

有一本美国学者写的《影响力的终结》一书值得玩味,其中有一段话从正反两方面论证了物质财富与精神影响力之间的紧密联系:"当你拥有财富,而且你是一个在经济和文化上都很重要的大国,那么除了能为你的居民提供更高的生活水准之外,你还能得到更多的东西。你将获得力量和影响力,以及大大增强的实施能力。"当然,反过来说,如果你不断流失财富,虽然还有信誉向其他国家举债,寅吃卯粮,长时间保持国内生活水准不变,"但是,你会丧失影响力,这种影响力曾使得其他国家在日常生活中主动接受你的要求,迫切模仿和借鉴你的思想和社会习俗"。这是一个富有启发性的观点,一个国家并不是因其表面上生活水准优越就会具有吸引力的,而是要有实实在在的财富积累才会产生影响力。所以作者在"财富有多重要"一节中进一步指出:"美国的软实力或者说文化影响力将受损。与债权国相比,那些需要向人恳求借钱的国家,通常看起来并不值得学习和超越。在很大程度上,人们一直

---

① 〔美〕埃里克·方纳:《美国自由的故事》,商务印书馆2002年版,第455页。

第八章 美国梦与最大公约数

认为美国的民主文化、商业文化、个人主义文化、消费者文化和熔炉文化,都值得其他国家效仿。现在,其他国家掌握了财富的事实,对此造成了严重冲击。"① 当他说这段话的时候,的确有些心虚气短,恐怕也心有所指。

的确,中国这三十年来社会经济的持续高速增长,不仅大幅提升了综合国力,也改变了全球力量对比;不仅成为美国最大的债权国,也让美国梦显得相对黯淡;不仅影响到中国人对自己国家历史、文化和未来的重新评价,也影响到西方学者观察中国的眼光和研究结论。

正是西方学者而非中国人自己,率先总结出所谓"北京共识",试图把握"中国模式"的奥秘。首倡者乔舒亚·库珀·雷默认为,中国的主要奥秘在于,坚持改革创新已经成为广泛的社会共识,"求变、求新和创新是这种共识中体现实力的基本措辞,在中国的报刊文章、吃饭聊天和政策辩论中像祷告一样反复出现"。而作为"北京共识"的第一条定理,"这种变革比变革引起的问题发展更快。用物理学术语来说,就是利用创新减少改革中的摩擦损失"。他问为什么在2002年中国党代会上,党的领袖在90分钟讲话里用了90次"新"字,而曾是世界上最保守的中国农民,如今每过三年就会完全淘汰他们所用的种子?乔舒亚一直思索的一个问题是:为什么同样的意识形态,面临同样的问题,苏联人最后的反应像是一具植物人,而中国人的改革开放则像是患了多动症?这个问题,中国人自己即使无暇回答,外国人也会想方设法去追寻答案。正是乔舒亚指出:"中国目前正在发生的情况,不只是中国的模式,而

---

① 〔美〕史蒂文·科恩、布拉德福德·德龙:《影响力的终结》,中信出版社2010年版,第4、9页。

且已经开始在经济、社会以及政治方面改变整个国际发展格局。"①以中国人的历史文化性格,尽管长期以来一直"摸着石头过河",锐意摸索自己的道路,但却并不愿意归纳什么"中国模式""北京共识",更不愿意公之于众,引人追随。但是无论怎样低调,中国的庞大国力、新的生活现实,必然引动世界的好奇,寻求新的理解,从而自动产生某种制度示范效应。

前两年有一部名为《输家赢家》的德国纪录片正是如此,它在海外到处获奖,就因为它难得地把镜头切入到去德国拆运一座破产的现代化焦化厂的四百名中国工人当中。德国女导演作为鲁尔人,对当地德国工人的失落感深有感触,对中国人也怀着巨大的好奇心,所以用第一手资料呈现了中国人古老的生存动力和乐天派精神。

这位女导演发现:中国工人每天工作12小时,一周工作7天,每个月挣400欧元,干着德国工人给4000欧元也不愿干的工作。德国人以为3年才能完成的工作,中国工人一年半就完成了。他们把每一点钱都攒下来,理想只是为了让孩子受更好的教育,下辈子别再做工人。他们当中每个月有7人会被喜滋滋地选为"最佳工人",戴上大红花照相寄回家去。虽然也只有这种奖励,但他们乐观、满足、任劳任怨、聪明能干。

那么,究竟谁是输家、赢家呢?女导演没有正面回答,但西方人的矛盾心态已经传达出来:一方面是中国工人吃苦耐劳和善良合作的精神叫人吃惊和敬佩。一方面是他们比较低层次的生活水平和显得过于现实的生活价值观让人畏惧。中国人在经济发展上

---

① 〔美〕乔舒亚·库珀·雷默等:《中国形象——外国学者眼里的中国》,社会科学文献出版社2006年版,第287—295页。

第八章 美国梦与最大公约数

表现出了很强的竞争力,但要想让别的文明社会由衷敬佩和向往中国工人这种比较粗陋的生存方式和非常实际的生活理想,则很难。因为文化的魅力毕竟在于谁能让人过上更好、更有尊严和美感的生活。实际上,这已从国际关系领域的生存竞争转向人生哲学层次的思考,所以那位德国女导演对"输家赢家"划了个大大的问号。

菲利普·尼摩,是一位毕生研究西方文明的法国著名学者,他曾在《什么是西方》一书中论证西方概念得以构成的五大内容。但令人惊讶的是,他直到55岁时才第一次踏足东亚。更引人注目的是,东亚国家的繁荣景象给这位学者带来的震撼,促使他修正自己的观点,对于非西方类型的东亚儒教文明圈给予积极的探索和评价。

一个社会的富足与繁荣不但会吸引外国人来淘金,也会对外国学者的学术思考产生直接冲击,这是一个典型的例子。菲利普·尼摩并不讳言:"当我有生以来第一次去到东京和京都,接着又在几个星期之后到了香港,我必须再说一次,这对我来说是一个真正的冲击。我一直不怀疑这些文明的存在。不过这就好像有人告诉我另一个星球的存在一样令我吃惊。"随后他来到中国的上海、广州、北京,震撼感依然强烈。当然,他去的只是东部沿海发达地区。

但不管怎样,三十年河东三十年河西,菲利普·尼摩的惊讶与西德前总理施密特的惊讶已经完全不同了。他惊讶的是东亚"井井有条的、都市化的发达社会,从许多方面看都是'西方'社会,甚至比西方自己更'西方'的社会"。他不吝赞誉之辞,说自己才像是某个南非大草原上的原始部落人,"第一次到了一个现代化城市的表现一样:眼花缭乱和全然不知所措"。

　　作为一名研究人类文明的学者,菲利普·尼摩很快便从现象到本质,顺藤摸瓜,条分缕析地寻找原因,并得出重要结论:"通过研究这些社会的历史和文化,我渐渐发现了产生这种情形的原因。由于它们都是一些'儒家'社会,理性和非宗教国家大约出现在三千年前……因此我明白了为什么日本和中国能够如此迅速而彻底地利用那些原产于西方的科学和技术。因为已经有了理性的世界观。"这些亚洲人只是"把西方人视为走在他们前面的人,而不是一些拥有超自然能力的生命体。这基本不同于自16世纪起非西方文明对西方探险者和殖民者的侵入而有的反应"。

　　在这之后,菲利普·尼摩又自问道:作为儒家文明的摇篮,中国的现代化崛起正好是产生于与西方文明交融的上海、广州等城市,这难道是偶然的吗?言下之意是说是否西方文明对儒教文明的现代化起到了重要的催化剂作用?

　　令人意外的是,这样一位西方学者,竟然也产生了中国人自近代以来一直就有的危机感,认为西方如果盲目自大就会和当年土耳其奥斯曼帝国一样衰落,因为他们当年确信伊斯兰文明的优势,而对于其他文明麻木不仁。菲利普·尼摩断定,在今后的世界文明对话中,占据世界两极的将是西方社会和儒家社会。他认为西方人如今的一大劣势是对于亚洲人了解太少,而亚洲人对他们则学得很多。

　　不过,菲利普·尼摩到底是训练有素的人文学者,震惊之余,也对东亚儒家文明提出了一连串引人深思的问题:"儒家文化是怎样构成的?这个文化的酝酿阶段及其在精神、智力方面的伟大胜利有哪些?中国文化的伟大思想家都是谁?儒家的理性主义与亚洲的各大宗教如佛教、神道教、道教等之间维系着怎样的关系？而且如果中国确实做出了如此之多的重大技术发明，那么实际缺少什么因素使得中国无法像欧洲那样进入以伽利略和牛顿的时代为开端的科学飞速发展期？而且，国家的确切作用是什么？经过科举考试遴选的官员们的等级集团有着怎样的重要性，学术文化与他们创立的道德学说是怎样以同心圆的方式传播扩散直达全体居民，因而造就出时至今日依然为亚洲各国人民的共同特征的深层思想？"①这些问题几乎每一个都能成为一个研究课题，值得写厚厚一本书，特别是它们不是从某种理论研究框架模式中派生的，而是从实际生活感受里生发的。

按照黑格尔的说法，现实的就是合理的，那么合理的就应当有合适的解释。但菲利普·尼摩承认自己尚无力解答这些问题，不过他感到荣幸的是，自己的书能够被翻译成孔子使用过的语言，他也警告说，儒家文明将对西方社会产生持续冲击，并希望理性之声最终取得胜利。

当然，中国也面临堆积如山的问题，如约瑟夫·奈提到的经济起飞造成的贫富差距加剧问题，这些都让中国人感到担忧。② 但无论如何，这显然是另一个层次的问题了。关键在于，中国毕竟已经上了一个台阶，摆脱了赤贫、混乱和绝望，不再徒然艳羡西方社会的繁荣和富足。正像一位法国前外交官所说的，"中国好得令人无法忍受的经济"如今让西方人难堪，西方文明对中国200年的傲慢

---

① 〔法〕菲利普·尼摩：《什么是西方》，广西师范大学出版社2009年版，第155—161页。
② 〔美〕约瑟夫·奈：《美国霸权的困惑》，世界知识出版社2002年版，第108页。

态度正在被动摇。①

　　全球经济格局的显著变动,让东方人对于西方现代文明也有了新的认识,同时也越来越有自己的主见。譬如有英国学者认为,东亚人所走的进步之路实际上是大西洋世界的人踩出来的,而"东亚的暴发户"——他这样称呼——却认为自己的成功是由于独特的亚洲价值,这的确是一个极具争论的问题。② 新加坡前驻联合国大使马凯硕承认这是一个历史过程:"在过去几十年,当东亚人访问北美和西欧时,他们羡慕这些社会更高的生活水平和更好的生活质量。虽然今天的西方依然维持着较高的生活水准,但是亚洲人不再将这些社会视为模仿的对象。他们开始相信,他们能够尝试与众不同的选择。"但通过重新审视西方文化对东方的真正影响,马凯硕不认同西方学者一直宣扬的观点:"我认为真正的矛盾并不是西方文化占据了所有人的心智,而是西方观念和技术能通过使其他社会走向富足而帮助他们重新发掘自己的文化之根。"也就是说,对古老东方社会产生强大吸引力的仍然是西方社会的富足与先进,而非西方文化或意识形态。当然,马凯硕的观点最后也有所折中:"东亚今天的活力并不完全是远古文明的复兴",而是在社会重建的过程中,"成功实现了东西方文明的融合"。③ 而另一位新加坡学者郑永年则认为:"中国对发展的道路选择也并非'非此即彼',就是说并不是在告别了苏联模式之后,就去选择西方模式。"如果说,近代以前,中国的历史多为简单重复,那么和西方强

---

① 〔法〕魏柳南:《中国的威胁?》,人民日报出版社2009年版,前言第7页。
② 〔英〕巴里·布赞、杰拉德·西盖尔:《时间笔记》,山东画报出版社2002年版,第199页。
③ 〔新〕马凯硕:《亚洲人会思考吗?》,海南出版社2005年版,第25、145、201页。

国接触以后,中国一直在现代国家发展道路方面进行着独特探索。① 其实,丹尼尔·贝尔在《资本主义文化矛盾》一书中也指出西方文明并不是绝对优越的,凝聚社会的精神支柱再重要,也是建立在经济发展和物质财富的基础上的。美国当初令人自豪地形成了"一种开放、适用、平均而民主的制度",凝聚了美国社会共识,"但这一制度的容纳能力之所以成为可能,主要是因为经济不断发展,物质财富持续增长,缓解了社会压力"。② 也就是说,如果没有美洲大陆无穷无尽的自然资源,没有经济发展的广阔天地,那么淘金梦就很难梦想成真,美国梦今天的许多绚烂说辞也就无以附丽。

八、从移民问题看美国梦

美国作为一个主要由移民构成的国家,20世纪以前的美国梦无疑是一种淘金梦,漂洋过海的也大多是穷人。尽管今天美国一些政治家、学者和大众传媒更愿意强调在西方社会体制、经济制度、意识形态及价值观方面的吸引力,但对于早期欧洲移民来说,美国的魅力与其说是政治性的,不如说更是经济性的;与其说是出于对一个没有国王、主教和贵族的平民社会的无限向往,不如说憧憬的是那里可供拓展的广阔土地和丰富资源。早在1790年出版于欧洲的《一个美国农民的信》一书就已经道出他们的心声:在那片新大陆,穷人可以通过勤劳致富,那么谁还关心彼此是来自哪个国家呢?"'哪里有面包,那里就是国家'是所有移民的座右铭。"③

---

① 〔新〕郑永年:《中国模式——经验与困局》,浙江人民出版社2010年版,前言。
② 〔美〕丹尼尔·贝尔:《资本主义文化矛盾》,三联书店1989年版,第131页。
③ 〔美〕戴安娜·拉维奇编:《美国读本》(上),三联书店1995年版,第78页。

美国梦的独特之处,在于它把改变人生境遇的梦想与付诸行动的自由空间空前融合起来了,并能够向世界各国的庞大移民群开放,这是任何其他国家无法做到的。当然这导致了美国社会无处不在的竞争,但也构成了美国梦的持久活力。正像《论美国的民主》一书指出的:"对物质生活享乐的爱好一旦同任何人都可以自由改变自己的地位而不受法律和习惯的限制的社会情况结合,则人心的这种不安状态将更加激烈。"①《美国往事》的编剧、导演,意大利籍的赛尔乔·莱翁内对此深有体会,他说,作为一个欧洲人,美国既吸引他,又令他吃惊:"美国是梦幻与现实的混合。在美国,梦幻会不知不觉地变成现实,现实也会不知不觉地忽然成了一场梦。我感触最深的也正是这一点。"②而前电影明星、奥地利移民阿诺·施瓦辛格则强调美国梦的本质是"成功的哲学,进取的哲学,致富的哲学……它意味着征服、前进。这是一种漂亮的哲学,美国应该坚持这种哲学"③。

当然,也有人从政治角度去理解美国梦,并不因致富浪潮而影响他们的追求目标,但这注定是极少数人,通常是富于某种使命感的知识精英分子。比如以色列前总理梅厄夫人,她自贫苦的少年时代起从俄国移居美国,即投身犹太复国主义运动,最后去了巴勒斯坦。她从未因为离开富裕的美国而抱憾,但表示"对一个真正民主国家向人提供机会"的慷慨之举抱有永久的敬意。④

---

① 〔法〕托克维尔:《论美国的民主》(下),商务印书馆 2008 年版,第 668 页。
② 苏牧:《荣誉》,人民文学出版社 2007 年版,第 373 页。
③ 〔美〕斯特兹·特克尔:《美国梦寻》,中国对外翻译出版公司 1984 年版,第 177 页。
④ 〔以〕《梅厄夫人自传》,新华出版社 1986 年版,第 57 页。

事实上,即使是热衷于财富、地位的竞争,赌赢的也注定是少数人,但大多数人的挫折与失望被淹没在少数人的成功喜悦中了,偶尔才能听到他们的内心哀伤。一位古巴移民回顾说,他心中的美国曾是任何文明都可以理解的好日子:"我从小就想来美国。因为我被那些画报和电影迷住了。是的,伊丽莎白·泰勒,费雯丽,奥利薇尔·德哈维兰,还有克拉克·盖博。我以为到了美国准能住上宫殿般的房子,有一千个仆人服侍我,门口一排停着五辆豪华的罗尔斯·罗伊斯汽车。这些电影里尽是漂亮的房子、华丽的服装、金钱、汽车,高级的汽车。我想:在美国,人人过的都是这种生活,美国人都有钱,他们既友好又帅。这就是我当时的梦。"然而后来他失望了,怀疑自己丢掉好工作来美国当清扫工是重大失策。觉得"今天的美国好比卡斯特罗上台前的古巴,有富人、中产阶级和一贫如洗真正生活在底层的人。穷人靠救济金过日子"。① 然而,不管怎样,美国梦的魅力确实在于改变自身境遇的现实可能性,约瑟夫·奈亦如实肯定了这种吸引力:"移民对美国软实力带来的好处,也同样重要。人们想到美国来这一事实本身,增加了我们的吸引力,同时移民在地位或职业方面的向上流动,对其他国家的人们也富有吸引力。美国是一块磁铁,许多人可以设想自己成为美国人。许多成功的美国人'看起来像是'其他国家的人。而且,移民和他们国内家人和朋友的联系,有助于传递有关美国的确切和正面的信息。"②

但庞大的移民潮也给美国带来诸多社会问题,准入门槛越来

---

① 〔美〕斯特兹·特克尔:《美国梦寻》,中国对外翻译出版公司1984年版,第181、183页。

② 〔美〕约瑟夫·奈:《美国霸权的困惑》,世界知识出版社2002年版,第127页。

越高,以至于有美国学者竟然提出这样的观点,认为由于美国惧怕移民潮,无法给这么多人以美国公民身份,所以美国不可能像古罗马帝国那样宽容,把共同的认同身份——公民身份给予别国人民,从而产生某种"黏性"吸引力。美国入侵并占领别的国家,并不是为了兼并对方,而是要给对方留下一个亲美的宪法和规定实施民主制度的国家。"当美国人梦想将美国的制度和民主移植到中东时,他们根本没让巴格达和费卢杰人民参与美国下届的选举。"[1]这也正与《亚洲人会思考吗?》一书的作者马凯硕的观点吻合:如同岸上绅士们谴责苦难之船,却又不许遭难的船民爬到岸上投入恩人怀抱。[2]

总的说来,在贫困与富庶反差极大的情况下,美国梦对于外国移民最有吸引力。但即使如此,与美国想要的高技术移民的比例相比,贫困和低教育人口涌入的也太多了,甚至到了可能改变美国人口构成和主流文化的地步。2004年,《文明的冲突》的作者塞缪尔·亨廷顿出版的最后一本书《我们是谁》,不顾有违"政治正确性",以巨大的危机感发出他的警告,认为外来移民,尤其是不愿同化的大量拉美裔移民潮,连同经济全球化、文化多元化等浪潮和思潮,正在侵蚀和解构美国传统理念,所以,这本书的副标题是"美国国家特性面临的挑战"。而美国国民身份和国家特性在亨廷顿眼里不是别的,就是盎格鲁-新教文化。他几乎是以诗人般的激情告诫他的美国同胞要充分认识到:"美国一向充满着这样的一些亚文化,但也有自己的主流文化,那就是盎格鲁-新教文化。"而"托克维尔有一句名言,说美国'生而平等,不必再平等',更有意义的,

---

[1] 〔美〕艾米·蔡:《大国兴亡录》,新世界出版社2010年版,第280页。
[2] 〔新〕马凯硕:《亚洲人会思考吗?》,海南出版社2005年版,第66页。

第八章 美国梦与最大公约数

应是美国生为新教国家,不必再成为新教国家"。"总之,'美国信念'是新教的世俗表现,是'有着教会灵魂的国民'的世俗信条。"①而要把外来移民改造成"美国人",灌输"美国信念",首先就要学习英语,而人口快速增长的拉美裔移民不但在家里拒说英语,还把他们生活的街道、城镇也变成了说西班牙语才能生存和交流的地方。长此以往,不要说发扬光大新教精神,连美国生存本身也会受到威胁。

但是有关美国移民的另一种担忧也在侵蚀着美国梦的光环。布热津斯基在《大棋局》一书中并不讳言:"美国的民族文化绝无仅有地适宜经济增长。这种文化吸引和很快同化了来自海外的最有才能的人,从而促进了国家力量的发展。"②但前提条件是要能够提供相对安定的环境和优裕的生活,可是美国越来越发现,它对美国最需要的高技术移民的吸引力正在减弱。这主要是由两方面原因造成的,一方面是新兴国家的快速发展,越来越有利于留住本国人才,甚至吸引海外人才大批回流。另一方面是美国社会全面性的停滞不前,使之对高技术移民失去了吸引力。特别对于这部分移民来说,他们看重的不仅是生活待遇的优厚,而且也需要尖端的科研项目、良好的研究环境、先进的试验设备,以及充足的科研资金等等,而这都是需要花大钱的。美国物理学家斯蒂芬·温伯格在呼吁建造新的物理加速器时,也是从留住人才的战略角度着眼的:"如果我们没有建造这个加速器,那么我们下一代的物理专业的毕业生就只能去日内瓦、俄国或日本工作,因为这些地方才有最先进的设备,我们国家将失去一代基础粒子物理学家。你可能会说你

---

① 〔美〕塞缪尔·亨廷顿:《我们是谁》,新华出版社2005年版,第51、54、59页。
② 〔美〕布热津斯基:《大棋局》,上海人民出版社1998年版,第34页。

能够沉着面对那种现实,但事实上,这些物理学家是非常有潜力的科学家,在战争中,在雷达及原子能爆炸的研究中,他们都扮演了重要的角色。"①

美国梦是否还能持续?是否还能对国际社会具有强大吸引力?未来移民的动向与前景无疑是一个重要的衡量指标,移民传统是美国最独特、最宝贵的精神财富之一。尽管美国国内对于移民问题和政策举措争论不休,但不可想象,如果国外移民源流渐渐减弱,甚至断流,那么美国梦对谁来说是美国梦?美国是否还能成其为美国?

九、美国梦的真正隐忧

在美国国运如日中天的时候,美国有识之士就一直有这样那样的忧虑,担心美国梦浮华、空洞。例如20世纪50年代,美国著名心理学家马斯洛担忧美国梦的层次不高,过分看重物质享受,却缺少超越性价值:"我认为典型的美国价值体系,即美国梦,尚处于较低需要的层面上,并且几乎完全是物质性的标准。也就是说,个人的成功通常是以一个人赚钱的多少以及由此而来的在生活中所得到的象征地位的东西,例如豪华轿车、游艇、高级住宅区内的别墅以及精美昂贵的衣服等。"马斯洛认为,这不仅表现在单调的日常生活中,也反映在贫乏的语言表达中:"在我们的社会中没有一条清晰的通往存在性价值的道路。有许多青年人曾向我提问:'我想过上美好的生活,那么我该做什么?我该走哪条道路?'而我却常

---

① 〔美〕比尔·莫耶斯主编:《美国心灵——关于这个国家的对话》,三联书店2004年版,第350页。

常不知道该如何回答他们。""更糟的是,甚至没有一种语言可以将高级价值的意义清晰地表达出来……可表达这种崇高追求的词汇仅仅是一些带有贬义色彩的词,如'行善者''童子军'和'流血的心'之类。"①

美国学者艾温·辛格所著的《我们的迷惘》一书也表达了类似的疑惑,作者对《独立宣言》所说"不可剥夺的权利"提出质疑,认为在美国精神中,这主要是指白手起家和追求幸福的权利天经地义,而"幸福"的含义就是实实在在过日子。但他发现,人生活得越幸福,生命就越显得无意义。"幸运的人们又总是比那些仅仅为生存而斗争的人们,更容易陷入这种困境。"所以,"追求幸福和得到幸福,到头来往往会变成吊诡式的自我打击。我们越是幸福,在我们的生活中就越难发现意义,而这种意义对于我们保持真正的幸福,又是至关重要的"。②

而在美国衰落时期,人们对于"美国梦"的精神价值更加产生怀疑。莫里斯·伯曼直言不讳地认为:如今的所谓"美国梦"基本上就是购物、个人主义和美国"宗教"。这"宗教"主要是指上帝所交给的使世界其他国家"民主化"的使命。结果就像当年罗马帝国的衰败一样,战争消耗,泡沫经济,财政赤字,以及伊拉克阿布莱监狱和关塔那摩战俘营丑闻都在瓦解着美国国力和精神。③ 可以想象,这样的消费文化如同吸食毒品,麻醉灵魂,明明现在社会问题成堆,未来前景堪忧,人们却依然不管不顾,疯狂消费,这种醉生梦

---

① 〔美〕马斯洛:《洞察未来》,华夏出版社2004年版,第236—237页。
② 〔美〕艾温·辛格:《我们的迷惘》,广西师范大学出版社2002年版,第4页。
③ 〔美〕莫里斯·伯曼:《从黄昏看到黑暗》,载陈安主编:《美国知识分子》,当代中国出版社2010年版,第222页。

死式的美国梦当然叫有识之士更加忧心忡忡。

不过,也许美国梦目前的最大隐忧,还不是它过于浅薄,或是过于餍足,恰恰相反,它作为淘金梦的褪色才是最大的危险。淘金梦尽管层次不高,物质欲望本身也很难回答人的精神追问。但如前所述,美国梦的本质就是淘金梦,一旦坐吃山空,淘金梦不再,美国对内的凝聚力、对外的吸引力就可能受到极大影响,这是未曾经历过但也不得不设想的黯淡前景,美国有识之士也越来越担忧这一点。约瑟夫·奈所写《美国霸权的困惑》一书中,有一个章节的题目干脆就叫"笨蛋,是经济!"强调经济繁荣对于维持美国全球霸权,实际上也就是美国梦真实动力的重要作用。

有关美国梦的前景争论不一,但有一本2000年出版的法国人写的《美帝国的衰落》一书值得一读,作者托德曾经提前十多年准确预言过苏联的解体,因而他的意见更值得倾听。

这位法国学者叮嘱人们,如果要想看清楚个中原委,先要在眼前摆放一个地球仪。美国的地理位置防守容易,但与世隔绝,远离欧亚大陆。当冷战结束之时,美国曾以为从此君临天下,但实际上世界地理中心开始不那么需要美国势力的存在和介入了。这就是美国忽然变得"性子大变,上蹿下跳,到处制造不和"的原因,因为它面临着真正的威胁。这种感觉自金融危机后日益增强。

托德从分析福山"历史终结论"的逻辑入手,让人们看到其对美国可能产生的不利后果。福山既然认为,人类社会的民主自由化是必然的全球趋势,又把迈克尔·道伊的"民主国家间没有战争"的假说引入自己的理论模型。倘若真的如此,民主自由制度世界化,从此实现了永久和平,那么美国的领导地位何在呢?如果不再需要它捍卫全球民主制度,刀枪入库,马放南山,那么美国就必

第八章 美国梦与最大公约数

须满足于成为国际社会中的普通一员。

但是恰恰在今天,"不依赖别人,美国人休想过好日子"。为什么呢?因为一个怪诞现实是:"美国对于世界的重要性已不再体现为它的生产,而是它的消费。"也就是说,整个世界仿佛是为了满足美国的巨大消费欲望而开足马力拼命生产,而美国的使命更多的是要消费而不是生产。所以,这种奇怪的状况被托德形容为:"在这样一个颠倒的世界中,蚂蚁恳求蝉接受自己的喂养。"[①]

人们当然会问,这样的局面能够维持多久呢?但奇怪的是,美国人自己却不怎么惊慌,反而有些沾沾自喜。从《美国心灵》一书的讨论中可以看出,许多美国人并不担心债务的沉重,反而认为:"如果我们从日本进口花的钱比出口到日本赚的钱多500亿,那么我们是受益方,他们反而是麻烦的一方,因为他们得到了一张张钞票、一片片纸,而我们却得到了丰田汽车。"当然也有年长的人对美国从债权国变成债务国疑虑重重,说:"我们正重新学习债务的本质。我永远也无法忘记,在 70 年代,人们就开始不停地告诉我,'你应该要负债经营'。我问,'什么意思?''你该欠点钱,'他们说。我问,'为什么?'他们说,'因为债务是推动世界前进的杠杆。'这就是导致这种现象的逻辑。"这显然是道德观念上一种奇怪的再学习,因为背负大量债务曾被认为是极不道德的。[②]

正是如此,托德认为美国梦如同被置于悬崖之上,经济上依附于人,政治上无处发力,当"世界开始觉得不再需要美国了,可就在

---

① 〔法〕埃曼纽·托德:《美帝国的衰落》,世界知识出版社 2003 年版,前言,第 15、48、42、51 页。

② 〔美〕比尔·莫耶斯主编:《美国心灵——关于这个国家的对话》,三联书店 2004 年版,第 159、86 页。

这样一个时刻,美国发觉它已离不开世界"。美国梦的真正含义是负载信用,一旦信用崩溃,就全完了,这就是美国的尴尬之处。①

这并非少数人的担心,而是越来越多人们的忧虑,只是不知危机何时到来。《美国的迷惘》一书的作者也意识到同样的问题:美国力量如今依赖的是每天注入的自信的力量,"更准确地说,依赖于美国人对世界赋予美国人信心的信心,或不如这么说(尽管有点绕圈子说话),美国力量依赖于这最终一点:全世界对美国人的信心来自于美国人现在拥有的,并继续拥有的对全世界现在对美国人持有的、美国人希望他们继续持有的信心——但这信心能保持到何时?"②

当然,也有头脑清醒的美国人,美国历史学家约翰·卢卡克斯就坦承:"对美国威望的感知主宰了世界上大部分人的想象空间。但是这种情况不会长久。如果在将来人们意识到在美国有许多事情远没他们想象得那么自由,国家的官僚体制也不如他们想象得那么运转良好,那么美国在他们心中的威望就会大大下降。这与美国的经济和军事力量是否强大没有关系。如果这种情况发生了,那就太危险了,因为恢复威望比恢复力量要困难多了。个人生活和国家生活都是如此。"③

危机或许早已悄悄到来,正像人的生命是一部分一部分死掉的一样,一个强大国家的衰败也是一点一点开始的,只不过人们刚

---

① 〔法〕埃曼纽·托德:《美帝国的衰落》,世界知识出版社2003年版,前言第20页。

② 〔法〕贝尔纳-亨利·莱维:《美国的迷惘》,广西师范大学出版社2009年版,第268页。

③ 〔美〕比尔·莫耶斯主编:《美国心灵——关于这个国家的对话》,三联书店2004年版,第591页。

第八章 美国梦与最大公约数

开始时往往看不到,也想不到。然而托德至少在 2000 年《美帝国的衰落》一书出版时就对 2008 年的美国金融危机做出了准确预测:"长久以来我一直对于美国经济所表现出的活力将信将疑……由于参与诈骗的美国私营公司数目的不断增加,导致美国国民生产总值的统计数字开始像前苏联那样注水。"所以,托德及时预警:"在美国的大量投资就等于宣告大难将临。我们还不知道,欧洲、日本和其他国家的投资者会以怎样的方式和速度被骗取钱财,但是总会有那么一天的。最有可能的是会发生规模空前的金融恐慌,接着便是美元的崩溃,其影响是导致美国'帝国'的经济地位的结束。"有一家公司倒闭,就意味着有一份资金蒸发,从安然公司、雷曼公司等破产案即可见出,千里长堤,总是毁于蚁穴,这一机制的崩溃终将如同它的出现一样震惊世界。果然,在 2008 年金融危机以后,托德的预见迅速成为人们心中普遍的阴影,中国学者温铁军即指出:"金融危机爆发以来美国的表现显得越来越不负责任,其维护全球政治经济秩序的相对理性程度也随对外大规模转嫁通货膨胀而越来越走向反面。未来,美国金融政策在不得已的情况下扩张、引发不可预见的行为将是一个趋势问题,国际社会对此普遍担忧。"①总之,大家都想平平安安、认认真真过日子,美国却越来越显得玩世不恭了。

托德最后的结论尤为悲观,他认为美国梦的衰落是全面的衰落,生活水平的下降导致神话不再,进而引发精神层面的崩溃:"美国最近这种在社会和文化领域称霸的意图和自我陶醉的膨胀过程,只是其实际经济和军事实力严重衰落的标志之一,也是美国普

---

① 温铁军:《八次危机》,东方出版社 2013 年版,第 231 页。

世主义衰落的标志之一。既然没有统治世界,美国便否认世界能够自主存在,否认人类社会的多样性。"托德甚至从根子上怀疑一直标榜的美国精神的优越性,认为没有过去的美国却有着一个无穷无尽的大自然,所以美国得天独厚,国力强大。但这些资源是白来的,而并非它创造的,不像欧洲、中国等古老文明,不得不一直和土地及自然资源的枯竭现象作顽强斗争。①

不管是否如此,从过去历史来看,美国梦本质上确实是淘金梦,也激发了其独特的自由精神和创造力。但资源再多,家底再厚,也有消耗殆尽的时候,那么美国人是否做好了以后和其他国家人民一样勤俭度日、艰苦奋斗的准备呢?当它必须回归国际社会普通成员的那一天,也许就是对未来美国精神和美国梦能否持续的真正检验和考验。

---

① 〔法〕埃曼纽·托德:《美帝国的衰落》,世界知识出版社2003年版,第42、82、106、158页。

第九章　软实力说在中国的影响流变

约瑟夫·奈的软实力说概念进入中国的过程,时间不长,但变化不断,这也可以看做是国际关系格局不断发生变化的一种反映或结果。从文化交流的角度讲,不同国家、民族间的文化交往,不管是物质的还是精神的,是实质的还是形式的,总要经过一个磨合、变异阶段。在这个过程中,外来文化成果经过必要的辨析和讨论,被逐渐吸收、重塑、兼收并蓄,为我所用。语言学家认为:"当这些文化形态从一个民族进入另一个民族时,必然会触发言语活动,用言语活动来了解它们,熟悉它们,表达它们,思考它们。"①那么就"软实力"一词而言,它在中国的流变情况要复杂一些,不仅仅是一种语言文化现象,也涉及国际关系、时代背景、历史传统、现实地位、力量对比等诸多因素。从这个角度来说,对于"软实力"概念中国化过程的梳理,实际上也是对一页历史的反思与自我认识的深化。二十多年来,中国人对于约瑟夫·奈软实力说的理解、接受,可以说大致经历了这样三个阶段。

---

① 史有为:《外来词——异文化的使者》,上海辞书出版社2004年版,第18页。

一、表面上反应寥寥而内部紧张关注

"软实力"一词最早源于美国学者约瑟夫·奈,他于1990年第一次在传统的实力学说之上,明确区分出"硬实力"与"软实力",并使两者并驾齐驱。他认为,如果说"硬实力"是指一个国家能够"命令"别国依从它的能力,相当于实力对抗的基础;那么"软实力"就是指能让别国心甘情愿追随它的能力,犹如事半功倍的利器。约瑟夫·奈认为美国的"软实力"主要来自于三个方面:一是西方意识形态的优势;二是美国大众文化的传播;三是在国际制度规范方面的主导作用。

今天软实力说在中国可以说是众所周知,但在整个20世纪90年代中,却很少为人提及。当时国内学术界对此反应寥寥,研究不多,但又并非漠不关心,而是带着隐隐的紧张与茫然。这可以说是软实力研究在中国的最初阶段及主要特点。

这一时期最早、最具代表性的论述当属中国学者王沪宁的论文《作为国家实力的文化软权力》。作者在文中明确指出:"把文化看做一种软权力,是当今国际政治中的崭新概念。"他发现,文化尽管通常被看做是一个包括了"政治体系、民族士气、民族文化、经济体制、历史发展、科学技术、意识形态"的较为松散的概念,可一旦被国家整合起来,就会显示出惊人的整体性力量,"具有国际关系中的权力属性",即构成所谓"软权力"。让作者惊愕的是,文化作为国家实力的观点其实早已有之,但锁在家里时并不觉得有什么力量,可一有机会扩散到国际社会中去,它却能迸发出巨大的"发散性力量"。作者认为,之所以能够如此,主要"是今天的时局和条件演化的结果"。具体来说,就是苏联东欧阵营未经一枪一弹而突然解体的惊人现实,让人们看到一种新的力量的崛起,即"国际风云的变幻和国际力量对比的变化,使'软权力'成为一个国家对外交往的基本力量"。①

这一时期,中国人对软实力概念的理解最接近约瑟夫·奈的原意,字斟句酌体味其中的深意,但理解的基调却又截然不同。美国人是带着冷战胜利的意外惊喜来阐释软实力的,而中国人则是不安地预感到一种新的挑战。如果说,中国人过去在极不对称的硬实力较量中尚能诉诸意志,力抗强者,兵来将挡,水来土掩。那么,现在软实力威胁则更像一个梦魇,它发力于无形,无所不至,不能无视,却又无从抵挡。这的确是一个前所未有的挑战。王沪宁在文中指出:"硬权力基本上可以在一定的政治共同体内得到和扩展,而软权力更加依赖于国际间对一定文化价值的体认,依赖于一定的体制在国际上得到的支持,所以国家的软权力更加依赖国际文化的势能,即国际整个文化和价值的总趋向。"也就是说,软实力最奇妙的地方是,它和硬实力一起为本国利益服务,却又能以某种普世价值的面目出现,并易于为他人接受,从而造成"总的软权力态势对谁有利,谁在国际社会中就占据有利地位"。这正如约瑟夫·奈所言:"一个国家可能因为其他国家愿意效仿自己或者接受体系的规则,而在世界政治中实现自己预期的目标。"②奇特的是,这种态势的形成表面上并不具强迫性,因而就对处于不利地位的

---

① 王沪宁:《作为国家实力的文化:软权力》,《复旦大学学报(社科版)》1993 年第 3 期。

② 〔美〕约瑟夫·奈:《理解国际冲突:理论与历史(第五版)》,上海人民出版社 2005 年版,第 74 页。

国家构成更大压力,却又很难抵御。

特别对于中国来说,用"山雨欲来风满楼"来形容当时的处境和心境并不为过。约瑟夫·奈的软实力说只是其中一缕飞云,弗朗西斯·福山的"历史终结论"更是惊世骇俗地宣称,随着冷战胜利,社会主义阵营解体,人类意识形态的演变正在走向终点,"西方自由民主必将成为人类政府的终极形式"。这对西方意识形态类型以外的其他社会模式来说无疑像是一道"催命符"。

而同一时期,亨廷顿的"文明冲突论"也肯定了不同文明间正面冲突的必将到来。特别是其《文明的冲突》一书第12章中对2010年中美大规模军事冲突绘声绘色的预测,今天看来不着边际,有失学者严谨,当时却令人不寒而栗。而美国1991年第一次海湾战争的大获全胜,更以其信息时代武器的威力,显示出超级强权的可怕前景——以强大军力为后盾,强行向世界推行西方民主、市场经济、社会体制、意识形态、文化规范等。美国前国务卿奥尔布莱特就曾说过,我们既然有这么强大的武力,为什么不用呢?而美国新古典主义奉行的单边主义理论,更公开强调维护全球稳定的最好手段就是保持美国霸权。这在中国人的解读中实质就是八个字:"顺我者昌,逆我者亡。"

另一方面,苏联东欧集团的解体,也使中国首当其中,暴露在西方阵营面前,形势空前凶险,而又缺少回旋余地。1991年美国传统基金会出版的反映主流派观点的《背景材料》中即已明确提出:"随着苏联地位的下降、伊拉克战败和利比亚归于沉寂,现在世界上没有一个国家比中华人民共和国更目空一切地维护那些在美国人看来已经过时的、令人憎恶的意识形态和价值观念。"而1993年美国参议员丹尼斯·德孔西尼在提交拒绝给予中国最惠国待遇的议案中也宣称:"我们已经进入一个新的时代,铁幕已经落下,民主和自由市场经济正在向全球各个角落扩展。我们不再必须全力提防来自苏联的无所不在的危险。那个时代已经过去了,现在我们有机会重新评估我们与中国的关系了。"①总之,"下一个就轮到中国了"的念头绝非空穴来风。那一时期先后发生的银河号事件、南斯拉夫炸馆事件,以及中国南海撞机事件,似乎都印证着中美之间正不可逆转地滑向全面冲突的那一刻。

因此,对于那时的中国人来说,约瑟夫·奈的软实力说更像是一种新的不战而胜的方法,指点着美国人如何在冷战后时代双管齐下地收拾世界,包括通过文化力量来弱化国家主权。王沪宁在1994年发表的另一篇论文《文化扩张与文化主权:对主权观念的挑战》一文中即表示出这种担心。认为在美国主导的全球化背景和前景下,对国家主权概念的理解也会变得复杂,国家为了取得进入国际主流社会的权利,有可能不得不以部分文化主权的丧失为代价。② 当然,这一充满着不确定性的前景,令人感到沉重、苦涩和无奈。

二、柳暗花明,为我所用

文化软实力说研究在中国的第二个阶段,可以说是以2001年美国"9·11"事件为契机,两个相向而行的重大变化使国际局势骤然柳暗花明,揭开了新的一幕。一方面是美国战略重心转向,国际

---

① 周琪主编:《意识形态与美国外交》,上海人民出版社2006年版,第581页。
② 王沪宁:《文化扩张与文化主权:对主权观念的挑战》,《复旦大学学报(社科版)》1994年第3期。

恐怖主义成为美国首要打击的敌人,中国承受的压力随之减轻。另一方面是中国经济的持续高速发展,到达了一个临界点,越来越引起国际社会的重视,中国人也开始有了新的自信。正是在这样的时刻,中国学者从几个方面对约瑟夫·奈的软实力说有了新的兴趣和广泛探讨。

首先是现实的体会。在1997年亚洲金融危机中,中国坚持人民币不贬值的政策,避免了亚洲经济多米诺骨牌连锁坍台的悲剧。当年中国政府做这个决定时并不轻松,面临着艰难的选择与考验,也准备付出重大牺牲。但始料不及的是,这样的做法竟然"无心插柳柳成荫",意外地增加了中国的国际影响力,特别是迅速改善了与东南亚国家间的关系,开启了地区合作的新篇章。

多年来,中国学者一般肯定这是中国树立负责任大国新形象的开始,指出:"一个负责任的大国体现了中国对国际社会的新的认同,中国对亚洲金融危机的反应说明了这一点。"[1]2007年出版的《中国:软实力方略》一书即强调,中国在亚洲金融危机中的表现,表明其"积极提供全球性和地区性公共物品,开始着力塑造一个负责任、建设性、可预期的国际形象"[2]。这样的论述并不错,但稍显笼统,没有充分论及中国文化传统的深层作用。为什么当年朱镕基总理在人民大会堂给教育界作经济形势报告时,三个小时讲话反复强调的就是一句话——"不能乘人之危"?[3] 为什么在西方人听来不过是一句表示同情的话,在中国却能起到左右重大决

---

[1] 袁正清:《国际政治理论的社会学转向:建构主义研究》,上海人民出版社2005年版,第343页。
[2] 门洪华主编:《中国:软实力方略》,浙江人民出版社2007年版,第48页。
[3] 笔者曾在现场聆听朱镕基总理报告,对此印象深刻。

第九章 软实力说在中国的影响流变

策的作用？这必须从文化本性方面找原因。正如学者韦正翔在《软和平》一书中指出的："国民性是指国家具有的比较稳定的道德属性。它是在国家漫长的历史发展过程中逐渐形成的，表现为对传统文化的继承，是当前大多数人意志的外化形式……由于国民性的不同，在一国能够实现的外交政策目标，在另一国可能就很难实现。"①显然，如果不关注政治决策背后的文化背景，对自身软实力的认识也很难深入。

平时中国人也许是很实际的，看重所谓实用理性精神，可一旦他认为生活中的某些抉择牵涉到大是大非问题时，便会毫不犹豫地将"良心"置于种种实利计算之上，以义为先，以德服人。当年亚洲金融危机哀声一片，正是触动了中国人的"不应以邻为壑，落井下石"这一古老文化观念，因而中国政府再三申明：人民币绝不贬值，不能把危机转嫁他人。中国老百姓对此了然于心，但对喜欢条分缕析的西方学者来说，从经济角度看是不智的，从政治角度看是危险的，特别是把道德判断与利益判断混同起来，好像贬值就是乘人之危，不贬值就是君子之道，很难理解。但是坚持义与利的协调、理与情的统一，这就是中国式的思维方式。学者王德峰很有道理地指出：即使引进西方的理性语言，中国人也会融进自己的文化精神："若深思一下，即可发现，中国人用这些词语时的意蕴指向，并没有落在西方思想的意义场中（当然，中国学者用法除外）。再如，中国人今天所说的'讲道理'，仍不是全指'遵理性、讲规则'，更多的还是指'顺乎常情'（'常情'是包含着感性真相在内的）。今天的中国人也仍然常用'苍天''百姓'这些词语，用以表达一切中

---

① 韦正翔：《软和平：国际政治中的强权与道德》，河北大学出版社2001年版，第104页。

国人都能领会到的一种很深刻的社会生活原理。"①

不要小看了中国人文化本性的爆发,对中国人来说,一句看似简单的话就可能引起重大后果。朝鲜战争时毛泽东一句"看着邻居受难不能不管",越南战争时周恩来一句"中国甘愿做出最大的民族牺牲",改革开放时邓小平一句"摸着石头过河",都形成最终足以改变中国与世界的重大决策。而且,对于中国人来说,道理越是浅近,合乎情理,意志凝聚也就越是广泛和强有力。所以,中国在亚洲金融危机中的表现与意外收获,并非仅仅出自要做"负责任大国"的理性判断,更不是由于精明的盘算或豪赌的幸运,而是文化精神使然,才在不经意间形成了独特的影响力,这是最为本质内在的软实力,因为有着深厚的文化土壤。

第二是历史的记忆。中国历史上曾形成包括日本、朝鲜、越南在内的东亚儒教文化圈,它并不是通过武力,而是主要通过中华文化的和平传播而自然形成的,这正好也可以用约瑟夫·奈的软实力说来解释。中国学者刘德斌2004年就曾对此作过专门论述,他认为,"软权力"作为"同化性权力",主要是指一个国家或民族的吸引力或魅力之所在,不同时期、不同地区权力结构中都存在"同化性权力"的影子。中国历史上对此也并不陌生,这就是以中国为中心的东亚"朝贡体系"和"儒家文化圈"的长期存在,其实质是中国古代高度发达的物质文明,使中国文化及生活方式对周边民族和国家产生强大吸引力。② 这种影响力若断若续,至今犹存,譬如2004年在西安发现的一块日本遣唐使墓石,在日本引起轰动,因为

---

① 王德峰:《中国的文化精神及其当代复兴的世界历史意义》,载《文明的和解——中国和平崛起以后的世界》,人民出版社2005年版,第124页。

② 刘德斌:《"软权力"说的由来与发展》,《吉林大学学报》2004年第4期。

它是现存实物中最早出现"日本"二字,甚至引发"日本"国号是否为唐朝所赐的议论。可以说,被历史记忆唤起也是中国人对软实力说感到亲切的一个原因。

但对于软实力说的兴趣,最重要还在于第三点:为了应付当前的挑战。随着中国经济的高速发展,综合国力不断增强,此时国际舆论已从"中国崩溃论"迅速转变为"中国威胁论",甚至认为代表中国特色发展道路的所谓"北京共识"正在取代"华盛顿共识"。这些观点或疑虑越来越有市场,正对中国的未来发展形成障碍。中国急需让世界了解自己的和平意愿与发展计划,以营造相对有利和友善的国际环境,因而近年来中国先后提出了"和平崛起""和平发展""和谐世界"等战略目标,越来越重视"文化软实力"作用的发挥。有中国学者在讨论中指出:"我们应当清楚地认识到,在全球化时代,要有效地维护国家的主权,增强国家的实力,仅有经济的和军事的力量是远远不够的,还必须有政治的、文化的和道义的力量。这里也包括中国的发展经济和发展模式",但"无论如何也不能将'中国模式'与'中国威胁'联系在一起。"①需要强调的是,中国人提出"和谐世界"的主张,并非中国国力不够强大时的策略性宣传口号,而是源于中国人的历史经验。中国自古信奉"和为贵",赞同和平竞争,和而不同,反对将自己的信仰、意图与生活方式强加于人,这是最具中国文化特色的东西,即便在历史最强盛时期也是如此。

---

① 俞可平、庄俊举:《热话题与冷思考——关于"北京共识"与中国发展模式的对话》,载黄平、崔之元主编:《中国与全球化》,社会科学文献出版社 2005 年版,第 210—211 页。

三、进入主流话语,明显中国化

文化软实力研究在中国的第三个阶段,则以 2007 年举行的第十七次中共党代会为标志,胡锦涛总书记在会议上明确提出:文化已成为综合国力竞争的重要因素,号召尽力提升中国的文化软实力。中国是一个有着权威性传统的社会,随着国家领导人的亲自提倡,"软实力"一词迅速进入中国社会主流话语,表现出两个不同方面的影响。

第一个方面是表现出通俗化倾向。文化软实力已经不仅是学术界的研究对象,也成了一个广泛宣传的重点口号。例如 2008 年人民出版社出版的一本小册子《软文化真实力》,其撰写内容不是为了探讨而是为了普及,其封面即标明"十七大热点通俗读物"。更令人料想不到的是,"软实力"一词内涵、外延的迅速扩展,已经从一个国际政治术语,成为中国社会内部一个地区、一个行业,甚至一个单位或村落都经常使用的日常话语。翻开中国的报纸或浏览网络传媒,经常会看到:《苏宁电器"亮剑"行动彰显文化软实力》、《橱柜业提升"软实力"彰显文化魅力》,甚至某某县、某某村"彰显文化软实力"这样的标题、字眼。"软实力"概念在中国的流变和流行程度,肯定会让首倡者约瑟夫·奈瞠目结舌,但如此随心所欲地泛用"软实力"这个词,正是"中国特色"。中国历史上对于外来新思想的吸收、借鉴,向来不喜欢繁琐思辨,而是以我为主,为我所用,不断融合,加进新的东西,最终简化、强化为一个名词或一句话,作为文化符号。外人可能觉得过于简单,但在中国社会反而容易起到号召、凝聚作用。过去汲取印度佛教文明时是如此,今天借鉴西方现代文明时也是如此。

第二个方面的演变是:中国人理解的"软实力"越来越背离美国人的本意。美国版的软实力说最关心的是"如何吸引别国来追随自己",而中国自古就对此不感兴趣。所以,美国的软实力说本质上是进攻性的,一心要让本国占优势地位的文化、意识形态、价值观念、社会制度等一统天下,这体现在约瑟夫·奈对"软实力"一句最简短的概括中:"软实力——即我们文化和意识形态的号召力。"①而与之相反,两千多年前中国的老子就说过,水是天下最柔的东西了,却能无坚不摧,以柔克刚,以弱胜强,这代表着中国人对运用力量的最基本看法。所以中国人看重"软实力"本质上是自卫性的,是为了创造有利于自己生存和发展的和平环境。

　　与此相应,美国的软实力说本质上又是保守性的,因为它是对外的,假定本国社会体制、生活方式、精神文化等等都是优越的,放之四海而皆准,关键在于如何更有效地向其他国家推行。但软实力说引进中国以后,却越来越有了对内的作用,变革的作用,即人们越是要塑造中国正面形象,就越是看到现有的不足,因而感到焦急,呼吁深化改革。所以说,软实力说在中国所起的作用不是保守性的,而是变革性的。正如《中国:软实力方略》一书封底所引的题记:"评估中国软实力,我们没有兴高采烈,而是充满忧虑,因为中国软实力并非强大,可谓有剑无锋;研究中国软实力,我们的初衷不是与其他国家一竞短长,而是内省,对中国的战略路径进行反思;增进中国软实力,我们的目标不是为了扩张,而是自我充实,从而找到可持续的增长路径,为实现中华民族伟大复兴的战略目标奠定坚实的基础。"②2006年由上海社会科学院主编的《国际体系

---

　　① 〔美〕约瑟夫·奈:《美国霸权的困惑》,世界知识出版社2002年版,前言第5页。
　　② 门洪华主编:《中国:软实力方略》,浙江人民出版社2007年版,封底。

与中国软力量》一书,也较为深入地探讨了中国软实力的内生性、内省性、内驱性,以及要素、资源、能力等问题。① 中国学者正是通过审视中国自我形象而引发的对于现代精神转型、体制变革、文化更新等方面的研讨,无意中又形成了推动下一轮改革的新动力。

总之,仅仅经过了 20 年,文化软实力研究已经明显地"中国化",并将更有效地加以借鉴,发挥作用,对外有利于倡导"和谐世界"的理念,塑造中国"和平发展"的新形象,对内则有助于促进变革,更好地适应全球化新时代。所以"软实力"一词能够迅速进入中国社会的主流话语绝不是偶然的。三千年前,商代《盘铭》上有一句著名箴言:"苟日新,日日新,又日新。"从软实力说在中国的影响流变过程中,我们正是看到了古老中国为了适应时代发展而对外来文化营养不断取舍、自我更新的活生生例子,这或许也是这个唯一延续至今的古老国家仍然迸发惊人活力的真正原因。

四、不应本该拿起自己的盾却举起别人的矛

歌德有一句名言:理论是灰色的,而生命之树常青。意思是说冷静的思索往往落在热火朝天的生活之后。这并不可怕,可怕的是有血有肉的生活洪流已经远去,理论的思索却还停在原地,固步自封。更可怕的是,连这个思索的理论模式都是抄人家的,人云亦云,还自以为是。

相对于中国社会日新月异的发展变化,中国的软实力研究明显滞后,这还不仅是隔靴搔痒的问题,而是有亦步亦趋之感。重要

---

① 参见刘杰:《中国软力量建设的几个基本问题》;胡键:《中国软力量建设的几个基本问题》,载上海社会科学院主编:《国际体系与中国软力量》,时事出版社 2006 年版。

的原因是,一些中国学者的研究常常不是对其加以改造和引申,而是不假思索地沿用约瑟夫·奈原有的理论框架,将其当成某种先验公理。本该是从中国的特定立场与视角来加以审视和辨析的,但却只是把美国人的软实力概念、定义照原样拿来复述一遍,然后再添加上中国的某些事例作为阐发或补充。如此的论述方式,让人想起了古老的注经传统。但在国际关系领域,我们不能只以自己的论据去注解别人的论点,因为那不但不是在增加自己的软实力,反而是在印证别人的软实力。

学问应以问题为中心,而问题之所以成为我们的问题而不是别人的问题,就因为我们的处境和别人不同,所站立场、观察视角,以及应对的方法也因而不同。一个只会套用某种现成理论模式而不是从自己问题出发的研究者,就像马斯洛批评的那种醉汉,他不在丢失的地方找钱包,而是到路灯下去寻找,理由仅仅是"那儿光线好"①。国际关系领域毕竟是一个非常现实的领域,不同国家有着不同的实力地位,也就有着不同的战略目标和利益诉求。在这样的前提下,即使是运用同一个学说,同一种理论武器,不同国家也有着不同的理解和企望。约瑟夫·奈的软实力说作为一个有启发性和开放性的思想命题,有利于人们既各说各话,又相互沟通,不断放进自己新的东西。而软实力的关键就在于一个"软"字上,不是粗暴地诉诸武力,而是相对文明地讨价还价,和平博弈。

从总体上说,美国希望事半功倍地继续保持全球霸权地位,中国则希望尽可能地维持目前和平发展的势头;美国处于战略进攻态势,中国则处于战略防守态势。那么中国对于软实力说有何企望?合理的目标追求是什么?自己独特的软实力资源究竟在何

---

① 〔美〕马斯洛:《动机与人格》,华夏出版社1987年版,第18页。

处？又应当怎样加以适当运用？这些都是要用自己的头脑去思索的，而不能坐等着别人给答案，更不能到人家的著述中去按图索骥。重大战略的制定是不能出错的，如果在软实力理解和运用中，本该广结善缘，专心做好自己的事，却像人家那样倾心吸引而意在追随；本该拿起自己手中的盾，却学着人家的样子举起别人的矛，那就不仅是可笑的，也是危险的，不仅于事无补，更是南辕北辙。

在学术研究工作中，比拾人牙慧、浅尝辄止更有害的，是那种习惯于低人一等、臣服于别人精神成果的卑微心态，那是对民族自我创新能力的自宫。为什么这些年来中国学术界剽窃、抄袭事件不断，低水平官样文章层出不穷？主要就因为自己学术思想原创性不足，缺乏自信，于是惯于在别人的现成理论、框架模式上立论，总在别人打好的地基上搭架子，那样又怎么实现自己心中的蓝图呢？

实际上，中国这些年来翻天覆地的变化，表明中国是有自己的巨大意志力的，应当给予合理解释，历史上也有过将外来文化营养为我所用的成功先例，这些本该给中国学术界的研究成果带来新气象，但为什么有些学者仍然热衷于照猫画虎，甚至拉大旗做虎皮呢？连外国学者都感到奇怪，他们希望中国学者的研究虎虎有生气，能够从中了解中国变化背后的精神奥秘是什么？中国人究竟有着怎样的内心世界和思想动力？法国学者马太·杜甘在《国家的比较》一书中呼吁，中国在全球化过程中已经不再是与世隔绝的"中央之国"了，如果说"中国学者过去在社会学和政治学这两个领域之中还没有充分的用武之地，现在则已经到了他们从自己的观

第九章 软实力说在中国的影响流变

点出发来解释世界的时候了"①。而"北京共识"的首倡者、美国学者乔舒亚甚至略带讥讽地说:"调查数据表明,世界上大多数人早就知道中国拥有历史悠久、博大精深的文化。反复再强调这一点根本无助于树立中国的新形象。"他认为持续不断的创新发展才是最需要中国人去解释的,而这"对于中国人而言,这意味着要不断地努力树立中国的新形象,同时尽量避免用那些陈词滥调去解释正在发生的事情"②。

当然,我们需要借鉴别人的思想成果,我们的每一点成绩都是在前人的思想成果之上取得的,学者张隆溪说得好:"中国批评家的任务与其说是独立于他人来思考,不如说是批判地思考他人已经思考过的东西,因为我们只有通过弄清楚别人思想的内容,才可能达成自己独立的思想和批评立场。就思想和知识而言,只有通过逐渐积累,通过不断与他人或他人的思想互相交往,才可能获得独创性和真正的自由。"③关键在于,不要只是把别人的思想拿过来咀嚼一遍,味同嚼蜡,还假装自己的成果,津津有味,而应当敢于青出于蓝而胜于蓝。古人早已悟出这些道理,但每一代人付诸实践都需要热爱真理,抛弃杂念。

还应指出,理论是重要的,但是学者不能拿枯燥的理论吓人,就像学富五车式的新学究,只是成为某种理论的齿轮传动装置。教科书般的思维模式与创造性的思想探索虽然都是头脑的产物,但它们之间的不同,就像辞典与珍贵书籍的差异、枯燥的教条与奇

---

① 〔法〕马太·杜甘:《国家的比较》,社会科学文献出版社 2010 年版,导论第 3 页。
② 〔美〕乔舒亚·库珀·雷默等:《中国形象——外国学者眼里的中国》,社会科学文献出版社 2006 年版,第 44—45 页。
③ 张隆溪:《走出文化的封闭圈》,三联书店 2004 年版,第 46 页。

妙的智慧的区别,又如画中的灯火与真实灯烛的不同,灯烛的光亮即使微弱如豆,也是颤抖的,有热力和活力的,有可能照亮前方的道路。实际上,已经有中国学者认识到并明确提出:"能否提出创造性的言论和被广泛认同的思想原则,将是一国综合国力,尤其是软实力强大的重要标志。"[1]

还有一点,要想实现思想创新,就需要有适合于自己的表达形式,去除任何一种陈词滥调。正像我以前指出过的:"每一个国家都有它的精神。如果我们想要了解一个国家的精神潜力,我们会步入它的学术殿堂,翻阅它最有代表性的学术读物,看看这个国家的一流学者们在想些什么,说些什么,想到什么地步,又是如何表述的。一个国家在精神文化上的创造活力,往往会从它的表达方式上显现出来;一颗自由的心灵,也不可能用干巴巴的语调说话。"[2]因为思考的个性必然表现为语言的个性,学术研究尽管有自己的规范要求,但不应该限制一个学者自由豪迈地表达自己的内心思想,一个学者首先是一个有血有肉的人,才能真正感知、探索和见证这个世界。

当年,美国著名思想家爱默生曾在《美国学者》一文中豪迈地说:"我们仰人鼻息、在学术上长期当别国学徒的日子快要结束了。"那么什么时候,中国学者也能够拿出自己自主创新的硕果这样宣告呢?令人欣慰的是,前面并没有什么不可逾越的障碍,特别是文科学者的思考一般并不需要花多少钱。但反过来说,真正令人发愁的是,即使花多少钱也买不来原创性的思考,特别是充满活力的能够温暖人心的朴素思想。

---

[1] 潘一禾:《文化与国际关系》,浙江大学出版社2005年版,第37页。
[2] 郭小聪:《说什么怎么说》,昆仑出版社2005年版,第50页。

附　录　我们与他

一

几年来有一本书令我反复翻看，它是美国人大卫·丹比所写的《伟大的书》。这本书论及了从荷马、柏拉图、莎士比亚到尼采、伍尔芙等二十多位西方思想家、文学家的经典著作，1996年还被美国人评为"当年令人瞩目的书"。但这并不是令我久久惊异之处，我所惊讶的是从中看出了一位美国普通知识分子惊人的思想活力，当他对生存现状不满时，他能表现出多大的自我重塑能力。

作者是一位电影评论家，人到中年，生活平静，可是他越来越不能容忍生活的浮躁和平庸，特别是"作为媒体的一员"，他也厌倦了媒体。他感到正是媒体社会把人们变得日益平面化、观景化，大家都像海边阳台上的旁观者，有信息却没有知识，有表象却没有历史，有本能却没有信念，一切纷至沓来又转瞬即逝，什么都没有留下，脚下的根基却已经动摇了。

类似的危机感我们并不陌生，但令人钦佩的是，大卫感到内心空虚，就真的在48岁上重回母校哥伦比亚大学读了一年书。他选的两门课"人文文学课"和"当代文明课"读的都是西方的经典之作。大卫已经好久不读这样的"大书"了，但纷扰易逝的岁月使他意识到："这些书是一些最直接涉及什么是人以及人可以是什么的书，它们应该成为每个人的教养的一部分。"他想借助严肃的阅读找回思考的力量。

但不是谁都能消化这样精致的精神食粮的。大卫的学历和经历即使按中国的标准算也是普通的——大学本科毕业，年轻时曾是反越战分子，许多时间花在了街头抗议活动上，还曾向时任州长的里根扔过西红柿，毕业后就再也没有深造过，照他自己说是整天看电影、写评论，很难有相应的氛围做学术性观照。但假如这样一个媒体中人坐下来读书也能思考出这么多的东西，对西方精神传统有完整的把握和领悟，那么美国一般知识分子阶层的思想潜力就可见一斑，不容小觑。

这本书最独特、最有分量的地方正在于此：作者不是整天冥思苦想的学者、教授，只是个普通读者，他的日常生活与我们大多数人无异，可是当他拿出这部书来，却突然拉大了与我们之间的距离。他思考的睿智让平凡的生活焕发出哲学之光，读起来有如寓言，令人肃然起敬。其实，即使对学者、教授而言（作为同行我清楚），要想在一两年内梳理一遍本民族的文化传统经典，然后写出一本45万字独具眼光的读书笔记来也绝非易事。对个人来说，这是一种精神享受，对国家、民族来说，这就是力量，或者说精神潜力所在。《伟大的书》无论从哪个方面都值得琢磨，耐人寻味。

二

思考的力量不在于读了多少书，而在于有无自己的洞见，能否提出问题。《伟大的书》尽管面对的是经典大作,但并没有埋没作者的眼光。从荷马史诗开始,大卫就表现出自己思考的个性,他一方面指出史诗的壮观只能建立在遥远、高贵而非伦理的世界之上,那里只有征服,没有怜悯。另一方面又从阿喀琉斯的沉吟中看到他或许是既体现又质疑了正在成形中的西方文明的第一人,因为他既渴望英雄的荣誉,又独自掂量了死亡。对于古希腊悲剧,大卫也提出与主流观点不同的看法,认为古希腊悲剧精神并非宁静,而是无畏。因为古希腊人能够直面悲剧命运,他们总是有力量描写对与对的冲突,而非对与错的冲突。

在读《理想国》时,大卫也表现出了问问题的智慧。他最感兴趣的是柏拉图的社会政治理想,而非形而上的哲学理念。他借着柏拉图对正义问题的探讨一再追问:把一个社会凝聚起来的东西是什么?是畏惧还是对某种理想的忠诚?大卫认为,这"在当前有着一种相当可怕的直接性和相关性",可以说是当代文明最重要的政治哲学主题。因为如果人人抱怨自己是受害者,把社会当做一块蛋糕而不是蜂房,这样的社会还能长久吗?这正是大卫忧虑的问题,"鉴于我们今天的社会并没创造出多少正直的人,可见我们可能哪里做错了"。

这个问题像巨大的回声一样贯穿在整部书中,构成大卫思考、对话的原则基础。尼采是大卫非常喜欢的一位思想家,他在《道德的谱系》中曾猛烈质疑两千年的基督教文明:善与恶如何被发明?为什么要用道德伦理取代自然本能?怜悯与克制也许让人获得灵魂和深度,但如果失去了旺盛的生命力,对于促进人类昌盛又有什么好处呢?尼采学说在他的那个时代无疑是革命性的,他雄辩的风格更像酒神的节日一样令人陶醉。大卫深为尼采所折服,但最终却拒绝了他的理论。因为奇怪的是,当尼采学说传诸后世时,其高扬个人意志的主张却往往被自由的敌人所利用。大卫早在读马基雅弗利的《君主论》时就对理性可能被用于卑鄙感到不安,认为赤裸裸地追逐个人权利会导致无休止的动荡,而罔顾建立在权利合法性之上的社会稳定。正是如此,大卫拒绝了尼采:社会不应成为任何"金野兽"的乐园,而应顾及所有成员,才可能避免最残酷的事情发生。他还确信,怜悯与克制是力量的另一种形式,而非虚伪和软弱,理想主义者的努力无论多么微薄,也是维系社会良心的坚韧纽带。大卫的读书心得是任何时候也不要丧失主见,"我已答应我自己不怕问天真的问题"。他发现,"伟大的书"本身就构成了这样一种不断提问题的传统,而不是一些现成的道理,在辩驳中一本书挑战另一本,甚至和自己过不去。它的既是磨难又是力量的自我质疑的传统,正是亟需现代人继承的。

三

我过去很少见过一本学术性著作可以这么写,既有思辩的力量,又径直把自己的喜怒哀乐带入书中。学者可以讲得很透彻,但不会这么有感情;宗教信徒可以很虔诚,但往往缺少怀疑精神。大卫却坚持用普通人的思维方式解读经典,夹叙夹议,深入浅出。读莎士比亚戏剧中李尔王与女儿们的冲突,他会检讨和自己母亲的感情纠葛,悟出人生两件大事:养育子女,安放父母。读激进反叛的卢梭,他又会拿自己年轻时的特立独行与今天大学生的世故态度相比较,折射时代的变迁。因而这部百科全书般的学术性著作,读起来却有如散文随笔般的亲切。

书中令人印象深刻的一件事是有天早上作者上班在纽约地铁站口被两个黑人青年用枪打劫。"我伸手去掏钱包,但就在这时我停了下来,一动也不动,低头看着那支枪。我不是个勇敢的人,可是我被触怒了。我想到拒绝他们,或跑走。"但实际上什么也没发生,那两个罪犯抢到一些现金后扬长而去,根本不理会受害者的屈辱心情。现代社会对街头犯罪也麻木了,同事们甚至祝贺大卫经历了一次"成功的抢劫",没有受伤,钱包还在。但十多年过去了,别人早已淡忘的感受,大卫仍默默咀嚼。

大卫读到17世纪霍布斯的《利维坦》对人的侵略性和自私行为的解释:一切皆始于生存欲望,贪婪是某种正当的精神不安,没有所谓至高的善。但是大卫不明白那两个青年为什么甘冒蹲五年监狱的危险抢一百块钱,他觉得他们不像是为了谋划未来,更像是出自绝望或盲目。大卫认为今天的社会要负责任,因为除了物质之外几乎已经没有其他定义成功和地位的方式了。人们被媒体激起了欲望,又无法满足,甚至连"合理的自我利益"都难以界定,所以贪婪的人不一定就是理性的人。

读洛克的《政府论》,大卫又想起了那两个抢劫犯。洛克巧妙地论证了私有财产的积累是固化劳动的结果,私有财产不均也是一种自然权利,这正是今天美国法律精神的基石。但是大卫似乎对所有迁就现实的理论都保持警惕,他问道:假如街头还有那么多流浪者缺少平等工作的权利和相应的义务感,契约社会的根基又何以形成呢?他确信,没有某种共同的道德信念,"亚里士多德和柏拉图关于公民全身心投入公民事业的概念在一个像我们这样致力于个人主义神话、私人快乐和私人成功的国家显然是毫无可能的"。他更担心的是,犯罪达到一定数量会改变道德景观。如果人们把逃脱定义为成功，落网定义为失败，那么不仅犯罪的羞耻心，甚至连对处罚的畏惧都不起作用了。那时候，犯罪即使尚未伤及肉体，也已毒害精神，不信任感会败坏社会的每一个人，自己小心多疑，还会传染给孩子。

大卫的理论兴趣始终是着眼于现实，他希望未来不再有那个梦魇，正派人在枪口下乖乖掏出钱财，举在手上，罪犯抓了过去，"他们走了，他们就那么走了"。

四

《伟大的书》中的西方经典，我们中国知识分子并不陌生，大卫提到的一些西方社会问题，如今也正成为中国的问题。所以，中国读者感到很容易和作者沟通，也能欣赏他源于西方文化传统的真知灼见。可是精神上的亲近感并不能打消隐隐存在的隔膜感和失落感：我们热切地了解西方，西方人了解我们吗？由外国伟人名字构成的那一片思想时空，与我们中国人的现实命运究竟有什么关系呢？

诚然，所谓"现代意识"是由古今中外无数被筛选的文本构成的，我们中国人也正是把西方经典作为整个人类文明成果的一部分接受下来的。可是一百多年来，我们心向西方，西方人在意我们的内心追求吗？甚至在乎我们作为一个种族的存在吗？我这里指的不是中国人被歧视，而是被忽视；不是那种粗鲁的冒犯，而是客客气气、毫无恶意的疏远。仿佛我们是某种化外之民，除了共存，谈不上多少共同语言。所以，我想知道大卫的看法，我越是相信他的善良、正直和深刻，就越是想验证一个足够睿智的西方人能否对我们的兴趣多一些,因为心灵相通而结为精神兄弟。

但事实上大卫的书里很少谈到中国人,只有一处,是在史蒂芬生教授的课堂上。当讨论到生态灾难问题时,教授说:"是的,但怎样去决定不继续开发我们的资源呢?谁来做这样的决定呢?难道我们能去告诉中国人不要造汽车,而是保持他们的自行车吗?"接下来没再谈到中国人,大卫也没说什么,但我总觉得他们投来的目光有些陌生、无奈和多少有点居高临下。而且,又提到中国人的自行车!无论善意与否,中国人骑着他们潮水般的自行车涌来的形象,就固定在西方人远远一瞥的粗浅印象中。它一般是无害的,甚至是有趣的,但有时又是令人惊恐的。记得前两年美国前总统克林顿也说过类似的一句话:要是中国人都开上汽车,大气层会燃烧。这不是寻开心,是真的担心,担心中国人发展起来会争夺生活资源。这也许就是今天中国人在西方人心目中最可能有的位置,这与精神无关,而仅仅事关生存。

我不怀疑大卫追求自我完善的真诚,但我怀疑任何一种高尚精神最终能否惠及本社会系统之外。有一本同样是美国人写的书一直令我难忘,书名《道德的人与不道德的社会》揭示了无私的个人与自私的社会之间的道德悖论。个人可以有超越自我追求永恒的冲动,甚至为了他人牺牲自己。但社会群体却通常表现出利己倾向,其中的个体不可能为其他群体而牺牲本群体利益,一个社会更不可能为另一个社会拱手奉献。所以到头来,个人的无私成全了,也受限于群体的自私。按照这一道德悖论,一个推论是:一位有教养的绅士,对于与之竞争的另一个社会而言,就相当于一个高素质的战士,所以越是睿智完美之人,越有可能变成可怕的智能武器。

一本书有自己的建树才值得花力气把它写出来。这本具有现实指导意义的著作不是政治家或社会学家所写,而是出自基督教哲学家,这本身就令人深思。假如他描述的道德悖论难以被驳倒,假如推论能够成立,假如据此变换一下思路,那么从一个社会关注另一个社会的角度来看,《伟大的书》会给我们一些什么新的启示呢?

五

完全可以相信,能够写出这本书的作者也一定是一个高水平的电影评论家,能够为他们国家的电影发展贡献才智,让电影导演、演员和剧作家获得一位良师益友,也使他们少受一些夸夸其谈的骚扰。

看一看书中对电影《十诫》的简短评论吧,一个研究过《圣经》的电影评论家必然会把他的历史感带到影评中。《十诫》演绎的是创世纪和出埃及记的故事,但大卫一眼看出它的风格恰恰是对《圣经》的粗俗背叛——迷恋大场面,追求娱乐性,缺少庄严感,有些类似张艺谋近期几部影片给国内观众的感觉。但大卫并没有简单地嘲讽或说教,而是深掘内心的矛盾感受:为什么"我在一部背叛了《圣经》的作品中发现了快乐"?为什么一部明明荒诞、愚蠢的影片会让现代人喜欢?是因为我们对信仰失去了敬畏之心?还是这个世界已无可救药地充满了表象,甚至"把上帝的神秘变成了油漆的景象"?"我得琢磨清楚到底为什么。我们所有的人都必须在黑暗中找到我们的道德,观看者的道德。"即使一时找不到答案,大卫也为他的读者提出了问题。而且他优雅的口吻保持了个人的尊严,也有益于他们国家的文风。

　　让国家受益的还不止这些,请记住,那些专家、学者,他们首先是某个国家的公民,当他们被推上角斗场时,他们个人的专业技能就等于是他们国家的竞争潜力。

　　大卫的电影界前辈、傲慢的好莱坞导演卡普兰就是这样在二战中成了卡普兰少校的。他从未上过战场,也从未拍过纪录片,但是当他受命来到马歇尔将军的办公室,当他毛骨悚然地看到德国宣传纳粹思想的纪录影片《意志的胜利》,他的才华和个性就自愿地被他的国家征用了。卡普兰摄制了七集享誉世界的系列纪录片《我们为何而战》,取得了巨大的宣传效果。他善于简洁地运用形象,用黑墨表示法西斯侵略,用岩礁表示同盟国的抵抗。他懂得以解说配合画面的力量,当希特勒、墨索里尼和天皇裕仁这三个"奴隶世界总管"出现时,旁白说:"要好生看看这三个同伙,记住他们的面孔。如果和他们遇到一起,就要毫不犹豫地……"他还努力将直白的宣传警句与文化内涵结合起来,比如他在《认识你的敌人:日本》一集中提醒美国人注意,敌人的凶顽源于一种陌生的文化:"这个士兵,他的同伙,简直都是完全一样。对日本人来说,天皇是神圣又神圣的天神下界。""只要是日本人,就相信他们是受命于天来征服其他一切民族和人民的。""所以母亲和妻子接到她们阵亡的儿子、丈夫的骨灰时,没有悲伤,只有叹息,为什么?因为阵亡者成了军神,在她们身旁继续生存,受到崇敬,接受食品、水和点燃的香烟的供奉。"

　　如今,卡普兰的影片已经作为经典纪录片载入艺术史册,但不要忘了它首先是战争动员的产物,当他的才华和创造力被他的国家激发出来,就成为足以让敌人头疼的厉害武器。从这个意义上看：任何一个领域的杰出人才，首先是他们国家的，然后才是世界的，这一点确信无疑。

六

写这篇文章的时候，我正好看到一篇《没"正形"的大卫》，打开来一看，原来介绍的是另一个大卫，中国的大卫。他行过十年医，后来喜欢写作，也出了一本书，与美国的大卫相似。但不同的地方是口吻："我不是怕流泪，而是怕我流不出泪。我是写诗的，我知道，如果双眼成了断流的黄河，那将是一件多么可怕的事情。"仅从引文也可感觉到，"中国的大卫"更像一个纯情大学生，而不像"美国的大卫"那样，字里行间显现出一个经过多年历练、若有所思的中年知识分子。

但真正叫人皱眉的是那篇介绍性文字，说"大卫是个码字的，且码着两样：左手写诗，右手习文……"，类似的调侃口气已经流行十多年了，为何仍旧长盛不衰？先在文学作品中，后在新闻媒体中，甚至在学术性文章中。难道我们中国人已经不能较为严肃、诚恳、亲切地述说一件事了吗？这种新的八股腔究竟源于我们内心情趣的单调，还是丧失思想活力的结果呢？

当一个民族自成世界时，我行我素也许无所谓对错。但当不同种族、社会必须在一个世界上共存时，力量对比就会自动见出强弱，分出优劣。而且对抗或对话是在各个层面上展开的，看到"中国的大卫"，就会想到和"美国的大卫"比一比；读过《伟大的书》，只会对自己文化中油腔滑调的东西叹气。在这种由比较而来的危机感中，弱者无论有多少种理由，面对强者，弱就是错。

当然，美国社会也不乏滥俗的东西和病态的戏谑，大卫把这称为"我们身上那种被媒体训练出来的讽刺习惯"，他发现同班的年轻人正是"带着那种从媒体而来的讽刺感和扮演角色的感觉来读文学的"。但是，一个社会富于活力，不仅在于它面对什么，更在于如何面对。有随波逐流的生活，也应有能够自我荡涤的力量。

书中提到一次由女权主义者举办的"收回那一夜"的集会活动，那本来是很荒诞的一幕，大卫感到女生游行队伍中发出的尖叫声、口哨声有某种令人不安的反人性的东西；年复一年上台的控诉者似乎把"对强奸的恐惧"变成了"绘声绘色的自我戏剧化的强奸文化"，而台下观众则成了"观淫者"。在这个一打开电视就会同时看到好几个频道访谈、倾诉节目的大众媒体时代，个人的羞辱化为大众的娱乐，尊严感被狂欢的欲求所淡化，浅薄也变成了时尚。如大卫所说，我们的记忆消失在媒体生活的迷雾中，我们都成了看生活而不是过生活的人。

大卫一再提到"媒体社会"这个词，反映了他对目前生存环境的担忧，甚至感到个人无法与历史对抗。但无论内心多么绝望，他的批判却从来没有导向玩世不恭的诅咒和嘲讽，而总是富于尊严，充满善意。他比较了古希腊悲剧、莎士比亚戏剧等同样表现灾难和人类极限感情的经典作品，指出现代人的问题是讲出了丑行，也暴露了灵魂的苍白，而在古人的哀伤中，"你看到并感到毅力和尊严，你知道没有这些品质，就没有深情的或英勇的生命"。大卫所以特别赞赏英国女作家伍尔芙的态度，她从不非难"对生活"的愤怒，她非难的是把这种愤怒带到文学中，把高贵的思考变成说教，所以她的作品中有一种慑人的优雅和从容。相形之下，我们社会缺少的正是这样有灵魂、有个性的评判者，而太多激烈的抨击和不负责任的嘲讽。

七

但有一位中国知识分子,我认为他最初的写作是严肃的,几乎和大卫同时对自己的"过于庞大的文化"进行了梳理和反省,这就是余秋雨。他的以《文化苦旅》为代表的"人文山水"散文,不是在阅读中而是在行走中展示自己民族"封存久远的文化内涵"。他的文字中有一种赏心悦目的美,与那种戏谑调侃的文风形成鲜明对照。他还难得地把思想性、知识性与可读性融合起来,使作品能够雅俗共赏。

当然,有人指责他的作品硬伤太多,重复自己,装腔作势,善于炒作。他后来的写作也越来越像置身于大庭广众之下的表演,动辄满城风雨。但我还是认为,这些都是细枝末节,其实,余秋雨作为一个作家的真正缺憾在于:他达到了传统散文的高峰,却又未能突破"传统"之囿。看看这些耳熟能详的句子吧:"人民和历史最终接受的,是坦诚而透彻的生命","我们的民族,总算拥有这么一个朝代,总算有过这么一个时刻"……这类句子在余秋雨的作品里比别人少得多,但基调是一样的。尽管描写寻访文化古迹的过程很精彩,其感情色彩却是差不多的,都是感慨"偌大的中国,竟存不下几卷经文","阳关坍弛了,坍弛在一个民族的精神疆域中",或是叹惋中国知识分子"不能把志向实现社会,便躲进一个自然小天地自娱自耗","传统的磁场紧紧地统摄着全盘,再强悍的文化个性也在前后牵连的网络中层层损减"。余秋雨明白"群体性文化人格"对思维的限制性,但其表达方式恰好是证明了而不是挣脱了这一点,仍然习惯于从群体性的外在观照中获取灵感、气势和共鸣。

大卫从不用"我们的国家""我们的民族"之类大词，他只说我自己，即使需要观照整个西方文化传统的来龙去脉，他也很少以群体的名义去褒贬什么，预言什么。他的动机显得很单纯，就是想借过去的智慧解答今天的问题。

但恰恰是在个性化的阅读过程中，大卫从一个扁平的电影评论家获得了多重身份。他是个有阅历的学生，又有学者般的眼光，还要以过去很少意识到的犹太人的身份去思考经典著作中对犹太民族的敌意。比如《圣经·新约》，开始时是犹太教内部的纷争，接着是分裂，最后是指责犹太人把耶稣出卖给罗马人，从而增强了基督教的感召力，却让犹太人做了历史的牺牲。但大卫并没有试图以犹太民族代言人的身份说话，为它愤怒或为它哭泣，他只想从民族悲剧命运中领悟它的精神特质。他认为，犹太人并不真的相信来生，甚至并不仅仅凭荣辱、对错来改变生存的信念。《旧约》约伯记里的故事尽管残酷，但它并不是叫人恐慌的，而是在呼唤勇气。不论是对是错，不论是不是信仰者，你都得坚强地生活下去，关键是要对现世负责，"对一个犹太人来说，地狱就是在现世的平庸"，大卫相信这正是这个流浪千年的民族与其他民族的区别。

大卫的思考方式显然更接近于苏格拉底所说的"爱智者"，他感兴趣的内容即使包罗万象，也总是以自己为圆心，好奇地想解开更多奥秘。而我们中国知识分子的思维方式则更像屈原，"路漫漫其修远兮，吾将上下而求索"，求索的不是好奇之心，而是为社会所用，国家所用。当为自己求真理时各人自然有各人的兴趣，当为民族争前途时个人是巨大群体中的一分子。所以，这也许就是为什么，我们常常在西方的大卫们那里发现不同的个人，却在中国的余秋雨那里碰见我们自己。

八

那么对于国家间的竞争来说,哪种方式更有利呢？按照一般的逻辑,应该是个人直接认同国家、民族的目标要比强调自我的发展更便于动员集体的合力,也更容易给人以道德感和秩序感。但直觉又告诉我,更强大、更有后劲的也许是那种表面上一盘散沙、纷纭复杂的社会,它看起来似乎人们在各行其是,实际上是有利于个人价值的充分展现,它看起来有无数个意志在冲突,实际上却有无穷的创造力在凝聚,这一点在国家生死存亡之际看得最清楚。

我记得有一本描写二战中同盟国与纳粹德国进行反潜战的史书说,做出巨大贡献的是一些非军人,他们是物理学家、数学家、经济学家或其他学者,"人们把这些人叫做'密室里的科学家''穿灰色法兰绒裤子的先生'"。他们平时个性孤傲、散漫,从未穿过军装,有的还差点做了神学家,但正是他们却成了战时纳粹潜艇最难以对付的敌人。为什么呢？因为这样一些自我心智充分发展的人,一旦把宝贵的创造性思维用于战争,就往往能够看到军人注意不到的东西,这可不是仅仅靠训练一批反潜战军官就能奏效的。例如他们发现漆成白色的飞机发现水面潜艇的机会要比黑色飞机多30%。他们还算出远程空中巡逻比传统的近程连续护航攻击成果多40%,而且使遭遇敌潜艇的运输船队第一夜损失减半,第二夜损失再减半。这个杰出的战时科学家团体后来有两位获得了诺贝尔奖,还有五位成为英国皇家科学学会会员。

人在自己的专业里最能迸射出人性的光辉,如同钢琴家最美的时刻是他沉醉在自己的演奏中,因为敬业精神中流露出的健全心智和高尚情感总是令人感动的。一个重视发挥个人创造性潜力的社会,更容易培养出有主见、有创见的专家,学者,其蕴含的能量有时连他自己都意想不到。《菊与刀》的作者本尼迪克特原本是一位研究原始部落的文化人类学家,二战后期她受美国政府之托,写有关日本的研究报告。她通过分析日本人外部行为及深藏于内的价值体系、思考方式等得出一系列正确结论:日本人会投降,战后也会配合占领军,应让他们自己统治自己。美国战后的对日政策基本上采纳了她的意见。当时的日本学者对这本书中的洞察力深感震惊,因为这位六十余岁的美国女学者从未去过日本,却能够细致入微地描绘出日本人的精神生活和民族文化的全貌,得出日本有别于欧美,不是"罪感文化"而是"耻感文化"这样深刻的结论。与如此聪明的敌人作战无疑是可怕的,日本学者以一种充满敬畏的口吻说,期待本尼迪克特这样的大学者不是为了占领,而是为了学术交流的目的踏上日本的土地。

相比之下,纳粹德国最优秀的头脑不是被驱逐就是被窒息。日本当时也一样,日本学者在评论《菊与刀》时就特别有体会:"本书还有一个不可忽视的地方,即与那些强迫作家歪曲事实,只写有利于自己国家的事情,像小孩似地辱骂敌国的国家不同,本书作者的国家是一个即使在战时也容许作家踏踏实实地对敌国进行保守的科学分析的国家。"的确如此,反潜战中的同盟国学者唯一的要求就是"要有进行纯科学性质的非日常研究的自由"。在这样有洞察力的学者面前,敌对民族日常生活的一举一动都像昆虫一样暴露在他们的放大镜下,可能一击致命。而一个心智枯燥、没有个性的人不可能成为真正的专家,因为他欠缺创造性的内涵。当美国的卡普曼导演利用自己的专长创造性地服务于战争时,日本人的战时纪录片水平却很低,充满了御用宣传色彩,日本学者承认因为当时没有知识分子敢站出来说真话。

为什么不同社会的凝聚方式会导致不同的后果?其中的道理很难说清,但感觉上也许存在着这样一种差别,即注重个人价值的社会公民,他们平时是一个个互不依附的个体,以充实自己的内心为乐,一旦国家需要,就如同开启了无数智慧的大脑,汇聚出惊人的创造力。而一切以某个目标相号召的社会,人数再多,再顽强,也如同群体的自我复制,因为只有一个大脑,或者所有大脑只按一种思路在运转,这不利于个人创造性、丰富性的开掘、发挥,而且一旦做出错误抉择或无力达到目标,又很难及时纠正,自我调节。也就是说,两种不同凝聚方式之间,也许存在着无数大脑对一个大脑这样一种潜在的不对称的力量对比关系。

九

致力于自我发展,说到底又并不是为了更好地献身各自的国家或使自己更具竞争力,而是尽可能完美地享受各自的人生。这里真正吸引人的东西不应是力量,而是美。大卫一年来在中产阶级的寓所和充满朝气的大学课堂之间往来穿梭,精神也在悄悄发生变化,他甚至有了新的审美眼光,感到大学给予的不仅是文凭,也是一种美的氛围。他喜欢学生在走廊里讨论时的低语,喜欢校园里古老楼群、图书馆的圆顶和长满花草的小径给学习和论辩增添的某种不凡味道。他奇怪,自己当年为什么没有注意到这些"优雅的征兆",也许,"在你20岁时,你不需要它,你忽视它,把它和奢侈联系在一起"。但现在,大卫懂得了欣赏和珍惜,某种神圣的美柔和了思想的线条。

只有心智自由的人才是真正快乐的。大卫坚持读书时应相信最初的感情力量,杜绝没有感情的虔诚。他阅读经典从来没有把自己板成一个规规矩矩的学者,或者尽力装成那样。他不喜欢但丁的《神曲》就照直说了,其部分原因是诗人攻击他所恨的人,却又放到宗教背景中去掩饰。"我太老了,我无法对自己说我不喜欢读的东西对我有好处。"这种天真而坦诚的态度正是这本书的可爱之处。所以大卫最敬重蒙田,他感到蒙田散文的亲切真好,在平凡的述说中显出奇迹般的完美语调。一般人是无法学蒙田的,因为他有着最和谐一致的个性,在拥有专业知识以外,还拥有更为重要的东西——判断力,所以蒙田也一向轻蔑学究,不喜欢经院哲学的霸气。大卫指出,如今许多知识分子的毛病恰恰是太迷信知识,有专业知识却无判断力,所以"学会如何阅读以及如何判断",正是我们学习经典之作的主旨。

后现代主义者曾经巧妙地使自己立于不败之地,他们解构一切,却极少建树,所以几乎无懈可击。但现在他们遇到了克星,因为大卫不属于任何一种学派或团体,他只是一个心智自由的普通人,凭自己的理智和直觉向一切荒唐的东西挑战,这恰恰是他的优势所在,就像皇帝新衣故事中那个因天真而无所顾忌的孩子一样。

大卫抨击后现代主义者否定求知乐趣的迂腐之见,因为他们实际上放弃了历史和自己的判断,例如文学不是被看做一种独立的美感经验,而是文学与权力的共谋。他们甚至荒唐地认为,为乐趣而读就是对权力价值观的顺从,其结果是一方面流行文化侵蚀严肃文学,大众文化中已经没有什么东西能够迫使年轻人严肃地阅读。另一方面文学的前途又掌握在教授们手里,而从他们"冷淡而厌恶的语气"中,让人感到"他们不爱文学,他们不爱它"。现在中国也出现了类似的情况,一些批评家的著作甚至不足以塑造和影响读者的趣味,因为那里面根本就没有趣味,只是一堆时尚的学术方言。当然,美国人比我们面临的问题要多,文化左派,女权主义,种族歧视,历史原罪……正如大卫所说,不能快乐地欣赏就是学术上的祸害;更可怕的是,专业化的老师教专业化的学生,衍生出围绕"领域"和"学术会议"而布置的所谓作品阅读。如今的研究生满嘴陈词滥调,职业目标是大学教授,而这样干巴巴的灵魂,以后却要在大学里教我们的孩子,大卫说这真令人恐惧。最近一位旅居国外多年的诗人也向我表达了差不多同样的担心。

大卫深知,"无知是毁灭性的,知识也是毁灭性的,这是无论行动者还是思考者终极的困境"。即使最伟大的精神生活也不能使我们免于一死,那么追求精神上的美感对于个人实利有何用呢?这正是现代人倾向及时行乐的重要原因之一。但是作为美国人,大卫并不把灵魂问题与生活乐趣完全对立起来,他反而认为:乐趣的总和就是你的灵魂。所以作为一个父亲,他只是希望自己的孩子拒绝简单的快乐,懂得更精致的快乐,学会阅读与思考。因为他时常问一个问题:"一个只玩电子游戏,只看电影和电视的孩子幸福吗?"关于幸福,他基本上赞同柏拉图的观点,一个幸福的人理应是正直的人,因为幸福的感觉不是指一时的快乐,而是指人的本性中各种元素处于和谐状态。他正是因为觉得自己不够幸福了,才回到学校去寻找答案。而人生存在的意义,恰恰是从思考开始的。

深思熟虑的美感也渗透在本书的文风中,我读过不少介绍或阐释经典的书,它们的写法不是过于恭顺,就是有些随便,或者令人感到枯燥。但《伟大的书》恰到好处,书中健全的思想、合乎情理的推断无不与其追溯的伟大传统有关,但作者表达了适当的景仰之情,却从未放弃对话的权利,他拥有"更大的世界和更丰富的心智",是为了能接受任何挑战。

十

大卫重回大学课堂还怀有一种好奇心,就是想看看在这个文化激变的时代,今天的教师是如何讲述经典的,在媒体社会中长大的学生又是什么样子。而作为中国同行,我对此也颇感兴趣。

大卫觉得今天的学生显得比较实际、沉闷,很少有人相信仁慈,而是问这样做对我有什么好处。当然,大卫也知道,他年轻时候的反叛行为是那个醉人的道德戏剧时代最可爱的礼物,是与经济富裕和无忧无虑的生活联系在一起的。而今天的年轻人生活压力重,既看重物质享受,又对未来的工作前景忧心忡忡,这一点与我面对的中国学生颇为相似。不过,西方学生学习上的一个长处是,他们善于从课堂讨论中获取好处,有时争论不休,甚至不欢而散,但即使难堪、生气也是对他们心智发展的有益刺激。另一方面,西方学生的学习和讨论内容似乎也更为自由,少有禁区,可以深入到各种领域,视野也更为宽广。我不知道大卫惊人的自学和研究能力是不是与这样的大学教育有关。

大卫还难得地为当代文明课和文学人文课的任课教师们画了素描,他们各教一段,教学方法和学术理路各自不同,有的是新左派,有的是女权主义者,但他们都把自己的观点带进课堂,自由解读他们心目中的经典,这更能挑起学生辩论的欲望。譬如那位来自瑞典的女权主义女教师，就算她夸大了亚里士多德思想中关于妇女能力评价的负面影响，"但她的愤怒好像一根通电棒"，激起你与她争论的念头，使你主动思考，想告诉她不对。史蒂芬生教授则要求学生对阅读的书籍提出一个敌意的批评，而不是一般性的概括，这样学生在思考时就没法偷懒。文学人文课教师夏皮罗则告诉大卫一些教学体会，你得耐心地以提问题的方式向学生要答案，让学生发展你的思想而吸收为他们自己的。如果直接给他们答案，他们不接受。

西方教师的教学经验似乎主要是如何开展课堂讨论的，尽管讨论的结果有时难以预料，但他们更担心的显然不是课堂控制，而是死气沉沉，这一点与我们颇为不同。如果说西方教师的授课方式像是演话剧，提出的每个观点都在力图刺激对方，引起反应，把论辩推向深入。那我们中国老师就有些像说书，教书好的一个标志就是能让学生听得如醉如痴，但这仍然是对课堂的控制，而不是开放讲台；是知识的单向传授，而不是启发思考。平心而论，我们也不想搞一言堂，但有什么样的老师，就有什么样的课堂和学生，东方的治学传统似乎主要是注经的传统，而不是辩论的传统。我们自己就是这样默默听课过来的，越是名师，越是习惯于洗耳恭听。

当然，无论东西方在教学方式上有何不同，教育最关键的问题只有一个，那就是要把学生培养成什么人。作为一个有二十年教龄的教师，我完全认同大卫的观点，即不管生活多么世俗，时代多么浮躁，"没有理想主义，高等教育就不能真正成为可能，每个学生的理想命运是成为他自己最完满的版本"。本书的译者曹雅学先生在"译后记"中也对我国大学人文教育中存在的某些空白感到

"深远忧虑",因为"人"不是技能,而是目的。大学教育不仅是为了学习知识,甚至也不仅是为了增强国力,而应是构筑理想的某种精神殿堂。那么如何才能在一个人的头脑里活生生地串起多少部书,以照亮他的内心世界呢?这不仅是大卫的问题,也是我们的问题。

十一

坦诚地讲,读过《伟大的书》,在精神享受的同时,又感到更深的惶惑。因为作为一个东方人的切身体会,我愈发感到大卫身后的那个文明恐怕是我们中国历史上遇到的最强大、最令人琢磨不透的一种文明。它包罗万象,博大精深,又几近诡谲,既有迷人的思辩力和美感,有时又非常自私和强横。

比如二战后美国主导的东京战犯审判,其异常复杂的法律程序源自西方法理精神,不像我们东方人惯于依靠情理判断、行事,缜密得让控辩双方都看到各自的希望,你不能说它不公正。但另一方面,为了控制日本的需要,美国人决定不起诉日本天皇;为了换取日本731细菌部队用中国人生命得来的试验资料,又决定不起诉这支部队的元凶。这一切做得冷酷而又理智,既不用经过任何法律程序,也不考虑受害国人民的感情,却又自认为正义、公正、有教养、有理性。类似的事例很多,我们东方人有时感到就像面对一头神秘的青铜双面兽,它既是伟大的杰作,又是诡谲的象征,亦真亦假,亦正亦邪,让人若即若离,无所适从,你可能永远弄不清它的真实面目,却又要和它相处。

大卫在《伟大的书》的最后引用了惠特曼的诗,其中有"其他海岸上说不同语言的人们","世界的男女继承人"这样一些壮阔的提法,但我还是很想知道我们中国人是否也包括其中,或是只构成他们西方人世界的远景?这不仅关系到我们对另一种文明的准确理解,更关乎我们自己民族的生存和命运。但作为人类的一员,我又始终对一种美妙的憧憬心向往之,这就是孔子《论语》中表达的理想:"四海之内皆兄弟。"所以我才会总感到和大卫的书有心气相通之处,并且有些矛盾地写下这篇读后感。